Schiefenhövel (u.a.) Zwischen Natur und Kultur

Wulf Schiefenhövel, Christian Vogel,
Gerhard Vollmer, Uwe Opolka (Hrsg.)

Zwischen Natur und Kultur

Der Mensch in seinen Beziehungen

Beiträge aus dem Funkkolleg
»Der Mensch – Anthropologie heute«
Redaktion: Uwe Opolka

TRIAS THIEME HIPPOKRATES ENKE

Konzeption der Typographie:
B. und H. P. Willberg, Eppstein/Ts.

Umschlaggestaltung:
Cyclus • D + P Loenicker, Stuttgart

*Die Deutsche Bibliothek –
CIP-Einheitsaufnahme*

Der Mensch in seiner Welt :
Anthropologie heute /
Uwe Opolka (Hrsg.). –
Stuttgart: TRIAS Thieme
Hippokrates Enke.
ISBN 3-89373-283-7
NE: Opolka, Uwe [Hrsg.]

Bd. 2: Zwischen Natur und Kultur. – 1994

Zwischen Natur und Kultur :
der Mensch in seinen Beziehungen /
Wulf Schiefenhövel ... (Hrsg.). –
Stuttgart : TRIAS Thieme
Hippokrates Enke, 1994
(Der Mensch in seiner Welt ; Bd. 2)
ISBN 3-89373-281-0
NE: Schiefenhövel, Wulf [Hrsg.]

Rüdigerstraße 14
D-70469 Stuttgart
Printed in Germany
Satz: Büro Dr. Ulrich Mihr, Tübingen
Druck: Gutmann, Talheim

ISBN 3-89373-281-0

Vorwort

Ich bin, ich weiß nicht, wer,
Ich komme, ich weiß nicht, woher,
Ich gehe, ich weiß nicht, wohin,
Mich wundert, daß ich so fröhlich bin.

(Angelus Silesius)

In Deutschland ist die Trennungslinie zwischen Natur- und Geisteswissenschaften, zwischen den »zwei Kulturen« (C.P Snow) also, sehr viel deutlicher gezogen als etwa im angelsächsischen Raum. So ist auch die Anthropologie, die sich doch mit dem ganzen Menschen befassen soll, auf mehrere Fakultäten verteilt. Traditionell wird die physische, insbesondere die biologische Anthropologie den Naturwissenschaften, die Kultur- und Sozialanthropologie den Geisteswissenschaften, die medizinische Anthropologie natürlich der Medizin, die philosophische Anthropologie aber der Philosophie zugeordnet. Dieser Aufteilung liegt ein dualistisches Menschenbild zugrunde, die Spaltung des Menschen in einen physikalisch-physiologischen Gesetzen gehorchenden materiellen Leib und einen nichtmateriellen Geist – ein Menschenbild, das seinerseits durch die Fächertrennung bestätigt und verstärkt wird. Für eine moderne Anthropologie gibt es somit aus deutscher Sicht gute Gründe, sich nach internationalen Standards umzusehen:

- die Hoffnung, das dualistische Welt- und Menschenbild zu überwinden,
- die Notwendigkeit, die übertriebene und dem Thema Mensch nicht angemessene Aufteilung, ja gegenseitige Abschottung von Natur- und Geisteswissenschaften aufzubrechen,
- die Aussicht, eine von Ideologie nicht belastete Wissenschaft vom Menschen zu betreiben.

In einer modernen Anthropologie müssen biologische, Sozial-und Kulturwissenschaften ein einheitliches Konzept entwickeln. Allerdings gilt: Nicht was der Mensch zu sein sich wünscht, nicht seine Idealbilder, nicht seine religiösen und ideologischen Meinungen über sich sind gefordert. Aufgabe ist vielmehr, den Menschen als das zu erfassen, was er wirklich ist: als ein Lebewesen, das *zwischen Natur und Kultur* steht und beide Pole in sich vereint.

Die Autorinnen und Autoren dieses Bandes versuchen, diesem Anspruch eines realistischen Menschenbildes gerecht zu werden und den Menschen sowohl aus einer verhaltensbiologischen als auch aus einer kultur- und sozialanthropologischen Perspektive zu betrachten. Dabei orientiert sich die Anordnung der Beiträge grob am Ablauf eines Menschenlebens; so spannt sich der thematische Bogen von Zeugung und Geburt über die sozialen Beziehungen und Systeme, denen wir angehören, bis zum Tod. Voraussetzung jedes neuen menschlichen Lebens ist die Sexual- und Zeugungsgemeinschaft von Mann und Frau, wobei die scheinbar selbstverständliche Existenz zweier Geschlechter und ihrer Verhaltensweisen durchaus erklärungsbedürftig ist (Beitrag von Christian Vogel und Volker Sommer). Hineingeboren wird jedes Kind in Verwandtschaftssysteme, die sowohl eine biologische als auch eine diese überformende kulturelle Dimension umfassen (Beitrag von Gerhard Vowinckel). Seine primäre Sozialisation findet im Kontakt mit seinen Eltern, insbesondere mit der Mutter statt (Beitrag von Margret Schleidt). In größeren sozialen Zusammenhängen stellt sich dem Menschen das Problem von Nähe und Ferne, Fremdheit und Vertrautheit anderer Menschen und Kulturen (Beitrag von Gabriele Herzog-Schröder). Eine wesentliche, oft unterschätzte Ebene menschlicher Kontaktaufnahme (bzw. der Ablehnung anderer) bilden Formen nichtsprachlicher Kommunikation (Beitrag von Wulf Schiefenhövel). Unabhängig davon, ob man das Spiel als eine Art »Entwicklungsförderung« oder als »Luxushandlung« betrachtet, nimmt es jedenfalls einen gewichtigen Platz im Leben des Menschen und vieler Tiere ein (Beitrag von Volker Sommer). Karl Grammer zeichnet die Entwicklungslinie von den einfachen Behausungen bei den sogenannten Naturvölkern bis hin zu den heutigen Megastädten nach und, zeigt auf, wie die jeweiligen Wohnformen menschliches Verhalten mitbestimmen. Das wohl düsterste Kapitel unter den menschlichen Verhaltensweisen stellt die bewußte Tötung von Artgenossen in Kampf- und Kriegshandlungen dar; Irenäus Eibl-Eibesfeldt diskutiert, ob dies ewiges Verhängnis für den Menschen bleiben muß oder ob Aussichten für den Frieden bestehen. Am Ende jedes Lebens stehen oftmals Altern und Kankheit, stets aber der Tod; wie unterschiedlich diese scheinbar ewiggleichen Phänomene in verschiedenen Kulturen verarbeitet werden, demonstriert Wulf Schiefenhövel anhand einer unsere eurozentrische Sicht verfremdenden ethnomedizinischen Perspektive.

Die Beiträge dieses Bandes entstammen dem Funkkolleg »Der Mensch. Anthropologie heute«, einem Medienverbundprojekt, das in den Jahren 1992/93 stattgefunden hat. Für die Buchausgabe wurden sie überarbeitet, aktualisiert und gekürzt. Weitere Beiträge aus dem Funkkolleg finden sich in den Sammelbänden »Vom Affen zum Halbgott. Der Weg des Menschen aus der Natur« sowie »Gemachte und gedachte Welten. Der Mensch und seine Ideen«, die ebenfall bei Trias erschienen sind.

An einem derart umfangreichen Projekt sind stets zahlreiche Personen beteiligt, deren Verdienste unmöglich individuell gewürdigt werden können. Persönlichen Dank abstatten möchten wir aber Frau Dr. Ursula Goetzl vom Südwestfunk in Baden-Baden, die uns stets mit Rat und Tat beistand und die mit ihrer Redaktion die oft wenig rundfunkgerechten Texte von Wissenschaftlern in sendefähige Manuskripte umzugestalten wußte; ferner Frau Ute Bandlow und Herrn Eckart Frahm von der Funkkolleg-Redaktion im Deutschen Institut für Fernstudienforschung (DIFF) an der Universität Tübingen, ohne die dieses Funkkolleg nicht das geworden wäre, was es ist, sowie Frau Ellen Vogel, die mit Geduld und Charme die undankbare Aufgabe erfüllte, oft widerstrebende Interessen zu koordinieren.

Wulf Schiefenhövel (Andechs), Christian Vogel (Göttingen),
Gerhard Vollmer (Garbsen), Uwe Opolka (Tübingen), im Mai 1994

Mann und Frau

Christian Vogel, Volker Sommer

Die »Welt der Männer« und die »Welt der Frauen«: Diese alte Trennung in zwei unterschiedliche und weitgehend getrennte Welten ist charakteristisch für alle Völker und Kulturen. Unsere moderne Gesellschaft schickt sich an, sie über Sozialisationsmechanismen zu überwinden – und sei es z. B. durch »Quoten-Frauen«. Der Abbau dieser Geschlechterdiversität ist in vielerlei Hinsicht ein erstrebenswertes Ziel. Beispielsweise kann kein Zweifel daran bestehen, daß Frauen samt ihren Leistungen und ihrer Leistungsfähigkeit systematisch unterbewertet werden. Bei dem Versuch allerdings, die Ungleichheit von Männern und Frauen zu beseitigen, ist es nach Ansicht der meisten Sozialwissenschaftler

> »von grundsätzlicher Bedeutung, ob man von einer Gleichheit oder Verschiedenheit der Veranlagung ausgeht. Sind beide Geschlechter gleich veranlagt, dann sind die bestehenden Unterschiede in der Tat nur auf die Sozialisation zurückzuführen und würden bei konsequent gleicher Behandlung verschwinden« (Bischof-Köhler 1990, S. 19).

Die Mehrzahl der Biologen vertritt die klassische, durch mythische und reale Welten üppig illustrierte Dualität. So äußert sich etwa der Verhaltensphysiologe Wolfgang Wickler (1985, S. 48):

> »Biologisch wäre es realistischer, männliche und weibliche Wesen als zwei verschiedene Arten aufzufassen, die zu einer Symbiose gezwungen sind, weil sie zum Überleben durch Fortpflanzung aufeinander angewiesen sind.«

Reproduktion – das ist das zentrale Stichwort der Evolutionsbiologie. Aus diesem Blickwinkel werden im folgenden die Unterschiede und Gemeinsamkeiten zwischen Männern und Frauen betrachtet. Dabei wird von der Grundannahme ausgegangen, daß alle Organismen im Laufe der Stammesgeschichte auf einen möglichst großen Fortpflanzungserfolg hin »modelliert« worden sind. Dieser Prozeß ist zwangsläufig: Es gibt nur Lebewesen, deren Vorfahren diesen »biogenetischen Imperativ« erfolgreich in die Tat umgesetzt haben – Organismen, die sich nicht fortpflanzen, sterben aus. Mit der Produktion von Nachfahren geben die Vorfahren zugleich ihr jeweiliges reproduktives Erfolgsrezept weiter. Was im Evolutionsgeschehen überlebt, sich ausbreitet und vermehrt, sind genetische Programme, denen erfolgreiche Individuen zu überdurchschnittlicher Vermehrung verholfen haben. In dem Maße, wie sich die erblich erworbenen Informationen in der neuen Generation bewähren, werden sie wiederum in erfolgreiche Fortpflanzung münden (Wilson 1975).

Dieser Prozeß der biologischen *Anpassung* bewirkt, daß alle Facetten der Lebensgestaltung eine reproduktive Zweckdienlichkeit erkennen lassen. Auch das Verhalten von Frauen und Männern sowie ihr Interagieren (wechselseitig aufeinander bezogenes Handeln) sind unmittelbar in den Evolutionsprozeß eingespannt und unterliegen – bei aller kulturellen Überformung – den Bedingungen der natürlichen Selektion. Adaptiert (angepaßt) zu sein, bedeutet keineswegs, unter allen Umständen möglichst viele Nachkommen zu produzieren. Vielmehr kommt es darauf an, möglichst viele *überlebende* und *sich selbst* wieder *reproduzierende Nachkommen* zu hinterlassen. So gesehen sind Empfängnisverhütung und die pro Kopf gesunkenen Kinderzahlen in Europa reproduktiv zweckdienlich, da in aller Regel nicht gänzlich auf Fortpflanzung verzichtet, sondern die Reproduktion nur auf einen späteren Zeitpunkt verschoben wird, wenn günstigere sozioökonomische Bedingungen vorliegen. Ein stärkeres Engagement der Eltern in der Betreuung, das Bemühen um bessere Ernährung und bessere Ausbildung führen zwangsläufig dazu, daß weniger Kinder aufgezogen werden (Vogel 1986).

Die unleugbaren Unterschiede in der Biologie und dem Verhalten von Männern und Frauen gehen darauf zurück, daß wir es mit zwei verschiedenen Geschlechtern zu tun haben. Diese banal klingende Aussage kompliziert sich in dem Maße, wie wir zu klären versuchen, was der Begriff des *Geschlechts* eigentlich bezeichnet. Wir müssen dabei nämlich zwischen objektiven, auf den Körper bezogenen Kriterien (*somatisches*, z. B. chromosomales und genitales *Geschlecht*) und subjektiven, auf die Psyche bezogenen Kriterien (*psychisches Geschlecht*, dazu gehören sexuelle Rolle und sexuelle Orientierung) unterscheiden – ein Tatbestand, dem das Englische mittels der Vokabeln »sex« und »gender« gerecht wird.

Da die Unterschiede in den Chromosomen, Keimdrüsen und Geschlechtsorganen unbestreitbar vorhanden sind, kann sich die Forderung nach Nivellierung der Geschlechtsunterschiede nur auf psychosoziale Aspekte beziehen. Die Radikalforderung lautet mithin, durch Erziehung und entsprechende Umformulierung der sozialen Normen sowohl das unterschiedliche *Verhalten* als auch die unterschiedliche *Bewertung* und *Behandlung* männlicher und weiblicher Personen abzuschaffen. Ob sich aber die Muster sozialer Interaktionen durch gesellschaftspolitische Forderungen praktisch unbegrenzt gestalten lassen, darüber gehen die Meinungen auseinander.

Gemäß dem hier vertretenen Ansatz der Evolutionsbiologie ist es nicht fruchtbar, von einer grundsätzlichen Zweiteilung oder gar einem fundamentalen Gegensatz zwischen »Natur« und »Kultur« auszugehen. Vielmehr mehren sich die Hinweise, daß auch zahlreiche Kulturerscheinungen eine biologische Zweckdienlichkeit erkennen lassen (Vogel, Voland 1986). Deshalb geht es hier vor allem um die Klärung der Frage, ob und in welchem Maße die »natürlichen« und die »kulturellen« Komponenten des Mann- und Frauseins lediglich zwei Seiten ein und derselben Münze sind – nämlich einer in reproduktivem Erfolg gemessenen »Währung«.

Die Evolution der sexuellen Vermehrung

Wir halten es für die natürlichste Sache der Welt, daß jeder Mensch einen biologischen Vater und eine biologische Mutter hat. Es mag deshalb überraschen, daß eine der am heißesten diskutierten Fragen der Evolutionsbiologie lautet: Warum entstand Sexualität? Diese Frage ist alles andere als absurd: Die Methode der sexuellen Fortpflanzung ist einerseits überaus umständlich und unterläuft außerdem auf den ersten Blick den Prozeß der *natürlichen Auslese*, der Merkmale in Körperbau und Verhalten fördert, welche ihren Trägern einen möglichst großen Fortpflanzungserfolg sichern. Da ein Organismus bei sexueller Fortpflanzung nur die Hälfte der eigenen Gene einbringen kann, wäre asexuelle Fortpflanzung, bei der die Nachkommen hundert Prozent der Gene des Elternindividuums erben, doppelt so günstig.

Daß solches *Klonieren* bei zumindest einigen Organismen gut funktioniert, nutzen alle Gärtner: Aus Stecklingen und Keimlingen entstehen durch einfache Teilung von Körperzellen neue vollständige Pflanzen. Es ist auch schneller: Ein Bakterium beispielsweise kann sich in einer Stunde dreimal teilen und dabei acht Nachkommen produzieren, während es für die sogenannte Konjugation (eine Form der sexuellen Fortpflanzung) 80 Minuten benötigt. Sexuelle Fortpflanzung hat zudem den Nachteil, daß Partner gefunden werden müssen. Das ist zeit- und energieaufwendig und birgt für die beteiligten Partner ein nicht unerhebliches Konfliktpotential in sich.

Sexualität ist unabdingbare Grundvoraussetzung jeder menschlichen Existenz: Jeder Mensch hat ausschließlich Vorfahren, die sich erfolgreich fortgepflanzt haben. Obgleich die Evolution der Sexualität noch immer zu den großen Rätseln der Biologie gehört, sollen deshalb einige Erklärungsversuche wenigstens kurz skizziert werden.

Soll Sexualität genetische Variabilität fördern?

Die bis in die siebziger Jahre hinein in Expertenkreisen kaum umstrittene *konventionelle Erklärung* für Sexualität, die noch heute in fast allen Schulbüchern als einzige vertreten ist, hebt darauf ab, daß Nachkommen mit leicht unterschiedlichem Erbgut produziert werden. Diese genetische Variabilität wird als »Voranpassung« an eine ungewisse Zukunft verstanden: Wenn sich die Umwelt ändert, werden zumindest einige Mitglieder einer künftigen Generation mit den neuen Bedingungen fertig werden können. Die genetische Durchmischung von Nachkommen durch sexuelle Fortpflanzung gleicht aus dieser Sicht dem Ausfüllen mehrerer Lottoscheine, wodurch sich die Gewinnchancen entsprechend erhöhen. Mit welchen Herausforderungen genau sich die Individuen jeder neuen Generation konfrontiert sehen, ist indes umstritten.

Die sogenannte *Rasenstück-Theorie* geht davon aus, daß genetische Variabilität nötig sei, um die *räumliche Heterogenität* in den unterschiedlichen ökologischen Nischen der Umwelt optimal ausbeuten zu können. Sie verdankt ihren Namen einer der letzten Passagen des zuerst 1859 erschienenen Werkes »Über die Entstehung der Arten« von Charles Darwin, mit dem der englische Naturforscher die Evolutionstheorie begründete (1967, S. 678):

> »Wie anziehend ist es, ein mit verschiedenen Pflanzen bedecktes Stückchen Land zu betrachten, mit singenden Vögeln in den Büschen, mit zahlreichen Insekten, die durch die Luft schwirren, mit Würmern, die über den feuchten Erdboden kriechen, und sich dabei zu überlegen, daß alle diese so kunstvoll gebauten, so sehr verschiedenen und doch in verzwickter Weise voneinander abhängigen Geschöpfe durch Gesetze erzeugt worden sind, die noch rings um uns wirken.«

Die Verschiedengestaltigkeit der Welt zeigt sich also nicht nur im *Vergleich verschiedener Biotope* – etwa eines Wattenmeeres mit einer Besenheide, eines Buchenwaldes mit einer Sandwüste – sondern auch *innerhalb eines Biotops*, etwa eines Rasenstücks. In einem so begrenzten Habitat beeinflussen auch winzige Unterschiede im Erbgut, die zu winzigen Unterschieden in der Angepaßtheit führen, das Überleben eines Organismus.

Individuen, die sich *asexuell* fortpflanzen, haben unter solchen Bedingungen *Nachteile*. Sie sind zwar befähigt, eine bestimmte ökologische Nische optimal und elegant auszunutzen. Da die genetisch identischen Nachkommen sich asexuell fortpflanzender Individuen jedoch auch in ihren Anpassungsmöglichkeiten völlig gleich sind, würden sie sich untereinander Konkurrenz machen. Nachkommen mit leichter genetischer Variabilität hingegen wären in der Lage, die fein abgestuften Nischen auch eines kleinen Standorts optimal auszubeuten, ohne direkt miteinander in Konkurrenz zu geraten. Das ist dann die beste Lösung, wenn es beispielsweise darauf ankommt, einmal die Unterseite des Blattes und zehn Zentimeter weiter die Oberseite zu nutzen, einmal bei 18 Grad Celsius und einen halben Meter weiter bei 19 Grad den günstigsten Stoffumsatz zu erzielen.

Eine andere Erklärung hebt nicht auf räumliche, sondern auf *zeitliche Heterogenität* der Umwelt ab: Die *Atemlosigkeits-Theorie* geht davon aus, daß der ständige Umbau des Erbgutes durch sexuelle Vermehrung notwendig ist, um die Abwehrsysteme des Organismus gleichbleibend effektiv halten zu können. Sie verdankt ihren Namen einer Episode aus dem 1871 erschienenen Kinderbuch »Alice hinter den Spiegeln« von Lewis Carroll, in der die Heldin von der »Roten Königin« zu einem Rennen angehalten wird, bei dem sie kaum Schritt halten kann.

Nach dieser Theorie gleicht sexuelle Fortpflanzung einem evolutionären Rennen gegen die Zeit. Die Organismen versuchen, Krankheitserregern und Parasiten – Bakterien, Algen, Viren, die von Natur aus recht klein sind – zu entkommen, indem sie genetisch festgelegte Abwehrsysteme gegen solche Pathogene entwickeln. Weil sich diese Kleinstlebewesen jedoch rasch vermehren können und damit zugleich eine hohe Mutationshäufigkeit aufweisen, ist es nur eine Frage der Zeit, wann sie den Feinderkennungscode ihrer Wirtsorganismen entschlüsseln. Die Sexualität nun ermöglicht es den relativ langsam wachsenden Wirtsorganismen, ihr Abwehrsystem durch Austausch genetischen Materials ständig verändern zu können. Eine geklonte Population aus genetisch identischen Organismen läuft Gefahr, in ihrer Gesamtheit einem bestimmten Krankheitserreger zum Opfer zu fallen, der den Abwehrcode, der ja bei allen gleich ist, zufällig knackt.

Soll Sexualität genetische Variabilität mindern?

Entgegen den Theorien, die die *genetische Vielfalt* als Triebkraft sexueller Vermehrung ansehen, gehen neuere Erklärungen davon aus, daß Sexualität dazu da sei, erbliche Variationen zwischen Eltern und Nachkommen zu *mindern* – das genaue Gegenteil also der soeben vorgestellten Hypothesen! Ausgangspunkt ist die Überlegung, daß die auf dem Erbmolekül DNA gespeicherte Information einer Datenbank gleicht, die beispielsweise von Frauen noch mit 40 Jahren und von Männern in noch weitaus höherem Alter abgerufen werden kann – nämlich dann, wenn sie sich fortpflanzen. Im Laufe der Jahrzehnte sind die Zellen jedoch einer Vielzahl mutagener Einflüsse ausgesetzt – Strahlung, chemische Substanzen –, welche die fehlerlose Übertragung von Genkopien durch die Keimzellen gefährden.

Die *erste Spielart dieser Reparatur-Theorie* postuliert, daß beim Aneinanderlagern der Chromosomen während der Reifeteilung nach eventuellen Veränderungen in der ursprünglichen DNA-Sequenz gesucht wird. Dabei werden die einander entsprechenden Genorte miteinander verglichen und bei mangelnder Übereinstimmung die defekten Chromosomenteile durch Überkreuzung auf jeweils einen Strang verlagert, um wenigstens einige fehlerfreie Sätze zu erhalten. Über diesen hypothetischen Mechanismus ist noch nicht viel bekannt. Aber immerhin scheinen die Keimzellen erheblichen Risiken ausgesetzt zu sein. So werden beim Menschen vermutlich zwischen 25 und 75 Prozent aller angelegten Embryonen nicht voll ausgetragen (Harhatz, Novak 1983, S. 162). Oft enden Schwangerschaften in einem sehr frühen Stadium spontan in einem Abort – so früh, daß die meisten Frauen von ihrer Schwangerschaft gar nichts bemerken.

Bei der *zweiten Spielart der Reparatur-Theorie* werden die Samenzellen als eine Art Sicherheitskopie angesehen, ein Vorratslager, aus dem sich die weiblichen Eizellen einmal pro Generation bedienen und die sie zu einer Verjüngungskur nutzen. Diese Theorie geht von dem Umstand aus, daß die maximal etwa 300 im Leben einer Frau abgerufenen Eizellen wie bei allen Wirbeltieren schon bei der Geburt bereitliegen und von da an ähnlich wie die normalen Körperzellen altern (Wickler, Seibt 1983, S. 178). Die Eizellen sind also oft Jahrzehnte alt, wenn die in ihnen gespeicherte – und eventuell mittlerweile »fehlerhaft« gewordene – Information abgerufen wird. Ein Abgleich mit der »frischen« DNA in den Spermien könnte mithin vorteilhaft sein.

Welche der hier vorgestellten Theorien die größte Tragfähigkeit besitzt, ist noch nicht entschieden. Grundsätzlich sind sich die Experten einig, daß die durch Sexualität erreichte genetische Variabilität Vorteile hat. Umstritten ist hingegen, ob diese Nützlichkeit die Ursache der Evolution von Sexualität war oder nur eine willkommene Folge anderer Mechanismen.

Warum gibt es zwei Geschlechter?

Wie immer sexuelle Vermehrung in Gang kam, eine andere brisante Frage bleibt offen: Warum gibt es *zwei* Geschlechter? Auch sexuelle Vermehrung kommt im Prinzip durchaus mit einem Geschlecht aus – etwa bei manchen Algen und Sporentierchen. Die Nachkommen haben zwar zwei Elternteile, doch sind deren Keimzellen – sogenannte *Isogameten* – gleich groß. Warum entwickelte sich dann die für Säugetiere einschließlich des Menschen typische Bisexualität mit *unterschiedlichen Samenzellen* (Spermien) und *Eizellen* (Ova, Einzahl Ovum)? Hierfür werden zwei Gründe geltend gemacht (Parker et al. 1972):

Isogameten haben *erstens* den Nachteil, daß bei ihrer Ausschüttung leicht Keimzellen desselben Individuums miteinander verschmelzen können. Erst unterschiedliche Gameten schützen effektiv gegen »Inzucht« und verringern das Risiko der Produktion genetisch wenig variabler oder gar defekter Nachkommen. *Zweitens* lastet auf Isogameten ein besonderer Druck der natürlichen Auslese: Sie müssen einerseits genug Zellmasse enthalten, damit das Verschmelzungsprodukt zweier Keimzellen – die *Zygote* – auch während der ersten Teilungen gute Überlebenschancen hat. Andererseits kann sich das Erbmaterial jener Organismen besonders erfolgreich ausbreiten, die viele Gameten produzieren. Das führt zu folgendem Dilemma: Eine Steigerung der Anzahl geht zwangsläufig auf Kosten der Größe und damit der Lebensfähigkeit, während eine Steigerung der Größe die Anzahl und damit den Ausbreitungserfolg verringert.

Da sich die kritische Masse der Zygoten aus zwei elterlichen Gameten zusammensetzt, und weil sowohl Elternorganismen mit vielen kleinen als auch solche mit wenigen großen Keimzellen jenen mit mittlerer Größe reproduktiv überlegen sind, entwickelte sich *Anisogamie*: die Verschiedengestaltigkeit von Keimzellen. Der eine Gameten-Typus setzt auf Quantität und geht an die untere Größengrenze (Proto-Spermien), der andere auf Qualität und geht an die obere Größengrenze (Proto-Ova).

Da hinsichtlich der Zygote die Vereinigung zweier nährstoffreicher Proto-Ova am vorteilhaftesten und die Verschmelzung zweier magerer Proto-Spermien am nachteiligsten ist, überlebten nur jene Proto-Spermien, welche besonders rasch ihr Ziel erreichten: ein Ovum zu befruchten. Die Ova wiederum wurden angesichts der immer rasanter werdenden Verfolgungsjagd durch die Spermien allmählich unbeweglich. Die Weichen waren gestellt für eine Befruchtung *innerhalb* der Ova produzierenden Organismen. Resultat: Ein Geschlecht, das sogenannte *weibliche,* spezialisiert sich auf die Produktion einer kleineren Zahl, dafür relativ großer, nährstoffreicher und nicht selbständig beweglicher Eizellen. Das andere, sogenannte *männliche* Geschlecht, produziert enorme Mengen kleiner, nährstoffarmer und eigenbeweglicher Samen.

Diese äonenalte Asymmetrie bei der Investition in die Gameten programmierte zwar einerseits einen Konflikt vor, der das Leben der meisten Menschen bis in unsere Tage stark beeinflußt: den »Krieg der Geschlechter«; andererseits führte sie auch zu taktischer *Kooperation.*

Geschlechtsspezifische Strategien der Fortpflanzung

Das reproduktive Potential

Die unterschiedliche elterliche Beteiligung an der Produktion von Keimzellen setzte sich im Laufe der Evolution fort bis hinein in den Aufwand bezüglich der Aufzucht von Nachwuchs. Bei den Säugetieren hat diese elterliche Asymmetrie im *»parentalen Investment«* einen Höhepunkt erreicht: Männchen produzieren Abermillionen Spermien, die sie nach jeder Ejakulation rasch regenerieren, und in der Begattung besteht oft ihr einziger Beitrag zur Fortpflanzung (*paternales Investment*). Dieser minimale Aufwand an Zeit und Energie erlaubt es ihnen, ihre Reproduktionsrate durch zahlreiche Kopulationen mit möglichst vielen Weibchen zu erhöhen. Der Aufwand der Weibchen (*maternales Investment*) umfaßt hingegen Schwangerschaft, Stillen sowie eine unterschiedlich lange Periode der Fürsorge für den unselbständigen Nachwuchs – ein enormer Aufwand an Zeit, physischer und psychischer Energie.

Der amerikanische Evolutionsbiologe Robert Trivers (1972) zögerte nicht, seine *Theorie des elterlichen Investments* auf Menschen anzuwenden. *Homo sapiens* zählt gleichfalls zu den Säugetieren, und daher besitzen auch hier die Geschlechter schon aus rein physiologischen Gründen unterschiedliche *reproduktive Potentiale*: Ein Mann kann um ein Vielfaches mehr Nachwuchs produzieren als eine Frau. Da die Selektion stets solche Merkmale fördert, die der Verbreitung der genetischen Information eines Individuums dienlich sind, ist zu erwarten, daß sich die »Strategien« der Geschlechter bei der Reproduktion unterscheiden, Männer sich also anders verhalten als Frauen. Diese evolutive Hypothese erlaubt mehrere Vorhersagen (Symons 1979):

- *Neigung zum Partnerwechsel:* Männer können durch Paarung mit verschiedenen Frauen ihren Reproduktionserfolg erheblich steigern. Frauen hingegen können ihr von vornherein wesentlich begrenzteres Reproduktionspotential durch häufig wechselnden Geschlechtsverkehr quantitativ nicht erhöhen, sondern nur dafür sorgen, daß sie so schnell wie möglich nach einer Geburt wieder schwanger werden – was allerdings ihren Körper belastet und möglicherweise das Überleben der vorhandenen Kinder gefährdet. Daher ist zu erwarten, daß Männer sexuell opportunistischer als Frauen sind und zum Partnerwechsel neigen.
- *Weibliches Wahlverhalten (female choice):* Frauen können ihren Reproduktionserfolg am effektivsten verbessern, indem sie durch möglichst optimale Versorgung ihrer Kinder deren Sterblichkeit senken. Deshalb ist zu erwarten, daß Frauen in der Auswahl ihrer Partner zurückhaltender und kritischer als Männer sind und daß sie dabei besonders auf deren Willigkeit und Fähigkeit zur Investition in allfällige Nachkommen achten.
- *Intra-sexuelle Konkurrenz unter Männern:* Die den Reproduktionserfolg begrenzende Ressource besteht für Männer vor allem in der Zahl der erreichbaren Befruchtungen. Männer können ihren Vermehrungserfolg steigern, wenn sie Frauen monopolisieren. Daraus resultieren eine verschärfte Konkurrenz um Geschlechtspartnerinnen, verbunden mit erhöhter Männer-Sterblichkeit durch Energieverschleiß, Streß, Verwundungen oder gar intrasexuelle Tötungen, und eine hohe Varianz der Reproduktionsrate der verschiedenen Männer: Manche werden viele Kinder produzieren, manche überhaupt keine – während sich der Reproduktionserfolg von Frauen weniger dramatisch unterscheidet.
- *Vaterschaftssicherheit:* Ein gravierendes Problem stellt die Sicherung der eigenen Vaterschaft dar. Denn während jede Frau absolut gewiß sein kann, daß sie selbst die genetische Mutter jedes von ihr geborenen Kindes ist, kann ein Mann nie absolut sicher sein, daß ein zur Welt gekommenes Kind auch von ihm gezeugt wurde. Männer werden deshalb Systeme zur Überwachung der Partnerinnen entwickeln.

Diese Geschlechtsunterschiede beeinflussen nicht nur die Beziehungen zwischen Männern und Frauen. Sie wirken strukturierend auf die sozialen Organisationsformen aller Säugetierarten – mit denen *Homo sapiens* ja einen Großteil der Evolutionsgeschichte teilt – und programmieren zugleich eine Reihe von Konflikten vor. Unter Berücksichtigung der kulturellen Vielfalt der Menschen werden im folgenden einige dieser Aspekte analysiert.

Paarungsstrategien von Männern

Das männliche Bestreben, die Vaterschafts*sicherheit* bis zur *Gewißheit* zu steigern, kann extreme Formen der Kontrolle annehmen – vom Einsperren der Ehefrauen in das berühmte Serail unter Eunuchen-Bewachung bis hin zum Aufzwingen eines Keuschheitsgürtels.

Auch die besondere *Wertschätzung der Jungfräulichkeit* gehört hierher. Vorehelicher Geschlechtsverkehr von jungen Frauen ist in den meisten patriarchalischen Gesellschaften verpönt – wohl insbesondere deshalb, weil befürchtet wird, daß Frauen mit vorehelichen Sexualerfahrungen auch eher zu außerehelichem Geschlechtsverkehr neigen werden. Vorehelicher Verkehr dürfte nämlich eher freiwillig und deshalb mit positiveren Emotionen verbunden sein als Sexualkontakte in Ehen, die – wie weithin üblich – von den Eltern arrangiert wurden. In diesem Lichte muß auch die *patrilokale Wohnform* gesehen werden – also die Tatsache, daß in etwa 70 Prozent der Kulturen Frauen nach der Heirat zu ihren Ehemännern ziehen. Im Dunstkreis des Familien-Clans des Mannes ist das sexuelle Verhalten von Ehefrauen, Schwiegertöchtern und Schwägerinnen weitaus besser zu kontrollieren als außerhalb. Töchter hingegen können nach ihrer Eheschließung getrost in die Familie des Bräutigams fortgegeben werden. Denn bei ihnen entfällt das Problem der *genetischen Absicherung:* Ihre Kinder tragen *immer* die Hälfte ihrer Gene – unabhängig davon, von wem sie gezeugt wurden.

Da die Selektion nicht sexuelle Interaktionen, sondern nur Fortpflanzung belohnt, ist zu erwarten, daß Männer um so einsatzfreudiger um Frauen konkurrieren, *je größere Fruchtbarkeit diese signalisieren.* Welche Rolle dies bei Heiratsentscheidungen spielen kann, untersuchte die englische Anthropologin Monique Borgerhoff Mulder (1988) bei den Kipsigis, einer Gruppe von Viehhaltern und Maisbauern in Kenia.

Wie bei vielen Stammesgesellschaften werden auch bei den Kipsigis Brautpreise bezahlt. Väter heiratsfähiger Söhne bieten Kühe, Ziegen oder Schafe für eine Braut – seit ein paar Jahrzehnten auch Geld. Auf der Grundlage von 1226 solcher Transaktionen wurde ein Durchschnittspreis von sechs Kühen, sechs Ziegen und 800 Kenya-Schillingen errechnet. Ein Bräutigamsvater muß damit ein Drittel seiner Kuhherde, die Hälfte seiner Ziegenherde und – falls er zu den wenigen Männern mit regelmäßigem Einkommen gehört – zwei Monatsgehälter opfern. Das Heiratsalter der Bräute schwankt zwischen etwa 12 und 20 Jahren, denn jede Braut muß geschlechtsreif sein. Hierbei spielt offenbar die Ernährung im Elternhaus eine große Rolle, denn der Zeitpunkt der ersten Blutung (Menarche) ist stark mit dem Körpergewicht gekoppelt. Den höchsten Brautpreis erzielen beleibte, früh geschlechtsreife Frauen, während er bei schlankeren, später geschlechtsreifen deutlich niedriger ausfällt.

Welches Leitmotiv könnte sich hinter der Bevorzugung jüngerer Frauen verbergen? Die Analyse der Lebensläufe von Kipsigis-Frauen zeigte eindeutig, daß von den Kindern der jüngeren, teureren Frauen durchschnittlich drei mehr überlebt hatten als von denen der älteren Frauen! Drei Faktoren können für diesen vergleichsweise höheren Reproduktionserfolg verantwortlich gemacht werden: eine längere reproduktive Lebensphase, höhere Fruchtbarkeit und geringere Kindersterblichkeit. Kipsigis-Männer investieren also – ohne daß ihnen das im geringsten bewußt sein muß! – um so mehr in Frauen, je größer die Wahrscheinlichkeit ist, daß aus dieser Verbindung eine höhere Anzahl von Genkopien erwächst.

Paarungsstrategien von Frauen

Das Bestreben von Frauen, über die Optimierung der »Aufzuchtbedingungen« ihren reproduktiven Erfolg zu steigern, wird vor allem darauf abzielen, die Bereitschaft zum *paternalen Investment* zu erhöhen und das *väterliche* Investmentpotential kritisch abzuschätzen.

Im Kontext der Steigerung des väterlichen Investments wird die Funktion der sogenannten *verdeckten Ovulation* (Eisprung) diskutiert. Weibchen vieler nicht-menschlicher Primaten signalisieren den Männchen deutlich ihre fruchtbaren Tage innerhalb des Menstruationszyklus, und zwar entweder durch *physische Signale* (beispielsweise spektakuläre rote Schwellungen der Genitalregion bei Pavianen, Makaken oder Schimpansen) oder durch *auffallende Verhaltensweisen* (z. B. eine Kombination von Kopfschütteln, Schwanzabsenken und Präsentieren der Genitalregion bei indischen Languren). Nur während der wenigen Tage um die Ovulation herum sind sie zu sexuellen Interaktionen bereit (rezeptiv) und auch für die Männchen interessant (attraktiv). Frauen hingegen haben diese physischen Signale verloren und sind im Prinzip durchgehend rezeptiv und attraktiv.

Die Funktion der verdeckten Ovulation ist in der Fachliteratur umstritten (Spuhler 1979; Alexander, Noonan 1979; Turke 1984): Ein Erklärungsansatz basiert darauf, daß Frauen einen höheren Blutspiegel an Androgenen (männlichen Sexualhormonen) haben als Weibchen von Rhesusaffen oder Schimpansen. Eine mögliche Begründung: Der Mensch ist an ein ausdauerndes aufrechtes Laufen angepaßt, wobei die Männer der frühen Hominiden diese Ausdauer bei der Jagd brauchten, während die Frauen sie für kilometerlange Sammelgänge und das Schleppen von Lasten und Kindern benötigten. Androgene fördern wie Anabolika das Muskelwachstum. Zugleich aber steigern sie die Libido – erotisches Phantasieren, Empfinden und Handeln. Die kontinuierliche Rezeptivität und Attraktivität der Frauen wären demnach ein Beiprodukt der Evolution.

Eine andere Theorie geht von der Vermutung aus, daß die Urfrauen konstant sexuell attraktiv wurden, um sich für sich und ihre Kinder gezielt Zugang zur Jagdbeute der Männer zu verschaffen. Abgeleitet wurde sie aus Beobachtungen, daß bei Schimpansen bevorzugt Männergrüppchen gemeinsam Affen, Gazellen oder Buschschweine aufscheuchen, fangen und zerreißen. Wenn Fleisch abgegeben wird, erhalten »stark geschwollene« Schimpansinnen besonders häufig einen Brocken. Offenbar erkaufen sich die Schimpansenmänner so die Gunst des anderen Geschlechts. Oder – mit umgekehrtem Vorzeichen: Die Weibchen lassen sich ihre Bereitschaft bezahlen.

In diesem Zusammenhang am interessantesten ist der Erklärungsversuch der Evolutionsbiologen Richard Alexander und Katherine Noonan (1979) von der University of Michigan. Demnach entwickelte sich die verdeckte Ovulation beim Menschen, weil Frauen begehrenswerte Männer dadurch lange genug in eine Paarbindung drängen konnten. Könnten Männer nämlich den Eisprung bei Frauen ausmachen, würden sie nur an diesen fruchtbaren Tagen mit ihnen verkehren und ansonsten – ihrer Neigung zum Partnerwechsel folgend – weitere Frauen zu schwängern versuchen. Wenn die Paarungsbereitschaft der Frau zeitlich gleichmäßig verteilt und ihre Ovulation nicht kontrollierbar ist, muß ein Mann aus Furcht vor Seitensprüngen alle Nächte bei ihr bleiben. Zugleich kann er sicherer sein, daß die Kinder tatsächlich von ihm gezeugt wurden, und ist entsprechend stärker motiviert, in deren Aufzucht zu investieren. Möglicherweise spiegelt die verdeckte Ovulation eine raffinierte evolutionsbiologische Strategie wider, die darauf abzielt, den männlichen Partner »bei der Stange zu halten« und auf die Frau zu fixieren.

Die Evolutionstheorie wurde vor allem von Männern konzipiert. Kritik an diesen Konzepten kam dagegen vor allem von Frauen. Eine führende Rolle spielte die amerikanische Anthropologin Sarah Blaffer Hrdy (1981), die mit Nachdruck darauf hinwies, daß weibliche Tiere sehr oft nicht nur mit einem Partner, sondern mit mehreren kopulieren. Bis zum Beginn der achtziger Jahre hatten Verhaltensbiologen wenig Mühe darauf verwendet, die weibliche Tendenz zum Partnerwechsel mit ebensolcher Akribie wie die männliche zu analysieren. Die verläßlichsten aus westlichen Gesellschaften existierenden Zahlen sind noch immer die des US-amerikanischen Kinsey-Reports von 1948 und 1953. Danach hatten im Alter von 24 Jahren acht Prozent und mit 35 Jahren bereits 20 Prozent aller verheirateten Frauen außerehelichen Sex praktiziert. Obgleich die Zahlen für Männer doppelt so hoch waren, ist die Rate für Frauen keineswegs vernachlässigbar gering. Evolutionsbiologische Gründe für »Seitensprünge« von Frauen werden unter dem Stichwort »female choice« (weibliches Wahlverhalten) diskutiert:

- *Erhöhen der Befruchtungswahrscheinlichkeit:* Bei Menschen liegt die Ursache der Kinderlosigkeit zu etwa 30 Prozent allein beim Mann – ein Faktum, das in unserer modernen Umwelt an der Nachfrage nach Samenspendern deutlich wird. Außereheliche Kontakte erlauben Frauen unter solchen Umständen, ihre eigene Reproduktion zu realisieren.
- *Auswahl eines dominanten Männchens:* Männer, die sich in der Auseinandersetzung mit Rivalen behauptet haben – sei es im körperlichen Kampf oder im sozialen Wettbewerb um Ressourcen wie Geld oder Land –, können ihre Nachkommen eher erfolgreich aufziehen als ihre unterlegenen Konkurrenten. Indem Frauen (gerade auch mittels der verdeckten Ovulation) Fruchtbarkeit und Paarungsbereitschaft signalisieren, verschärfen sie den Konkurrenzkampf unter Männern und »züchten« auf diese Weise geradezu eine Elite von Männern mit entsprechenden Merkmalen heran.

Fazit: Zweifellos achten Menschen bei der Partnerwahl zumindest unbewußt auf Merkmale, die auf Nachkommen hoffen lassen: Frauen scheint besonders die ökonomische Potenz der Männer zu interessieren, Männer hingegen zuvorderst die physische Attraktivität einer Partnerin. In modernen Gesellschaften mögen sich die Akzente allmählich verschieben, doch spiegelt sich die asymmetrische Bedeutung von Wohlstand (als Indikator des Investmentpotentials) einerseits und »Schönheit« (als Indikator von Jugend und Fruchtbarkeit) andererseits noch immer überaus deutlich in der Produktwerbung wider. Es ist verführerisch, hier wiederum das evolutionsbiologische Muster erkennen zu wollen: Männer suchen Frauen, die Kinder verheißen, während Frauen Männer suchen, die deren Erziehung und Versorgung garantieren können (Gould, Gould 1989, S. 262).

Was ist das natürliche Fortpflanzungssystem des Menschen?

Reproduktion steht im Zentrum der Evolution. Beim Menschen ist dieses natürliche Erbe kulturell überformt. Das heißt, alle Gesellschaften haben für die Beziehungen zwischen Fortpflanzungspartnern sanktionierte Regeln entwickelt: Als kulturelles Medium der Reproduktion fungiert die Ehe, die jedoch sowohl historisch als auch ethnisch gesehen überaus verschiedene Formen haben kann. Bevor wir uns unter evolutionsbiologischem Blickwinkel dieser *Vielfalt* zuwenden, sei deshalb die Frage erörtert, ob es eine »natürliche« Familienstruktur gibt (Vogel 1990; Sommer 1989).

Da die Sexualbiologie von Halbaffen, Affen und Menschenaffen manchen verblüffenden Rückschluß auch auf die Menschen erlaubt, sind hier vor allem die in den letzten drei Jahrzehnten zusammengetragenen Ergebnisse der Freilandforschung an unseren stammesgeschichtlich nächsten Verwandten, den Primaten, relevant. Folgende prinzipiellen Fortpflanzungssysteme sind aus dem Freiland beschrieben worden:

- *Ein-Männchen-viel-Weibchen-Gruppen:* Polygynie oder Vielweiberei, beispielsweise bei den Mantelpavianen, den indischen Languren oder Gorillas;
- *Ein-Männchen-ein-Weibchen-Gruppen:* Monogamie oder Einehe, etwa bei den Springtamarinen, Springaffen oder Gibbons;
- *Viel-Männchen-viel-Weibchen-Gruppen:* Polygynandrie oder Gruppenehe, zuweilen auch Promiskuität genannt; eine nach Alter und Rang abgestufte sexuelle Freizügigkeit findet sich unter anderem bei den Makaken, Steppenpavianen oder Schimpansen;
- *Viel-Männchen-ein-Weibchen-Gruppen:* Polyandrie oder Vielmännerei, vermutlich bei manchen Krallenaffen.

Da – wie erläutert – Männchen durch Paarung mit möglichst vielen Weibchen ihren Reproduktionserfolg steigern können, überrascht es nicht, daß sich bestenfalls 12 Prozent der etwa 190 lebenden Primatenarten in Einehe fortpflanzen. Denn Monogamie ist nur dort zu erwarten, wo Männchen – aus welchen Gründen auch immer – ihre Polygynie-Tendenz nicht durchsetzen können.

Welch dramatische Konsequenzen diese »Kann-Bestimmung« für das männliche Geschlecht hat, erkannte bereits Charles Darwin. Da es »dem weniger erfolgreichen Bewerber nicht gelingt, ein weibliches Wesen zu gewinnen [und er] infolgedessen weniger oder keine Nachkommen erzeugt« (Darwin 1902, S. 636), werden die Männchen in eine gnadenlose Rüstungsspirale hineingetrieben. In seinem Werk »Die Abstammung des Menschen und die geschlechtliche Zuchtwahl« aus dem Jahre 1871 wies Darwin auf das Resultat dieser *intrasexuellen Selektion* (Zuchtwahl unter Geschlechtsgenossen) hin: »Die männlichen Individuen zeichnen sich gegenüber den weiblichen durch ihre bedeutendere Größe, Stärke und Kampfeslust aus, ihre Angriffs-oder Verteidigungsmittel gegen Nebenbuhler.«

Für Darwin gab es keinen Zweifel, daß nicht nur der »wilde Eber mit seinen großen Hauern« und der »Elefant mit seinen ungeheueren Stoßzähnen« sich mehrere Weibchen zu verschaffen versucht, sondern daß auch »die bedeutendere Größe und Stärke des Mannes im Vergleiche mit der Frau, in Verbindung mit seinen breiteren Schultern, seiner entwickelteren Muskulatur, seinen eckigen Körperumrissen, seinem größeren Muthe [durch] den Erfolg der stärksten und kühnsten Männer in ihren Streits um Frauen [entstand], welcher ihnen das Hinterlassen einer zahlreicheren Nachkommenschaft als ihren weniger begünstigten Brüdern sicherte.«

Darwin vermutete also, daß der Mensch durch »Vererbung von seinen frühen halbmenschlichen Urerzeugern« zur Vielweiberei neigt, was über weite Strecken die Kulturgeschichte etwa des Alten Orients, der Antike und des Islam bestätigt. Von diesen Befunden ausgehend, ist es zunächst wahrscheinlicher, daß polygyne oder promiske Paarungssysteme die frühhominide Ausgangsbasis stellten, und nicht die Monogamie, geschweige denn die Polyandrie.

Den Einfluß der Selektion auf die Körpergröße hatte bereits Darwin erkannt, doch war er vermutlich – als Zeitgenosse des prüden viktorianischen Zeitalters – zu sittsam, um seine Argumentation auf jene Körperteile auszudehnen, die vor allem mit Reproduktion befaßt sind: die Geschlechtsorgane selbst. Daß sich die sexuelle Selektion gerade auch auf die Genitalien richtet, arbeitete Darwins Landsmann Roger Short erst Mitte der siebziger Jahre dieses Jahrhunderts heraus (1981). Der Veterinärmediziner unterschied bei der *geschlechtlichen Auslese* (sexuelle Selektion) zwischen *somatischer Selektion*, die auf die Körpergröße wirkt, und *genitaler Selektion*, die auf innere und äußere Geschlechtsorgane wirkt. Der Analyse dieser Verhältnisse bei den Menschenaffen und Menschen soll zunächst eine Übersicht relevanter Zusammenhänge vorangestellt werden (vgl. Tab. 1):

- *Körpergröße:* Das Ausmaß der somatischen Selektion und damit die Ausprägung des Geschlechtsdimorphismus (der Verschiedengestaltigkeit von Männchen und Weibchen) nimmt mit der Zahl der Weibchen zu, die auf ein Männchen in der Gruppe kommen. Denn je stärker ausgeprägt die Tendenz einzelner Männchen zur Monopolisierung mehrerer bis vieler Weibchen ist, desto schärfer ist die intrasexuelle Konkurrenz unter den Männchen. Als vertrautes Beispiel sei der Hirschbulle mit seinem Rudel von Hirschkühen genannt.
- *Hodengröße:* Intrasexuelle Konkurrenz wirkt sich auch auf die Größe der Hoden aus. Paart sich nämlich ein empfängnisbereites Weibchen kurz hintereinander mit mehreren Partnern, hängt die Chance eines Männchens, daß eine *seiner* Samenzellen den Wettlauf zum Ei gewinnt und es befruchtet, weitgehend von der Menge und Beweglichkeit der ejakulierten Spermien ab. Männchen mit besonders leistungsfähiger Spermaproduktion pflanzen sich entsprechend erfolgreich fort, weshalb bei Arten mit »freizügigem« Geschlechtsverkehr Männchen mit besonders großen Hoden »herangezüchtet« werden.
- *Östrusschwellungen:* Bei Weibchen, die zu Spezies mit Viel-Männchen-Gesellschaften gehören, vergrößert sich in der Regel während

Tab. 1 Faustregeln zum Zusammenhang zwischen Körperbau und Fortpflanzungsstrukturen bei Primaten.

Fortpflanzungs-system	Sexualdimor-phismus M = Männchen W = Weibchen	Hoden-gewicht	Östrus-schwellung	Koitus-dauer
Monogamie (Einehe)	M = W	klein/mittel	nein	lang
Polygynie (Vielweiberei)	M >> W	klein	nein	lang
Polygynandrie (Gruppenehe)	M = W	groß	ja	kurz
Polyandrie (Vielmännerei)	M > W	groß	zuweilen	kurz

der fruchtbaren Tage – dem sogenannten *Östrus* – der Bereich um After, Damm und Vagina (*Ano-Genital-Schwellungen*). Diese Schwellungen sind wohl Ausdruck *intersexueller Selektion* (Zuchtwahl zwischen den Geschlechtern). Denn in dem Maße, wie die Weibchen ihre Fruchtbarkeit weithin sichtbar signalisieren, stacheln sie die Konkurrenz unter den möglichen Paarungspartnern entsprechend an und erhöhen so die Wahrscheinlichkeit, an ein Männchen mit guter genetischer Ausstattung zu geraten.

– *Kopulationsdauer:* Schließlich sei die Paarungs-Dauer erwähnt, die in Ein-Männchen-Sozietäten ohne die störende Präsenz von Rivalen verläuft und dementsprechend lange dauern kann. In Viel-Männchen-Sozietäten hingegen ist die Zeit vom Einführen des Penis bis zum Samenerguß deutlich kürzer, da die paarungswilligen Weibchen oft von konkurrierenden Männchen umlagert sind.

Entsprechend lassen sich auch die speziellen Verhältnisse in der taxonomischen »Überfamilie« der *Hominoidea* darstellen, zu der Menschenaffen und Menschen zählen (Tab. 2).

– *Monogam* leben unter den Menschenaffen lediglich die *Gibbons*, schwinghangelnde, baumlebende Früchteesser in Südostasien. Fruchtende Bäume sind so rar, daß ein Territorium von verteidigbarer Größe vermutlich lediglich ein Männchen mit einem Weibchen und dem gemeinsamen Nachwuchs ernähren kann. Rein sta-

Tab. 2 Sexualbiologie der *Homonoidea* (Menschenartigen).

Fortpflanzungssystem	Spezies	Sexualdimorphismus (Männchen = 100%)	Hodengewicht (Promille des Körpergewichts)	Koitusdauer	Östrusschwellung
Monogamie	Gibbon	M = W	1,0	1 Min.	nein
Polygynie	Orang	M >> W (54%)	0,5	11 Min.	nein
Polygynie	Gorilla	M >> W (58%)	0,2	1,5 Min.	nein
Polygynandrie	Schimpanse	M = W (87%)	2,7	7 Sek.	ja
Polygynie >> Momogamie >>> Polyandrie	Mensch	M = W (81%)	0,6	2–60 Min.	nein

tistisch entfällt daher auf jedes Männchen ein Weibchen, weshalb intrasexuelle Konkurrenz fehlt. Entsprechend sind Männchen und Weibchen gleich groß und unterscheiden sich auch nicht in der Eckzahngröße. Mangelnde intrasexuelle Konkurrenz dürfte auch der Grund dafür sein, daß Männchen keine besonders großen Hoden besitzen (ein Promille des Körpergewichts), daß die Kopulationsdauer mit etwa einer Minute vergleichsweise lang ist und daß den Weibchen auffällige Genitalschwellungen als Indikator der Ovulationsperiode fehlen.

– *Polygyn* leben unter den Menschenaffen sowohl der auf Sumatra und Borneo beheimatete *Orang-Utan*, bei dem ein Männchen die Einzelreviere mehrerer Weibchen überwacht, als auch der in Afrika beheimatete *Gorilla*, bei dem ein einzelnes Männchen – der Silberrücken – einen Harem monopolisiert. Die Männchen beider Spezies wiegen oft doppelt soviel wie ihre Weibchen, der Eckzahndimorphismus ist ausgeprägt. Durch Körperkraft haben die erfolgreichen Männchen bereits alle Rivalen aus dem Felde geschlagen und mithin keine Inseminations-Konkurrenten zu fürchten, wenn sie kopulieren. Daher ist das Ausmaß der genitalen Selektion entsprechend gering: Das relative Hodengewicht beträgt 0,5 Promille beim Orang und lediglich 0,2 Promille beim Gorilla. Die Kopulationsdauer von bis zu elf Minuten beim Orang und 1,5 Minuten beim Gorilla ist wiederum vergleichsweise lang – jedenfalls verglichen mit den gleich zu behandelnden Schimpansen. Den Weibchen fehlen Genitalschwellungen – offenbar deshalb, weil sie während ihrer östrischen Tage ohnehin nur ein Männchen zur Kopulation auffordern können.
– *Polygynandrie* mit weitgehender *Promiskuität* herrscht in *Schimpansengruppen*: Östrische Weibchen paaren sich bis zu fünfzigmal am Tage mit oft mehr als zehn verschiedenen Männchen. Intrasexuelle Konkurrenz unter den Männchen, die zu körperlichen Auseinandersetzungen führt, gibt es allerdings nur in abgeschwächter Form, da Schimpansenmännchen – im Unterschied zu den Weibchen – lebenslang in ihrer Geburtsgruppe bleiben und somit genetisch recht nahe verwandt sein dürften. Der Sexualdimorphismus ist deshalb hinsichtlich Körpergröße und Eckzähnen relativ gering. Wie bei allen promisk lebenden Arten fallen die großen Hoden auf, die mit 2,7 Promille des Körpergewichtes fast dreimal so schwer sind wie die der monogamen Gibbons und etwa fünf- bis dreizehnmal schwerer als die der polygynen Orangs und Gorillas. Dieses Merkmal wird gemeinhin mit der hohen Sperma-Konkur-

renz in den Genitaltrakten der sich mit vielen Männchen paarenden Weibchen in Verbindung gebracht. In dieses Erklärungsmuster fügen sich auch die auffallend rosa gefärbten Östrusschwellungen der Weibchen, die offenbar die Konkurrenz unter den Männchen der Sozietät fördern. Die durchschnittliche Zeit von Intromission bis Ejakulation beträgt denn auch lediglich sieben Sekunden!

Wenden wir dieses Raster sexualbiologischer Prinzipien auf den *Menschen* an, so spricht fast alles gegen ein ursprünglich monogam angelegtes Fortpflanzungssystem: Die Männer sind durchschnittlich zwischen fünf und 20 Prozent größer und schwerer als Frauen. Bei frühen Hominiden, insbesondere den vor drei bis vier Millionen Jahren in Ostafrika lebenden *Australopithecus*-Formen, war dieser Sexualdimorphismus übrigens noch erheblich stärker ausgeprägt – gerade auch hinsichtlich der Eckzahngröße, in der sich die Männer und Frauen des Jetztmenschen *Homo sapiens* kaum unterscheiden. Vermutlich ließ der Selektionsdruck auf physische Kraft, Körper- und Eckzahngröße von Männern in dem Maße nach, wie im Laufe der Menschwerdung Waffen und geschicktes soziales Taktieren als Mittel intrasexueller Auseinandersetzung die Oberhand gewannen. Diese Befunde sprechen für eine leicht polygyne oder promiske Lebensform. Hinsichtlich des relativ geringen Hodengewichts – um 0,6 Promille – und der relativ langen Koitusdauer liegt *Homo sapiens* jedoch eindeutig im Bereich der polygynen Spezies, wofür ebenfalls das Fehlen östrischer Genitalschwellungen bei Frauen spricht.

Zusammengenommen weisen die Indizien darauf hin, daß frühmenschliche Gesellschaften in reproduktive Einheiten mit einer *Tendenz zur Polygynie* untergliedert waren. Dennoch muß deutlich festgestellt werden: Unser stammesgeschichtliches Erbe sind allein die geschlechtstypischen Reproduktionsstrategien. Denn die jeweiligen Fortpflanzungssysteme sind stets ein mehr oder weniger stabiler Kompromiß der individuellen Lebenslauf- und Fortpflanzungsstrategien der einzelnen Gruppenmitglieder. Trotz dieser polygynen Tendenz können sich demnach unter verschiedenen Bedingungen durchaus unterschiedliche und flexible Fortpflanzungssysteme – sprich: Familienstrukturen – entwickeln.

Die Familie als reproduktive Einheit

Die menschliche Familie ist eine kulturelle Institution auf biologischer Basis und Ausdruck des kooperativen Kompromisses, den Männer und Frauen im Bestreben nach erhöhtem Reproduktionserfolg eingehen. *Biologisch betrachtet* hat die Familie die Funktion, Nachwuchs zu zeugen, ihn aufzuziehen und möglichst optimal ausgerüstet in die Selbständigkeit zu entlassen, also dem Nachwuchs seinerseits gute Reproduktionschancen mit auf den Weg zu geben. So verwundert es nicht, daß die Familienstruktur durchaus unterschiedliche Formen annehmen kann (Voland 1990).

Die *Anzahl erlaubter Ehepartner* kann von Kultur zu Kultur stark variieren. Analog den Fortpflanzungssystemen bei Primaten unterscheiden Völkerkundler zwischen Einehe (*Monogamie*) und Vielehe (*Polygamie*), in der mehrere Partner erlaubt sind. Letztere wiederum läßt sich in Vielweiberei (*Polygynie*), Vielmännerei (*Polyandrie*) und sexuell mehr oder weniger freizügige Formen (*Polygynandrie*) unterteilen.

Der 1967 von dem amerikanischen Anthropologen George Peter Murdock herausgegebene »Ethnographische Atlas« verzeichnet die Eheformen von 849 Gesellschaften. Demzufolge erlauben 83 Prozent (708 Gesellschaften) die Vielweiberei, sind lediglich 16 Prozent (137 Gesellschaften) vom Gesetz her monogam, praktizieren weniger als ein Prozent (vier Gesellschaften) die Polyandrie und ist die Polygynandrie weitaus am seltensten.

Polygynie: das Beispiel der Tiwi

Polygynie findet sich vor allem in solchen Gesellschaften, in denen die Ressourcen ungleich verteilt sind und von Männern kontrolliert werden. Ein derartiges System ist mit einem dramatischen sozialen und reproduktiven Gefälle verbunden: Während reiche und hochrangige Männer mehrere Frauen für sich gewinnen können, wird ein Mann aus der zahlenmäßig umfangreicheren Mittelschicht im Durchschnitt wohl nur eine Frau mit ihren Kindern ernähren können. Die Männer der sozio-ökonomischen Unterschicht erhalten großenteils kaum Reproduktionschancen. Charakteristisch ist dies für Gesellschaften, in denen Besitz z. B. über Viehhaltung oder Landwirtschaft (in modernen Gesellschaften auch über Kapitalanhäufung) erworben und meist nach festen Erbregeln in väterlicher Linie über Generationen angereichert weitergegeben wird. Übrigens mag es unter sol-

Abb. 1 Vielweiberei bei *Homo sapiens:* Häuptling Denja Akuku aus Kenia.

chen Bedingungen für Frauen im eigenen reproduktiven Interesse besser sein, die zweite oder auch dritte Frau eines wohlhabenden Mannes zu werden, als die einzige Frau eines mittellosen. Das, was die natürliche Selektion favorisiert, wird von der Kultur mit unterschiedlichen traditionalen Mitteln stabilisiert und ausgebaut.

Die wohl außergewöhnlichste Form der Polygynie wurde bis in die jüngste Vergangenheit von den Tiwi praktiziert (Hart et al. 1988). Dieses Volk von etwa 1000 Menschen bewohnt die zwei 25 Kilometer vor der Nordküste Australiens liegenden kleinen Inseln Bathurst und Melville Island. Unter den australischen Aborigines, mit denen die Tiwi verwandt sind, herrschte der Glaube, daß Frauen von Geistern geschwängert werden. Der Zusammenhang zwischen Geschlechtsverkehr und Befruchtung war bei den Uraustraliern stark tabuisiert. Man weiß nicht, ob er ihnen bekannt oder verborgen geblieben war. Damit jedes neugeborene Kind auch einen Vater hatte, *sollten* nicht nur alle Frauen der Tiwi verheiratet sein, sondern sie *mußten* es. Die Forderung hatte für uns bizarr anmutende Konsequenzen: Tiwi-Mädchen wurden verlobt, noch während sie sich im Mutterleib befanden, oder spätestens bei der Geburt – die Geburt eines Knaben machte die Verlobung natürlich hinfällig. Witwen mußten noch am Grab ihrer verstorbenen Ehemänner erneut verheiratet werden. Vorgeburtliche Verlobung und

Witwenverheiratung sorgten dafür, daß kein weibliches Wesen ohne Ehemann blieb.

Wie der Wert einer Frau mit ihrem reproduktiven Potential sinkt, illustriert das Schicksal von Bongadu, die – wie viele andere Tiwi-Frauen – durch zahlreiche Ehen ging. Geboren etwa im Jahre 1865, wurde sie einem einflußreichen Alten namens Walitaumi verlobt. Der starb, während Bongadu noch ein Kind war, woraufhin sie mit Turimpi verlobt wurde, einem Halbbruder Walitaumis. Als blühende Braut zog Bongadu im Alter von 14 Jahren zum bereits fünfzigjährigen Turimpi. In den folgenden zwei Jahrzehnten brachte sie zahlreiche Kinder zur Welt. Nachdem Turimpi um die Jahrhundertwende verstarb und Bongadu gerade 35 Jahre zählte, zog sie zu einem Mann mittleren Alters, bis auch dieser sie im Jahre 1925 zur Witwe machte. Jetzt war Bongadu – Mutter von zehn Kindern – sechzig Jahre alt. Da kein Mann mehr lebte, der sie vermählen konnte, übernahm dies ihr ältester Sohn Antonio, dessen Name bereits auf den wachsenden Einfluß der katholischen Mission verweist. Antonio verheiratete seine Mutter mit einem sozial erfolglosen Nobody namens Dominico. Der, obgleich fast vierzig Jahre alt, hatte keine einzige junge Verlobte, und Witwen waren seine einzige Hoffnung.

Monogamie: das Beispiel moderner Großstaaten

Bezogen auf den Komplexitätsgrad menschlicher Gesellschaften zeigt die Monogamie eine merkwürdig U-förmige Verteilung (Flinn, Low 1986): Sie herrscht einerseits in nicht hierarchisch strukturierten Kleingesellschaften vor wie z. B. bei Jägern und Sammlern oder Gartenbauern (Hortikulturisten), die kaum Besitz anhäufen und vererben können. Da ein Haushalt kaum mehr als ein Ehepaar und den gemeinsamen Nachwuchs ernähren kann, beruht Monogamie hier auf *ökologischen Sachzwängen*. Auf der anderen Seite finden wir die Einehe als rechtlich verbindlich in Großstaaten mit hochgradig differenziertem Wirtschaftssystem und komplexer sozialer Gliederung. Diese *sozial erzwungene Monogamie* ist offenbar Ausfluß eines normativen »reproduktiven Egalitarismus«, welcher innergesellschaftliche Konkurrenz mindern und den kooperativen Zusammenhalt stärken soll.

Daß viele Staatsregierungen die Vielehe fürchten, rührt daher, daß auf Polygynie gründende Clans politisch wesentlich schwerer zu kontrollieren sind als eine Ansammlung von Kleinfamilien. Allerdings darf nicht übersehen werden, daß die monogame Eheform auch in unserer Gesellschaft die polygyne Tendenz nur verschleiert. Im Jahre 1986 wurden in der Bundesrepublik Deutschland einschließlich West-Berlin 372 112 Ehen geschlossen und 122 443 geschieden. *Serielle Polygynie* – also mehrere Ehen hintereinander, aus denen Kinder hervorgehen – und eine vermutlich durchschnittlich höhere Zahl außerehelicher Affären erweisen sich hier als eine den Reproduktionserfolg steigernde Strategie. Dabei haben wohlhabende Männer nach Scheidung oder Verwitwung deutlich höhere Wiederverheiratungschancen als arme Männer.

Mit zunehmender wirtschaftlicher Unabhängigkeit der Frauen dürfte sich auch deren Neigung zur Partnertreue verringern: Erweist sich der Mann als nicht verläßlich oder die Partnerschaft als nicht befriedigend, ist die Schwelle zur Aufkündigung der familiären Partnerschaft wesentlich niedriger als bei völliger ökonomischer Abhängigkeit der Frau (und ihrer Kinder). Die wachsende Zahl von Scheidungen und Wiederverheiratungen bei Frauen etwa in Nordamerika und Mitteleuropa lassen sich in dieser Hinsicht auch als *serielle Polyandrie* begreifen. Dennoch steigert Wiederverheiratung den reproduktiven Erfolg von Frauen weniger als den von Männern, die nicht selten Kinder im gleichen Alter ihrer Enkel haben.

Polyandrie: das Beispiel der Tibeter

Institutionalisierte Vielmännerei ist extrem selten, beschränkt sich auf wenige Teile der Welt – vor allem Südasien – und tritt nur unter besonderen ökologischen Bedingungen auf. Am ausführlichsten sind die Verhältnisse in Tibet erforscht (Crook, Crook 1988; Beall, Goldstein 1981). Dort heiraten zuweilen zwei, drei, vier oder mehr Brüder gemeinsam eine Frau, die ihr Elternhaus verläßt und zu ihnen zieht. Ist der Altersunterschied der Brüder sehr beträchtlich, nehmen der oder die Jüngsten nicht an der Hochzeit teil, sondern schließen sich erst mit ungefähr 15 Jahren der Ehe an. Als Oberhaupt des Haushaltes fungiert normalerweise der älteste Bruder, der mit der Frau auch die Nächte verbringt. Im Idealfall bevorzugt die Ehefrau keinen der Brüder. Zumindest haben alle mit ihr Sexualkontakt. Die »Rotation« wird erleichtert, weil tibetische Männer oft unterwegs sind – um Dienste für Landverpächter zu leisten, Yaks im Hochgebirge zu weiden oder Handel zu treiben. Werden Kinder geboren, gelten alle Brüder gleichermaßen als Vater. In manchen Gegenden reden die Kinder nur den ältesten Ehemann als »Vater« an, die anderen hingegen als »Vaters Brüder«. Oft allerdings sprechen sie von dem »älteren Vater« und dem »jüngeren Vater«. Im Idealfall bevorzugt keiner der Brüder eines der Kinder, selbst wenn er zur Zeit der Zeugung allein zu Hause war.

Abb. 2 Vielmännerei bei *Homo sapiens*: zwölfjährige tibetische Braut mit dreien ihrer fünf Ehemänner – alle Brüder im Alter zwischen sieben und 22 Jahren.

Springender Punkt ist hier das Prinzip der *Sippen-Selektion* oder der »genetischen Gesamteignung« (Hamilton 1964): Eigenes Erbgut wird ja nicht nur über Kinder verbreitet, in denen im Mittel die Hälfte eigener Gene stecken, sondern auch über Neffen und Nichten, die immerhin noch ein Viertel der eigenen Gene in sich tragen. Selbst wenn sich einer der Brüder nicht direkt fortpflanzt, wird doch sein Erbgut über seine Blutsverwandten indirekt in die nächste Generation transportiert.

Die Begründung der Tibeter für ihr Ehesystem stimmt weitgehend mit der von Anthropologen gegebenen Erklärung überein: Polyandrie verhindert die Teilung von Hof, Land und Vieh und sichert allen einen höheren Lebensstandard, als es eine Parzellierung des Besitzes und des überaus knappen landwirtschaftlich nutzbaren Landes zuließe. Die Frauen halten es für vorteilhaft, daß mehrere Männer bei der Arbeit helfen und für den Lebensunterhalt der Kinder sorgen. Die Vielmännerei hat damit die gleiche Funktion wie das europäische Erstgeburtsrecht, nach dem lediglich der älteste Sohn erbte, während die jüngeren leer ausgingen und zum Militär oder in den Kirchendienst gingen. Letzteres ist auch in Tibet üblich: In den Klöstern finden sich viele junge Männer und Frauen, die dort aus diesem Grund leben. Unverheiratete Schwestern leben auch oft als Mägde bei den Eltern oder auf anderen Höfen. Diskrete außereheliche Beziehungen werden toleriert. Zählungen im Nordwesten Nepals erbrachten, daß unverheiratete Frauen durchschnittlich 0,7 Kinder haben, verheiratete hingegen 3,3. Heute bestreiten zahlreiche Tibeter ihren Lebensunterhalt nicht mehr auf traditionelle Weise, sondern arbeiten im Fremdenverkehr oder für die nichttibetischen Regierungen von Nepal, China oder Indien. Vor allem bei den jüngeren Brüdern zeichnet sich deshalb mittlerweile ein Trend zur Gründung eigener monogamer Haushalte ab.

Ausblick: Frauen zwischen Unterdrückung und Emanzipation

Für eine erfolgreiche Reproduktion – das bringt die zweigeschlechtliche Fortpflanzung mit sich – ist eine Symbiose beider Geschlechter erforderlich: Sie müssen in gewissen Grenzen miteinander kooperieren. Da, wie wir gesehen haben, die reproduktiven Eigeninteressen jedoch keineswegs übereinstimmen, wird jedes Geschlecht versuchen, das andere im Hinblick auf eigene Präferenzen zu manipulieren. Der letztlich notwendige Kompromiß wird je nach den gegebenen Machtverhältnissen etwas mehr nach der einen oder anderen Seite verschoben sein.

Beim Menschen finden wir ein deutliches Machtgefälle. In wohl allen Kulturen versuchen Männer im Sinne ihrer evolutionsbiologisch begründbaren Reproduktionsstrategie, Frauen zu beherrschen. Die Herrschaft des Mannes wurde etwa von Friedrich Engels (1987, S. 71) folgendermaßen festgeschrieben: »Um die Treue der Frau, also die Vaterschaft der Kinder sicherzustellen, wird die Frau der Gewalt des Mannes unbedingt überliefert.« Nach dem *Modell der geschlechtsdifferenten evolutionären Reproduktionsstrategien* führt das fast zwangsläufig zu einer *doppelten Sexualmoral* (Vogel 1989).

Im Hinblick auf opportunistische sexuelle Beziehungen werden Männer und Frauen in vielen Gesellschaften ganz unterschiedlich bewertet: der Mann eher positiv als »draufgängerischer Casanova«, die Frau meist negativ als Dirne, Hure oder Nymphomanin. Auch die *Rechtsprechung* ist, was Untreue, Verführung und Ehebruch anbetrifft, in den meisten Gesellschaften *stark asymmetrisch:* Untreue von Frauen wird erheblich schärfer sanktioniert als Untreue von Männern.

Als rechtliches Opfer eines Ehebruchs, einer Verführung oder gar Vergewaltigung gilt meist der Mann, dem die betroffene Frau »gehört«. Ihm – also dem Ehemann, Vater oder Bruder – werden in aller Regel Sonderrechte zugestanden, etwa die Rückforderung des Brautpreises oder eine milde Bestrafung seiner durch Eifersucht oder Rache motivierten Tötungsdelikte. Das angelsächsische Recht spricht noch immer dem Ehemann eine Strafmilderung zu, wenn er den Liebhaber seiner Frau (und damit Ehebrecher) tötet, nachdem er die beiden in flagranti erwischt hat – das gilt jedoch nicht im umgekehrten Fall für die Ehefrau!

Geistiger Nährboden dieser doppelten Moral ist sicherlich nicht zuletzt die Tatsache, daß Frauen in patriarchalischen Gesellschaften eine Art Handelsware oder Tauschobjekt der männerbeherrschten Clans sind (Abb. 3). Eine Analyse der Heiratsbräuche von 1267 Völkern (Comaroff 1980) erbrachte, daß in 66 Prozent aller Gesellschaften für den Erhalt der Braut Güter oder Dienstleistungen entrichtet werden; daß bei vielen der verbleibenden Völker Verwandtschaftsgruppen ihre heiratsfähigen Töchter tauschen; und daß drei Prozent eine Mitgift kennen, also das Beschenken der Bräutigamsfamilie durch die der Braut. Eine Mitgift (Gift = Gabe) wird dem Bräutigamsclan vor allem gezahlt, um die Aufwärtsheirat (*Hypergamie*) einer Tochter zu ermöglichen und damit natürlich zugleich den eigenen Enkeln (bzw. Neffen oder Nichten) eine günstige soziale Ausgangsposition zu verschaffen.

Da auf dem Heiratsmarkt letztlich Fruchtbarkeit und sozioökonomische Plazierung von Nachkommen erkauft werden, sind Brautpreis und Mitgift deshalb eigentlich korrekter als »Kinderpreise« aufzufassen! Daß die katholische Kirche die unversehrte Jungfernschaft der Gottesmutter Maria preist, verrät Ähnlichkeit mit der Brautpreis-Politik vieler Völker: Durch die Geburt eines Kindes gilt eine Frau als versehrt bzw. beschädigt, also nicht mehr neuwertig und deshalb von geringerem Wert.

Aus der Perspektive der Evolutionsbiologie ist dieser Doppelstandard also keineswegs überraschend – genausowenig wie die Tatsache, daß Männer sich noch heute gegen weibliche Emanzipation und Selbstbestimmung wehren. Diese »alte Welt« ist tatsächlich Milliarden Jahre alt, wurzelt in der Entwicklung der Bisexualität und fand ihre konsequente Fortsetzung in den Reproduktionsstrategien der Männer und einer doppelten Moral, die die Geschlechter ungleich behandelt.

Abb. 3 Weibliche Fruchtbarkeit als Handelsobjekt: Bei einem Stamm in Neuguinea diskutieren Männer aus den Verwandtschaftsgruppen von Braut und Bräutigam über den ausgebreiteten Brautpreis.

Bisher haben wir versucht, die Ist-Zustände zu beschreiben: Die Unterschiede in den Fortpflanzungsstrategien der Geschlechter und die hierauf gründende doppelte Moral. Was aber ist »die Moral von der Geschicht'« dieser Naturgeschichte? (Vogel 1985; Sommer 1992) – Unbestreitbar sollte die Aussage sein, daß es keinen legitimen Weg gibt, von den *Ist-Zuständen* der Natur *Soll-Werte menschlichen Handelns* abzuleiten. Schon der britische Philosoph David Hume hat das 1740 in seinem Werk »A Treatise of Human Nature« (»Eine Abhandlung über die menschliche Natur«) betont. Den Kurzschluß vom Ist- auf den Soll-Zustand nannte Humes Landmann George Edward Moore später in seinen »Principia Ethica« (1903) den *»naturalistischen Fehlschluß«*. Wie die gesamte Natur spiegelt aber auch die menschliche Natur nicht moralische Kriterien wie »gut« oder »böse« wider. Im Gegenteil: Evolution und natürliche Selektion sind moralisch absolut indifferent.

Dennoch wurde im Verlauf unserer Geistesgeschichte immer wieder versucht, Moral direkt aus der »Natur des Menschen« abzuleiten. Aufgrund der verhängnisvoll zweideutigen Formulierung vom »survival of the fittest« (Überleben des Geeignetsten), die gar zu gern in ein »survival of the best« (Überleben des Besten) umgemünzt wurde, feierte in der Zeit nach Darwin der naturalistische Fehlschluß fröhliche Urständ – wurde doch behauptet, daß es eine gerechte, aus der sorgfältigen Analyse der Natur ableitbare Regelung der menschlichen Beziehungen gäbe.

Auf diese Weise lassen sich aber die unterschiedlichsten, in der Natur verbreiteten Verhaltensmuster »rechtfertigen«: Vegetarismus ebenso wie Fleischessen, das Füttern von Paarungspartnern ebenso wie das Aufessen derselben, Kindesfürsorge ebenso wie Kindestötung, Monogamie ebenso wie sexuelle Freizügigkeit und Homosexualität ebenso wie Heterosexualität.

Zum Begründen ethischer Maßstäbe ist die Natur eben deshalb unbrauchbar, weil in ihr alles möglich und eben deshalb auch »erlaubt« ist! Umgekehrt wird aber die Aufstellung ethischer Prinzipien vernünftigerweise insofern der Natur des Menschen Rechnung tragen müssen, als *jedes Sollen an ein Können geknüpft* sein muß. Wer fordert, daß wir mit drei Stunden Schlaf pro Nacht auskommen *sollten*, übersieht eben, daß wir das *nicht können*.

Genau hier vermag die Evolutionsbiologie einen wertvollen Beitrag zur Diskussion um die Forderung nach Gleichberechtigung von Mann und Frau zu leisten. Zunächst einmal macht es wenig Sinn, die evolutionsbiologischen Unterschiede zu leugnen – denn dann wird bei der Überlegung, was wie verändert werden kann, von falschen Voraussetzungen ausgegangen. Wickler und Seibt (1983, S. 156) bemerken in diesem Zusammenhang:

> »Das männliche und das weibliche Geschlecht sind im Dienste effektiver Vermehrung verschieden spezialisiert. Das hat zur Folge, daß jedes Individuum bestimmte Aufgaben leicht, andere schwerer, wieder andere gar nicht erfüllen kann.«

Zu den gar nicht erfüllbaren Aufgaben – die *geschlechtsspezifischen* Merkmalen entsprechen – gehören im wesentlichen jene, die mit dem *somatischen* Geschlecht gekoppelt sind, wie etwa das Austragen von Kindern. Aber medizinischer Fortschritt wird vielleicht eines Tages auch Schwangerschaften bei Männern ermöglichen. Kopplungen mit dem *psychischen* Geschlecht sind hingegen weniger strikt – sie sind lediglich *geschlechtstypisch*. In dieser Hinsicht ist ein Zitat des Biologen Hubert Markl (1986, S. 86) bedenkenswert, der meint, natürliche Neigungen bedürften,

> »um wirksam werden zu können, vielfältiger Interaktionen mit vor allem sozialer Erfahrung. Man darf sie nicht als zwangsläufige

Schienen, sondern muß sie als gebahnte Bereiche der Verhaltensentwicklung ansehen. Die ›Natur‹ scheint die menschliche Verhaltensentwicklung weniger durch Vorschriften als durch Vorschläge zu beeinflussen.«

Wenn wir unsere über die natürliche Selektion entwickelten Verhaltenstendenzen auch schwerlich aus unserem Genom streichen können, so haben wir doch sowohl genügend Entscheidungsfreiraum als auch geistige Fähigkeiten, gesellschaftlich unerwünschte Tendenzen immer wieder zurückzustutzen. Freilich müssen wir davon ausgehen, daß sie immer wieder in Erscheinung treten, wenn die Anstrengungen nachlassen, sie zu überwinden. Die Evolutionsbiologie kann helfen, den Preis abzuschätzen – gemessen an dem für Erziehung und Durchsetzung von Normen benötigten Zeit- und Energieaufwand, den wir für die Überwindung unserer angeborenen Dispositionen entrichten müssen.

Literatur

Alexander, R., Noonan, K.M. (1979): Concealment of Ovulation, Parental Care, and Human Social Evolution. In: Chagon, N.A., Irons, W. (Hrsg.): Evolutionary Biology and Human Social Behavior. North Scituate (Mass.), S. 436–453.

Beall, C.M., Goldstein, M.C. (1981): Tibetan Fraternal Polyandry: A Test of Sociobiological Theory. In: American Anthropologist 83, S. 5–12.

Bischof-Köhler, D. (1990): Frau und Karriere in psychologischer Sicht. In: Zeitschrift für Arbeits- und Organisationspsychologie 34, S. 17–28.

Blaffer Hrdy, S. (1981): The Woman that Never Evolved. Cambridge (Mass.).

Borgerhoff Mulder, M. (1988): Kipsigis Bridewealth Payments. In: Betzig, L., Borgerhoff Mulder, M., Turke, P. (Hrsg.): Human Reproductive Behavior. A Darwinian Perspective. Cambridge (N.Y.), S. 65–82.

Comaroff, J.L. (Hrsg.; 1980): The Meaning of Marriage Payments. London, New York.

Crook, J.H., Crook, S.J. (1988): Tibetan Polyandry: Problems of Adaption and Fitness. In: Betzig, L., Borgerhoff Mulder, M., Turke, P. (Hrsg.): Human Reproductive Behaviour. A Darwinian Perspective. Cambridge, S. 97–114.

Darwin, C. (1967): Die Entstehung der Arten durch natürliche Zuchtwahl. Stuttgart.

Darwin, C. (1902): Die Abstammung des Menschen und die geschlechtliche Zuchtwahl. Bd. 2. Stuttgart.

Engels, F. (1987): Der Ursprung der Familie, des Privateigenthums und des Staates. 1. Aufl. 1884. Berlin.

Flinn, M.V., Low, B.S. (1986): Resource Distribution, Social Competition, and Mating Patterns in Human Societies. In: Rubenstein, D.I., Wrangham, R.W. (Hrsg.): Ecological Aspects of Social Evolution. Princeton (N.Y.), S. 217–243.

Gould, J.L., Gould, D.C. (1989): Sexual Selection. New York.

Hamilton, W.D. (1964): The Evolution of Social Behavior. In: Journal of Theoretical Biology 7, S. 1–52.

Hart, C.W.M., Pilling, A.R., Goodal, J.C. (1988): The Tiwi of North Australia. 3., überarb. Aufl. New York.
Markl, H. (1986): Evolution, Genetik und menschliches Verhalten. München.
Murdock, G.P. (1967): Ethnographic Atlas. Pittsburgh (Penn.).
Parker, G.A., Baker, R.R., Smith, V.G.F. (1972): The Origin and Evolution of Gamete Size Dimorphism and the Male-Female Phenomenon. In: Journal of Theoretical Biology 36, S. 529–553.
Short, R.V. (1981): Sexual Selection in Man and the Great Apes. In: Graham, C.E. (Hrsg.): Reproductive Biology of the Great Apes. New York, S. 319–341.
Sommer, V. (1989): Die Affen. Unsere wilde Verwandtschaft. Hamburg.
Sommer, V. (1992): Soziobiologie: Wissenschaftliche Innovation oder ideologischer Anachronismus? In: Voland, E. (Hrsg.): Fortpflanzung: Natur und Kultur im Wechselspiel. Frankfurt/M., S. 51–73.
Spuhler, J.N. (1979): Continuities and Discontinuities in Anthropoid-Hominid Behavioral Evolution: Bipedal Locomotion and Sexual Receptivity. In: Chagnon, N.A., Irons, W. (Hrsg.): Evolutionary Biology and Human Social Behavior. North Scituate (Mass.), S. 454–461.
Symons, D. (1979): The Evolution of Human Sexuality. Oxford.
Trivers, R. (1972): Parental Investment and Sexual Selection. In: Campbell, B. (Hrsg.): Sexual Selection and the Descent of Man, 1871–1971. Chicago, S. 136–179.
Turke, P.W. (1984): Effects of Ovulatory Concealment and Synchrony on Protohominid Mating Systems and Parental Roles. In: Ethology and Sociobiology 5, S. 33–44.
Vogel, C. (1985): Evolution und Moral. In: Maier-Leibnitz, H. (Hrsg.): Zeugen des Wissens. Mainz, S. 467–507.
Vogel, C. (1986): Populationsdichte – Regulation und individuelle Reproduktionsstrategien in evolutionsbiologischer Sicht. In: Kraus, O. (Hrsg.): Regulation, Manipulation und Explosion der Bevölkerungsdichte. Göttingen, S. 11–30.
Vogel, C. (1989): Evolutionsbiologie und die »doppelte Moral«. In: Jahrbuch der Akademie der Wissenschaften 1988. Göttingen, S. 41–62.
Vogel, C. (1990): Die Monogamie des Menschen, ein stammesgeschichtliches Erbe? In: Seifert, G. (Hrsg.): Ehestabilisierende Faktoren. Göttingen, S. 11–25.
Vogel, C., Voland, E. (1986): Evolution und Kultur. In: Deutsches Institut für Fernstudien (Hrsg.): Funkkolleg Psychobiologie. Studienbrief 2. Weinheim, S. 42–76.
Voland, E. (1990): Ehe und Evolution. Inwieweit beeinflussen stammesgeschichtlich fixierte Verhaltensimpulse Partnerwahl und Beziehungskrise? In: Universitas 7, S. 613-626.
Wickler, W. (1985): Die Natur der Geschlechterrollen – Ursachen und Folgen der Sexualität. In: Luyten, N.A. (Hrsg.): Wesen und Sinn der Geschlechtlichkeit. Freiburg.
Wickler, W., Seibt, U. (1983): Männlich – weiblich. Der große Unterschied und seine Folgen. München.
Wilson, E.O. (1975): Sociobiology. The New Synthesis. Cambridge (Mass.).

Verwandtschaft und was Kultur daraus macht

Gerhard Vowinckel

Dieser Beitrag ist dem Versuch gewidmet, am Beispiel der Verwandtschaft zu zeigen, was biologische Theorien einerseits und sozialwissenschaftliche Theorien andererseits erklären können – und was nicht. Im menschlichen Verhalten sind zweifellos Bereitschaften, sich an Verwandte zu binden, vorprogrammiert und daher darwinisch zu erklären. Die Bereitschaften bestehen konkret in bestimmten Mechanismen, darunter auch solche zur Identifizierung von Verwandten. Diese Mechanismen sind nicht unfehlbar. Sie folgen den Schemata, die sich unter den Bedingungen ihrer Evolution bewährt haben, auch dann noch, wenn sie ihre ursprünglichen Zwecke nicht mehr erreichen. Man kann sie daher zweckentfremden. In menschlichen Kulturen werden Mechanismen der Verwandtenbindung durch die Sprache zum Rohstoff eines allgemeinen gesellschaftlichen Bindemittels. Die in sprachlich-kulturelle Formen gebrachte Verwandtschaft wird zur Stiftung von Bindungen auch zwischen solchen Menschen verwendet, die überhaupt nicht oder nur entfernt miteinander verwandt sind. An Beispielen aus der europäischen Sozialgeschichte wird sich zeigen, daß Verwandtschaft in ihren sprachlich-kulturellen Formen den wechselnden gesellschaftlichen Lebensbedingungen flexibel angepaßt werden kann. Während sie im Mittelalter das wichtigste soziale Bindemittel darstellte, kennzeichnet moderne Gesellschaften, daß sie in ihren zentralen Strukturen Verwandtschaft und ganz allgemein persönliche Beziehungen als Bindemittel ausgeschaltet und ersetzt haben, z. B. durch Geld oder Macht. Moderne Sozialstrukturen außerhalb der Privatsphäre gründen sich auf persönliche Fremdheit. Verwandtschaftliche Bindungen werden als Korruptionsgefahr angesehen und bekämpft. Das Fazit wird sein: Ohne Kenntnis der anthropologischen Grundlagen lassen sich menschliche Kultureinrichtungen nicht verstehen – allerdings reichen die anthropologischen Grundlagen auch nicht aus, um sie zu verstehen.

Natur- und Geisteswissenschaften – zwei Wissenschaftskulturen

Nach dem Verständnis der christlichen Religion besteht der Mensch aus zwei Teilen, seinem sterblichen Leib und seiner unsterblichen Seele. Beide sind von unterschiedlicher Herkunft und Beschaffenheit und gehen während seines irdischen Lebens eine Verbindung auf Zeit ein. Diese Zweiteilung des Menschen hat auf dem Weg über die Philosophie Eingang in die modernen Wissenschaften gefunden und liegt deren Einteilung in Geistes- und Naturwissenschaften zugrunde. Der Idee nach beschäftigen sich die Geisteswissenschaften mit den Hervorbringungen des menschlichen Geistes, mit den Sprachen, den Künsten, der Geschichte, mit den verschiedenen Gebieten des menschlichen Soziallebens, Religion, Philosophie, Politik – mit einem Wort: mit menschlicher *Kultur*. Das Gebiet der Naturwissenschaften ist hingegen die unbelebte und belebte *Natur*. Zur letzteren wird auch der Mensch gezählt, soweit er als Naturwesen gilt, nämlich mit seinem Leib. Von den Gegenständen der Naturwissenschaften nimmt man an, daß sie durch *Gesetzmäßigkeiten* in ihrer Entstehung, ihrem Aufbau und ihrem Verhalten vollständig festgelegt seien. Diese Gesetzmäßigkeiten gilt es zu finden, um die Naturtatsachen zu erklären und womöglich technisch verfügbar zu machen. Der menschliche Geist wird hingegen als prinzipiell *frei* gedacht. Seine kulturellen Hervorbringungen können demnach nicht durch Gesetze *erklärt* werden – schon gar nicht durch Naturgesetze. Menschliches Denken, Fühlen und Tun kann nur im nachhinein einfühlend nachvollzogen, *verstanden* werden.

Aus dieser Spaltung der Wissenschaften entwickelten sich zwei Wissenschafts»kulturen«, deren Selbstverständnis zum guten Teil aus ihrer Abgrenzung voneinander erwuchs und die sich auf dem Gebiet, das beide für sich beanspruchen, bis heute oft heftig befehden. Hier, gewissermaßen im Niemandsland zwischen den Fronten, wo von zwei Seiten »geschossen« wird, liegt das Thema dieses Beitrags. Als Gegner stehen einander nicht zwei wissenschaftliche Fächer gegenüber, mit unterschiedlichen Gegenständen, aber ähnlichem Wissenschaftsverständnis, sondern zwei wissenschaftliche Konfessionen, deren Auseinandersetzungen nicht selten Züge eines Glaubenskrieges annehmen. Statt diese Grundsatzdebatte fortzuführen, soll hier an konkreten Beispielen gezeigt werden, wie sich biologisch-naturwissenschaftliche Theorien menschlichen Verhaltens mit sozial- oder geisteswissenschaftlichen Theorien sinnvoll und widerspruchsfrei verbinden lassen.

Die nachfolgende Schilderung kultureller Einrichtungen und Handlungsmuster und ihrer geschichtlichen Entwicklung soll zwei Annahmen untermauern, die für das Verständnis der Beziehungen zwischen biogenetischer Evolution und Kulturgeschichte grundlegend sind:

1. Das Verhalten von Menschen erwächst aus vorprogrammierten Verhaltens- und Lernbereitschaften, die ihre Evolution dem Fortpflanzungserfolg ihrer Vorfahren verdanken.
2. Das Verhalten der Menschen wächst in kulturelle Formen und gesellschaftliche Strukturen hinein, die an vorprogrammierte Verhaltens- und Lernbereitschaften appellieren, sie aber keineswegs immer im Sinne des Fortpflanzungserfolges der Handelnden steuern. Die Kulturformen menschlichen Zusammenlebens stellen eine eigene Gegenstands- und Betrachtungsebene dar. Auf dieser Ebene wird das Verhalten nicht durch den »Egoismus« der Gene gesteuert, sondern durch die Egoismen der Individuen und die Gleichgewichtsbedingungen sozialer Systeme. Individuen verwirklichen ihre Egoismen in einer sozialen Umwelt und in Verhaltensmustern, die beide entscheidend durch ihre Kulturgeschichte geprägt sind.

Der Unterschied zur Gegenstands- und Betrachtungsebene der darwinischen Evolutionstheorie wird am deutlichsten an kulturellen Einrichtungen, die vorprogrammierte Verhaltensbereitschaften für Zwecke einspannen, die nicht mehr dem darwinischen »Sinn« dieser Bereitschaften entsprechen oder ihm sogar widersprechen.

Biologische und andere Verwandtschaftstheorien

Bis in die siebziger Jahre hinein erklärten die Verhaltensbiologen die Evolution von Verhaltensprogrammen nach zwei unterschiedlichen Prinzipien. Das eine war das *Prinzip der Selbsterhaltung* (einschließlich der Selbstfortpflanzung), das alte Darwinsche Überleben des Tüchtigsten. Es führte individuelle Merkmale auf die Überlebensvorteile zurück, die sie ihren Trägern verschafften. Das andere war das *Prinzip der Arterhaltung* (einschließlich der Artfortpflanzung), demzufolge die Art oder die Gruppe von Artgenossen überlebten. Es führte individuelle Merkmale auf den Überlebensvorteil zurück, den sie den Artgenossen des Trägers verschafften. Vor allem in der von Konrad Lorenz und Niko Tinbergen begründeten Schule der Vergleichenden Verhaltensforschung berief man sich häufig auf die Arterhaltung. Die Forscher erklärten damit Verhaltensweisen, die Lorenz als »moralanalog« (1965, S. 148ff.) bezeichnete, z. B. die Tötungshemmungen, die ein siegreiches Tier daran hindern, dem im Kampfe unterlegenen Rivalen endgültig den Garaus zu machen.

Die beiden Erklärungsprinzipien konnten nebeneinander existieren, weil sie einander in den meisten Fällen nicht widersprechen. Auch die Selbsterhaltung stellt ja einen Beitrag zur Arterhaltung dar. Widersprüche gab es freilich dort, wo der Vorteil des Individuums und der Vorteil der Art miteinander konkurrierten. 1964 legte William Hamilton die Grundlage für ein vereinheitlichtes Erklärungsprinzip. Sein Ausgangspunkt war die Frage, was denn eigentlich im Wechsel der Generationen im wörtlichen Sinn »überlebt«. Nun entstehen bei geschlechtlicher Fortpflanzung offenbar alle neuen Organismen aus den elterlichen Samen- und Eizellen. Sie enthalten die Baupläne, die genetische Information für seinen Aufbau und sein Verhalten. Der einzige Weg einer genetisch programmierten Verhaltensbereitschaft von einer Generation in die nächste führt also über die Geschlechtszellen des Trägers der betreffenden Gene.

Auf den ersten Blick gibt diese Überlegung den Ausschlag zugunsten des Prinzips der Selbsterhaltung: Nur Selbstfortpflanzung, so scheint es, bringt die Gene, die das eigene Verhalten programmieren, in die nächste Generation. Auf den zweiten Blick erkennt man jedoch, daß die genetische Information, auf der das Verhalten eines Individuums beruht, nicht nur von ihm selbst vererbt wird, sondern auch von seinen Verwandten. »Verwandt sein« ist biologisch gleichbedeutend mit »übereinstimmende Erbinformation besitzen«. Je enger die Verwandtschaft, desto mehr Information ist identisch. Ein Individuum hat folglich noch einen zweiten Weg, seine genetische Information in die nächste Generation zu bringen, indem es nämlich Verwandten hilft und so deren Fortpflanzungschancen erhöht. Solches Verhalten ist aus Sicht des Individuums uneigennützig, *altruistisch*. Es ist aber *eigennützig* aus Sicht der Gene, die solches Verhalten programmieren. Sie »sorgen« gewissermaßen für das Fortkommen ihrer genetischen Information, indem sie das Individuum darauf programmieren, Trägern derselben Information zu helfen. Darwins Ausleseprinzip, das »Überleben des Tauglichsten (*fittest*)« bekommt dadurch einen ganz neuen Sinn: *Es sind nicht die Individuen, die überleben, sondern ihre Gene*. Was das Individuum durch eigene Fortpflanzung zum Überleben seiner Gene beiträgt, nennen die Biologen seine *direkte Fitneß*. Hinzu kommt ein Beitrag in Form von Verwandtenhilfe. Zusammengenommen ergibt sich daraus die *Gesamtfitneß*. Sie ist das neue, einheitliche Kriterium geglückter Anpassung, die Grundlage des Erklärungsprinzips der *Generhaltung*.

Altruistisch handelt, wer Zeit, Energie und Hilfsmittel statt für sich selbst für andere einsetzt, wer für sie auf eigene Vorteile verzichtet und Gefahren auf sich nimmt. Mit dem *Prinzip der Selbsterhaltung* ist solches Verhalten nicht zu erklären. Nach dem *Prinzip der Arterhaltung* müßte es allen Artgenossen zugute kommen. Nach dem neuen *Prinzip der Generhaltung* sollte es theoretisch ausschließlich Verwandten zugute kommen, aber auch ihnen nicht wahllos, sondern nur in dem Maß, wie sich erwarten läßt, daß die Aufopferung direkter Fitneß durch den Gewinn an indirekter Fitneß mehr als wettgemacht wird. Daher sollte sich der Grad der Hilfsbereitschaft unter anderem nach dem Grad der Verwandtschaft richten, das heißt nach dem Anteil der infolge gemeinsamer Abstammung übereinstimmenden Gene.

Bis hierher ist alles Theorie. Wenn Organismen Verwandte nicht als solche erkennen können – und viele Tiere können das nicht –, dann bleiben die Vorzüge des Verwandtenaltruismus Theorie. Damit sie genutzt werden können, müssen im Seelenhaushalt der Handelnden *»Planstellen« für Verwandte* ausgewiesen sein, möglichst gestaffelt nach dem Grad der Verwandtschaft. Außerdem muß eine Bereitschaft programmiert sein, den Inhabern dieser »Planstellen« uneigennützig zu helfen. Schließlich muß es ein Verfahren geben, solche »Planstellen« einigermaßen zuverlässig mit Verwandten zu besetzen. Andernfalls würde der Verwandtenaltruismus an Nichtverwandte verschwendet.

> Wenn Biologen von »eigennützigen« oder »egoistischen« Genen sprechen, dann ist das selbstverständlich nur eine Redensart. Gene sind Partikel der Erbsubstanz, die in Wirklichkeit weder Bewußtsein noch Neigungen haben. Sie haben sich in einer Bevölkerung erhalten und ausgebreitet, weil sie die Individuen, deren Konstruktionspläne sie enthalten, »fit« gemacht haben – und »fit« bedeutet »erfolgreich beim Plazieren der eigenen Erbinformation in der nächsten Generation«. Gene haben also keinen Egoismus im wörtlichen Sinne. Aber sie programmieren die Egoismen der Individuen. Gene haben keinen Überlebenswillen, und sie programmieren auch keinen Überlebenswillen. Was sie programmieren, sind unterschiedlichste Verhaltens- und Lernbereitschaften sowie ein schematisches Vorwissen von den Gelegenheiten, bei denen sie zum Zuge kommen sollen.

Richard Alexander (1979) hat den »Egoismus« der Gene als *ultimate* (lat. ultimus, der letzte), den Evolutionsprozeß steuernde Fern-Ursache, die genprogrammierten Verhaltens- und Lernbereitschaften der Individuen als *proximate* (lat. *proximus*, der nächste), das heißt unmittelbar motivierende Nah-Ursachen des Verhaltens bezeichnet. Der Egoismus der Gene hat jedesmal mit der Entstehung eines neuen Organismus sein Werk beendet. Während der Lebenszeit des einmal entstandenen Organismus hat er keinen weiteren Einfluß auf dessen Verhalten. Man kann die proximaten Mechanismen zusammenfassen zum Egoismus des Individuums, der dann alles einschließt, was ein Individuum von sich aus anstrebt. Dieser Egoismus stellt jedoch keinen einheitlichen Antrieb oder eine Gesamtheit widerspruchsfreier Antriebe dar. Verhaltensbiologen deuten gelegentlich das Zusammenwirken der unterschiedlichen Motive im Bilde einer »Republik« von Verhaltensbereitschaften, die untereinander ständig um die Herrschaft über das Verhalten ringen (vgl. z.B. Wilson 1980, S. 76). Der Egoismus des einzelnen ist also bereits aus Antriebskomponenten mit unterschiedlichen Handlungszielen zusammengesetzt.

Wer individuelles Verhalten in kulturellen Umwelten erklären will, muß mit den Egoismen der Menschen, nicht der Gene argumentieren (für die Gegenthese vgl. Alexander 1988). Das gilt auch für den Verwandtenaltruismus. Es hat wenig Sinn, die kulturell höchst unterschiedlichen Bindungs- und Beziehungsmuster unter Verwandten unmittelbar mit dem »Egoismus« der Gene erklären zu wollen. Um die Entwicklung kulturspezifischer Verhaltensmuster zu erklären, muß man proximate Mechanismen, psychische Steuerprogramme, individuelle Egoismen in die Erklärung einsetzen.

Entscheidend für das Funktionieren des Verwandtenaltruismus sind die proximaten Mechanismen der Verwandtenkennung (Sherman, Holmes 1985). Berühmt geworden ist die von Konrad Lorenz untersuchte *Nachfolgeprägung* bei Enten und Gänsen (1978, S. 222ff.): Entenküken folgen nach dem Schlüpfen jedem Gegenstand in ihrer Nähe, der sich bewegt und Laute von sich gibt. In der Umwelt, die das Programm dieses Verhaltens herausgezüchtet hat, war das stets die Entenmutter. Bei ihr fanden die Küken Wärme, Schutz und Führung. In den Umwelten, die Lorenz für Versuchszwecke errichtete, konnten das aber auch eine Holzente, ein Fußball oder der Meister selbst sein. Der proximate Mechanismus bleibt unbeirrbar, auch wenn er nach Gesichtspunkten des Gen»egoismus« unsinnige Ergebnisse produziert.

Der individuelle Egoismus ist in seiner Eigengesetzlichkeit schwer vom Gen»egoismus« zu unterscheiden, solange das durch ihn programmierte Verhalten auch dessen Zwecken dient. Die proximaten Mechanismen geben sich durch ihre *Fehlfunktionen* zu erkennen: Das ist bei Menschen nicht anders als bei Enten. Norbert Bischof hat in seinem 1985 erschienenen monumentalen Buch »Das Rätsel Ödipus« zusammengetragen, was man über proximate Mechanismen menschlicher Verwandtenkennung weiß. Sie sind noch schwerer zu identifizieren als diejenigen anderer Tiere. Dazu muß man Verhaltensmuster finden, die möglichst nicht nur eindeutig dem Gen»egoismus« zuwiderlaufen, sondern auch dem Zwang kultureller Gebote.

> Aufschlußreich sind die *Fehlfunktionen der Inzestscheu*. Viele sozial lebende Tiere meiden geschlechtliche Beziehungen zu nahen Verwandten. Ein entsprechendes kulturelles Tabu findet sich in allen menschlichen Gesellschaften. Man hat also mindestens zwei Erklärungen dafür, daß Menschen die geschlechtliche Verbindung mit Verwandten meiden. Schwer zu erklären ist ein deutlich ausgeprägtes Meidungsverhalten, wenn weder genetische Verwandtschaft noch kulturelle Tabus vorliegen. Man findet es bei Menschen, die zusammen aufgewachsen sind und dadurch eigentlich die besten Voraussetzungen hätten, zueinander zu finden.
> Besonders eindrucksvoll sind die Folgen eines Hochzeitsbrauchs im alten China. Um den Söhnen Bräute zu sichern, verlobten die Eltern sie häufig schon im Kleinkindalter mit ebenso kleinen Mädchen. Letztere wurden adoptiert und zusammen mit ihren künftigen Gatten in geschwisterlicher Vertrautheit aufgezogen. Der Anthropologe Arthur Wolf hat das Schicksal der solcherart zustandegekommenen Verbindungen untersucht (Wolf, Huang 1979). Kinderlosigkeit, Ehebruch, Ausweichen der Männer auf Prostituierte und Nebenfrauen, Ehescheidung usw., kurz sämtliche Anzeichen einer gestörten sexuellen Beziehung traten bei ihnen zum Teil um ein Vielfaches häufiger auf als bei vergleichbaren Ehen unter getrennt aufgewachsenen Partnern.

Die von Bischof zusammengetragenen Befunde lassen erkennen, daß die proximaten Mechanismen der Verwandtenkennung bei Menschen auf *primäre Vertrautheit* ansprechen (1985, S. 199). Damit ist die Vertrautheit mit denjenigen Menschen gemeint, mit denen man Kindheit und Jugend in enger Gemeinschaft verbracht hat. Solche Personen empfinden wir gefühlsmäßig als verwandt, selbst wenn wir wissen, daß sie es nicht sind. *Primäre Vertrautheit* ist aber nur schwer vereinbar mit *sekundärer Vertrautheit*. So nennt Bischof die Vertrautheit, die sich später, nach der Pubertät, mit Intimpartnern herstellt. Primär Vertraute werden demnach im Gefühlshaushalt auf »Planstellen« für Verwandte gesetzt. Diese Einordnung jedoch disqualifiziert sie für »Planstellen« von Geschlechtspartnern (vgl. auch Wilson 1980, S. 69).

Bei Menschen gibt es außer den prägungsähnlichen vorsprachlichen Mitteln der Verwandtenkennung die sprachlichen. Die chinesischen Eheleute *wußten* selbstverständlich, daß sie biologisch betrachtet keine Geschwister waren. Man hatte es ihnen *gesagt*. Sie waren im Zwiespalt zwischen dem Gefühlsappell einer sprachlich vermittelten Einordnung des Partners, die ihnen sagte: »Dies ist das legitime Objekt meiner Begierde«, und einer vorsprachlich gefühlsmäßigen Prägung, die ihnen sagte: »Das ist doch nur meine Schwester bzw. mein Bruder«. Die beiden verhaltenssteuernden Informationen *widersprachen* einander. Das Resultat war ein Verhalten, das weder den vorsprachlichen Prägungen entsprach noch den Geboten der Kultur.

Die Theorie des Verwandtenaltruismus erlaubt folgende Aussage: Damit ein Gen, das Verwandtenaltruismus bis zur Selbstaufgabe programmiert, sich in einer Bevölkerung erhalten kann, »muß es zumindest mehr als zwei enge Verwandte (entweder Kinder oder Eltern) oder mehr als vier nicht ganz so nahe Verwandte (Onkel, Tanten, Neffen, Nichten, Großeltern, Enkel) oder mehr als acht Vettern ersten Grades retten usw.« (Dawkins 1978, S. 110). Kennt der Handelnde den Grad der Verwandtschaft, die ihn mit einem anderen verbindet, dann kennt er die Wahrscheinlichkeit, daß sich die Gene, die sein eigenes Verhalten programmieren, auch in diesem finden. Der Theorie nach sollte er ihm stets helfen, wenn seine eigene Fitneßeinbuße durch den Fitneßgewinn des Verwandten, multipliziert mit dem Verwandtschaftskoeffizienten, mehr als wettgemacht wird.

Richard Alexander hat unter den Verhaltensbiologen über menschliche Kulturen und Gesellschaften die weitestgehenden und interessantesten Überlegungen angestellt. Er hat es sich zum methodischen Prinzip gemacht, die proximaten (vermittelnden) Ursachen des Verhaltens zu ignorieren und nur die Wirkungen auf die Gesamtfitneß der Handelnden zu untersuchen (1987, S. 13). Mit der biologischen Theorie des Verwandtenaltruismus erklärt er daher auch kulturelle Verhaltensmuster – nach der Devise: Die proximaten Mechanismen, wie sie auch aussehen mögen, werden es schon richten. Sozialwissenschaftler wie Marshall Sahlins (1976) und Hansjörg Hemminger (1983) haben dieses Verfahren zu Recht kritisiert. Nach allem, was wir über die proximaten Mechanismen der Verwandtenkennung wissen, sind sie völlig außerstande, etwa zwischen Viertel- und Achtelverwandten (Neffen und Vettern) zu unterscheiden. Sie unterscheiden, wie wir gesehen haben, nicht einmal verläßlich zwischen Verwandtschaft (Verbundenheit durch Abstammung) und Koresidenz (Verbundenheit durch Wohn- und Lebensgemeinschaft) und nehmen die letztere als Indiz für die erstere. Vorsprachliche Verwandtenkennung ist also unzuverlässig und begrenzt auf die häusliche Gemeinschaft.

»Nun gut«, könnte sich Alexander vielleicht widerwillig auf die Frage nach vermittelnden Mechanismen einlassen, »aber Menschen haben über die Tatsachen der Abstammung und Verwandtschaft ein präziseres und zuverlässigeres Wissen, als es die vorsprachlichen Mechanismen vermitteln: Jede Kultur hat eine Terminologie, um Verwandte zu bezeichnen, und eine Theorie, um Verwandtschaftsgrade zu unterscheiden.« Das ist richtig. Nur weichen kulturelle Bestimmungen des Verwandtschaftsgrades zumeist von der biologischen Verwandtschaft ab.

In der abendländisch-christlichen Kultur hat sich die Art, Blutsverwandtschaft zu berechnen, mehrfach geändert. Zunächst hatte das kanonische (kirchliche) Recht die römische Verwandtschaftsrechnung übernommen. Sie entspricht unserer heutigen und ermittelt den Grad der Verwandtschaft durch die Zahl der Generations- oder Fortpflanzungsschritte, die sie herstellen: In der geraden Linie werden die Schritte bis zum Vorfahren bzw. Nachkommen gezählt, in der Seitenlinie die Schritte von der eigenen Person zurück bis zum gemeinsamen Vorfahren und dann vorwärts bis zu der Person, deren Verwandtschaft mit der eigenen Person man feststellen will. Demnach sind Eltern und Kinder mit uns im ersten Grad verwandt, Geschwister, Großeltern, Enkel im zweiten Grad, Urgroßeltern, Urenkel, Onkel, Tanten, Nichten, Neffen im dritten, Vettern und Kusinen im vierten usw. Die Feststellung des Verwandtschaftsgrades war und ist juristisch unter anderem deshalb von Bedeutung, weil die Gesetze die Ehe und den Geschlechtsverkehr unter Blutsverwandten bestimmter Grade verbieten (vgl. Abb. 4). Das römische Recht verbot die Heirat von Verwandten bis zum dritten bzw. vierten Grad.

Ende des 8. Jahrhunderts dehnte die Kirche die verbotenen Grade auf sieben aus. Ebenfalls im 8. Jahrhundert übernahm das kirchliche Recht die germanische, fortan »kanonisch« genannte Zählweise. In der direkten Linie änderte das nichts. Aber in der Seitenlinie wurden nun nur noch die Schritte bis zum gemeinsamen Vorfahren gerechnet, bei ungleichen Abständen der längere. Das bedeutete, daß man mit Vettern und Kusinen nunmehr im zweiten Grad verwandt war, ebenso wie mit Onkeln, Tanten, Nichten, Neffen, Großeltern und Enkeln (Plöchl 1960, S. 403ff.).

Die Vermehrung der verbotenen Grade und die neue Berechnung der Grade hatten eine unvorstellbare Ausweitung der Inzest-Tabuzone zur Folge. Der französische Historiker Jean-Louis Flandrin hat errechnet, daß sie unter den demographischen Bedingungen zu Beginn dieses Jahrtausends jeden möglichen Ehekandidaten einschloß, den ein Mensch nur kennen konnte, und noch viele mehr (1978, S. 36). Damit hatte das Institut des Ehehin-

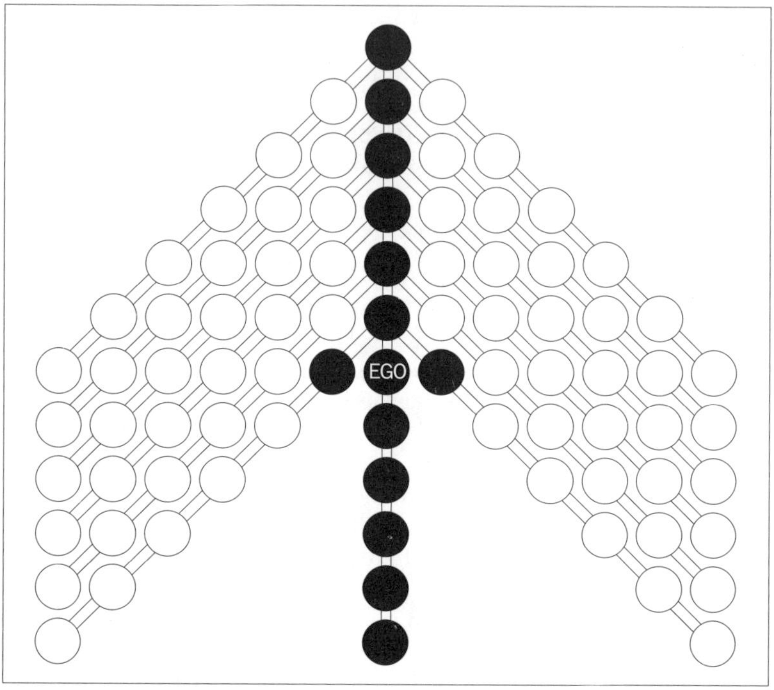

Abb. 4 Kreis derjenigen Verwandten einer Person (*Ego*), die unter die Eheverbote des bürgerlichen Rechts und die Blutschandeparagraphen des Strafrechts fallen.

dernisses der Blutsverwandtschaft eine Lebensferne erreicht, die nur durch großzügige Ausnahmegenehmigungen, freilich nur für die entfernteren Grade, erträglich wurde. Erleichternd wirkte auch eine Verwandtschaftsbuchführung, die mit der Überprüfung der kanonischen Blutsverwandtschaft völlig überfordert war. Die daraus erwachsenden Ungewißheiten erwiesen sich als nützlich für Zwecke der Ehescheidung. Nachträglich entdeckte Blutsverwandtschaft zwischen den Eheleuten machte eine Ehe nichtig.

Die kanonische und die römische Verwandtschaftstheorie entstellen die biologische Verwandtschaft bei weitem nicht in dem Maße, wie die Theorien mancher einfacher Gesellschaften. Dennoch, *weder die römische noch die kanonische Zählung entsprechen der biologischen Verwandtschaft*. Während die römische ihr im allgemeinen recht nahe kommt, entspricht ihr die kanonische darin genauer, daß sie die fünfzigprozentigen Verwandten (Eltern, Kinder und Vollgeschwister) gemeinsam zum ersten Grad rechnet.

Unabhängig davon, wie realistisch solche Verwandtschaftstheorien sind, werden sie von den Menschen benutzt, um sich in ihrer menschlichen Umwelt zu orientieren. An sie knüpfen kulturelle Gebote an. Sie stiften und verhindern Bindungen. Sie regeln, vor allem in einfachen Gesellschaften, welche Karriere und welche Stellungen einem Menschen in der Gesellschaft zustehen und legen fest, welche Pflichten gegenüber welchen Mitmenschen damit verbunden sind. Theoretiker wie Alexander neigen dazu anzunehmen, solche kulturellen Verwandtschaftstheorien seien Schall und Rauch, in der Praxis des menschlichen Handelns setze sich doch die genetische Verwandtschaft durch. Das mag in Grenzen auch zutreffen, nämlich dort, wo allgemeine kulturelle Definitionen mit primärer Vertrautheit konkurrieren. Wie aber soll sich die genetische Verwandtschaft gegen die kulturelle durchsetzen, wo die Voraussetzungen der vorsprachlichen Verwandtenkennung fehlen? Wir kennen Verwandte außerhalb des engen Bereichs unserer unmittelbaren Erfahrung nur deshalb als solche, weil man sie uns als Verwandte bezeichnet hat – und zwar in den Begriffen, über die die Kultur verfügt. Wenn wir den Grad der Verwandtschaft und den daraus resultierenden »Anspruch« auf Verwandtenaltruismus abschätzen wollen, haben wir gar keinen anderen Maßstab als den kulturellen.

Gewöhnlich sprechen wir nicht von Verwandten zweiten, dritten oder vierten Grades, sondern von Geschwistern, Tanten und Vettern. Jede Kultur hat einen bestimmten Wortschatz zur Bezeichnung von Verwandten. Die dadurch getroffenen Einteilungen variieren von Kultur zu Kultur beträchtlich. Die Ethnologen unterscheiden mehrere Systeme, denen solche Einteilungen im allgemeinen folgen (Bischof 1985, S. 56ff.). Unsere eigene folgt dem sogenannten *Eskimo*-System, das auf der Erde keineswegs das häufigste ist. Im *Hawaii*-System werden die Eltern und deren gleichgeschlechtliche Geschwister (Onkel und Tanten nach unserer Eskimo-Terminologie) gleich bezeichnet, ebenso eigene Kinder und Geschwisterkinder (Neffen und Nichten). Terminologisch besteht also keine Möglichkeit, zwischen Mutter und Tante, Tochter und Nichte zu unterscheiden. Es gibt noch weitere Klassifikationssysteme, die zum Teil – nach den Maßstäben unseres eigenen Systems – abenteuerliche Zuordnungen treffen.

Gewöhnlich unterscheiden wir sprachlich, was wir auch im Handeln unterscheiden, und fassen sprachlich zusammen, was wir gleich behandeln. Unsere Sprache ist ein Werkzeug der Mitteilung, aber auch des Denkens, und denkend organisieren wir unser Handeln. Das heißt, die Einteilungen und Zusammenfassungen, die durch die Verwandtschaftsterminologien vorgenommen werden, die Verwandtschafts*semantiken*, bestimmen mehr oder weniger stark unser Handeln. Gleich Bezeichnetes wird gleich behandelt, ungleich Bezeichnetes ungleich. Die Bezeichnungen »Bruder«, »Mutter«, »Sohn«, »Nichte« usw. verweisen auf *soziale Rollen*. Das heißt, sie sind verbunden mit gesellschaftlich geteilten Vorstellungen davon, wie man sich gegenüber einem Bruder, einer Mutter, einem Sohn, einer Nichte zu verhalten hat, und was man seinerseits von ihnen erwarten darf. Solche Erwartungen sind verbindlich. Man enttäuscht sie selten ungestraft.

Die sozialen Rollen der »Tochter«, des »Vaters«, der »Tante« usw. stiften Bindungen und legen Rechte und Pflichten fest. Sie spezifizieren auch Art und Umfang der Unterstützung, gegebenenfalls der Opfer, die man den Inhabern dieser Rollen schuldet oder die sie einem selbst schulden. *Kulturelle Verwandtschaftsterminologien geben aber die genetische Verwandtschaft ebensowenig korrekt wieder wie die gebräuchlichen Verwandtschaftstheorien.* Vielmehr weichen sie zum Teil beträchtlich davon ab. So werden im Hawaii-System, wie wir gesehen haben, zu 50 Prozent Verwandte (eigene Kinder) und zu 25 Prozent Verwandte (Geschwisterkinder) in einer Klasse zusammengefaßt. In gleichem Maße weichen die in Verwandtenrollen festgelegten Beistandsverpflichtungen von demjenigen Verwandtenaltruismus ab, der dem »Egoismus« der Gene entspricht. Das bedeutet: Nach den Erfolgskriterien der biologischen Evolutionstheorie investieren die Spieler kultureller Verwandtenrollen ihren Altruismus teilweise unwirtschaftlich. Sie werden das gelegentlich widerwillig tun, wenn »naturwüchsige« verwandtschaftliche Gefühle mit den Rollenerwartungen kollidieren. Aber soziale Rollen entsprechen selten ganz den Neigungen desjenigen, der sie spielt. Sie drücken die Erwartungen der Mitmenschen aus. Widerstrebende werden durch Sanktionen zur Konformität genötigt.

Fassen wir vorläufig zusammen: Der sogenannte »Egoismus« der Gene ist an der Steuerung des Verhaltens gegenüber Verwandten unmittelbar überhaupt nicht beteiligt. Er steuert im schwerfälligen Rhythmus des Generationswechsels die Entstehung und Anpassung vorsprachlicher proximater Mechanismen, die den Verwandtenaltruismus richtig, das heißt an Verwandte, und zwar nach dem Maß ihrer Verwandtschaft, adressieren. Ob und wie gut ihm das gelingt, ist eine empirische Frage. Die vorsprachlichen Mechanismen, die wir bei Menschen kennen, funktionieren im gesellschaftlichen Nahbereich und sind irrtumsanfällig. Neben dieser prägungsartigen vorsprachlichen Verwandtenkennung haben Menschen die sprachlich-kulturelle. Sie weicht zumeist in der Berechnung des Verwandtschaftsgrades und in den Klassenbildungen der Verwandtschaftsterminologie mehr oder weniger deutlich von der biologischen Verwandtschaft ab. Sie tritt dem einzelnen entgegen in Gestalt von sozialen Rollen, die ihm ein bestimmtes Verhalten gegenüber Verwandten verbindlich vorschreiben. Zu Konflikten kommt es besonders dann, wenn beide Verwandtenkennungen einander im gesellschaftlichen Nahbereich widersprechen.

Verwandtschaft als soziales Bindemittel

Welche Beziehungen bestehen nun eigentlich zwischen der vorsprachlichen und der sprachlichen Verwandtenkennung, und warum weichen kulturelle Klassifikationen oft so auffällig von der biotischen Verwandtschaft ab? Verwandtschaft und das Verhalten, das sich mit ihr verbindet, gehören offenkundig zu den fundamentalen Erfahrungen (fast) jedes Menschen von klein auf. Die Bindungen zwischen Kind und Mutter und der Familie werden in erheblichem Maße bestimmt durch prägungsartige Mechanismen der Verwandtenkennung und die damit verbundenen vorprogrammierten Verhaltensbereitschaften (vgl. Bowlby 1975). An diese Erfahrungen knüpft die Verwandtschaftssemantik an. Vom ersten »Mama« an werden die Bezeichnungen für Verwandte und für Verwandtschaft mit einer emotionalen Bedeutung aufgeladen, in die genetisch vorprogrammierte Verhaltensbereitschaften und -erwartungen einfließen.

Auch unabhängig von Sprache besteht unsere Strategie, die Welt lernend zu erkunden, zu einem wesentlichen Teil darin, neue Dinge und Situationen an schon vorhandene Wahrnehmungs- und Handlungsmuster zu *assimilieren*. Wir verhalten uns gegenüber dem Neuen, als sei es etwas schon Bekanntes. Wenn wir erfolgreich sind, dann *ist* das Neue für unser Weltbild und unser Handeln etwas Bekanntes. Bei kleinen Kindern läßt sich leicht beobachten, wie sie beispielsweise alles Haarige an die Erfahrung und die Handlungsmuster assimilieren, die sie mit »Wau-wau« verbinden. Die Sprache ermöglicht den Menschen solche assimilatorischen Lernprozesse unabhängig von eigenen Erfahrungen im voraus und auf Vorrat. Sie erlaubt, in kulturell überlieferten Begriffsbildungen die gefühlsmäßigen vorsprachlichen Erfahrungs-, Bewertungs- und Handlungsmuster mit sprachlichen Einteilungen und kulturspezifischen Rollenvorstellungen zu verbinden. Versprachlichte Verwandtschaftsbegriffe sind beweglicher als die vorsprachlichen. Sie knüpfen an deren Entstehungszusammenhänge an, sind aber nicht an sie gebunden. Sie assimilieren unvertraute zwischenmenschliche Beziehungen an vertraute und definieren neue Personenkonstellationen als bekannte (vgl. Tönnies 1969; Gehlen 1973, S. 87 und 167; Hines 1983, S. 73).

Mit der Verwandtschaftssemantik steht der Kultur ein Code, ein Instrument der Bedeutungsübertragung, zur Verfügung. Er macht es möglich, *soziale Beziehungen im Seelenhaushalt der Beteiligten mit Emotionen und Verhaltensbereitschaften auszustatten, die für verwandtschaftliche Beziehungen typisch sind.* Er stiftet kulturelle im Unterschied zur biotischen Verwandtschaft. Er überlagert die vorsprachliche Verwandtenkennung und setzt biotisch Verwandte von außerhalb des persönlich vertrauten Nahbereichs, aber auch biotisch Nichtverwandte auf »Planstellen« für Verwandte und macht sie so zu Adressaten verwandtschaftlicher Gefühle (vgl. Löffler, Müller 1972, S. 901). Nach den Kriterien des Gen»egoismus« handelt es sich zumeist um mal mehr, mal weniger krasse Fehlbesetzungen.

In der Sprache der Soziologen handelt es sich bei der Verwandtschaftssemantik um ein *Kommunikationsmedium*. Kommunikationsmedien sind Hilfsmittel, um soziale Beziehungen zu stiften. Paradebeispiel für ein modernes Kommunikationsmedium ist *Geld*. Durch Geld bekommen Unternehmer Menschen dazu, für sie zu arbeiten und Dinge zu tun, die sie niemals aus einer spontanen, unvermittelten Bereitschaft heraus täten. Durch Geld bekommen dann die Arbeitnehmer den Lebensmittelhändler dazu, ihnen Lebensmittel zu überlassen. Durch Geld bekommen die Lebensmittelhändler Waren von den Großhändlern usw. Ein anderes Kommunikationsmedium ist *Macht*, die Fähigkeit, Gehorsam und Kooperation zu erzwingen. Die *Verwandtschaftssemantik* ist ein Mittel, um altruistische, solidarische Beziehungen zu Personen herzustellen, zu denen solche Beziehungen unter den Bedingungen der biogenetischen Evolution höchst unwahrscheinlich sind. Die Menschen »überlisten« also gewissermaßen die eigene Natur, wenn sie Verhaltensbereitschaften, die ihre Entstehung dem »Egoismus« der Gene verdanken, zur Stiftung von Bindungen verwenden, die zumindest in ihren unmittelbaren Wirkungen diesem »Egoismus« zuwiderlaufen.

Menschen in Gesellschaft bedienen sich zur Organisation und Festigung ihrer Beziehungen eines solchen Mittels, weil die Art, wie sie miteinander leben, durch spontane, nicht sprachlich vermittelte gefühlsmäßige Bereitschaften nur unzureichend unterstützt wird. Unsere genetisch vorprogrammierten Bindungsbereitschaften verdanken nach verbreiteter Auffassung ihre Stärke und Struktur dem Leben in kleinen Gruppen von Jägern und Sammlern. Nach den Zeitbegriffen der Evolutionstheorie ist die Menschheit diesem Leben erst kürzlich entwachsen (Wilson 1980, S. 38f.). Als die kulturelle Entwicklung an Tempo zunahm, als die Gruppen wuchsen und sich funktionsteilig differenzierten, hielten die vorprogrammierten Bereitschaften nicht Schritt. Zwar können Menschen sich aus Vernunftgründen auch an Verhaltensmuster anpassen, die nicht durch solche Bereitschaften unterstützt werden, sie können auch Bereitschaften unterdrücken, die zu den kulturell verbindlichen Mustern nicht passen – aber die damit verbundene Anstrengung und Selbstverleugnung wird ständig durch unpassende Neigungen angefochten. Die Kulturformen menschlichen Zusammenlebens sind in einem zerstörerischen Ausmaß von abweichendem Verhalten bedroht, wenn sie nicht durch primäre gefühlmäßige Bereitschaften stabilisiert werden. Darin besteht die gesellschaftliche Funktion der Verwandtschaftssemantik (vgl. Löffler, Müller 1972, S. 901).

Sogenannte *primitive Gesellschaften*, wie sie die Ethnologen untersuchen, werden überwiegend durch das *Kommunikationsmedium Verwandtschaft* geordnet und zusammengehalten. In vielen dieser Gesellschaften begrenzt Verwandtschaft den Kreis derjenigen Menschen, mit denen überhaupt kooperative und friedliche Beziehungen möglich sind. Nichtverwandte werden als Unpersonen, Feinde, oft nicht einmal als Menschen angesehen. Nur indem man sie zu Verwandten macht, kann man Beziehungen zu ihnen anknüpfen. Alle Stellungen, die Menschen in diesen Gesellschaften einnehmen, alle Gruppenzugehörigkeiten und sozialen Strukturen von der Familie bis zum Stamm sind bestimmt durch Abstammung und Verwandtschaftsklassifikationen. Der Ethnologe Meyer Fortes hat versucht, das Prinzip hinter der unübersehbaren Vielfalt der Klassifikationssysteme und Verwandtenrollen zu finden. Als Kern jedes Verwandtschaftsverhältnisses arbeitet er die *amity* heraus (1970, S. 219ff.). So nennt er die Gefühle, Gesinnungen oder Verhaltensbereitschaften, die die Menschen mit dem Begriff der Verwandtschaft verbinden. Dazu gehören die Vorstellung einer wesensmäßigen Identität und die verbindliche Erwartung einer altruistischen Gesinnung, der Bereitschaft, Hilfe zu gewähren, ohne auf Gegenleistung zu rechnen. Die *amity* ist, wie auch Fortes meint, biogenetischen Ursprungs. Durch den metaphorischen Gebrauch der Verwandtschaftsbegriffe wird sie auf Nichtverwandte ausgedehnt (1970, S. 251) und ermöglicht dadurch die Organisation und Stabilisierung größerer Sozialverbände.

Die Verwandtschaft ist als soziales Bindemittel sicherlich am wichtigsten in sogenannten primitiven Gesellschaften. Aber auch in Europa liegen die Zeiten nicht weit zurück, in denen Verwandtschaft das Fundament für Ordnung und Stabilität der sozialen Beziehungen war. Für sämtliche Strukturen der *mittelalterlichen Gesellschaft* hatte Verwandtschaft eine sehr reale Bedeutung. Georges Duby (1990) hat die Entstehung der ständischen Gesellschaft des Mittelalters beschrieben als Auflösung älterer Einrichtungen eines staatlich-öffentlichen Gemeinwesens und Assimilation ihrer Funktionen an familiale und quasifamiliale Strukturen. Der Untergang eines städtischen öffentlichen Lebens hinterließ die Macht den großen ländlichen Höfen. Nach dem Modell des christlichen Vatergottes begannen die von dort aus Herrschenden, die Könige voran, ihr Amt als eine Variante der

Hausvaterschaft zu verstehen. Nach der Logik dieses Denkmodells wurden öffentliche Herrschaftsfunktionen und Verfügungsrechte nach und nach zu persönlichem bzw. familiärem und folglich auch erblichem Eigentum. »Die Hoheitsgewalt war Familienbesitz geworden, den man per Kopulation, mittels der Blutsbande an die Nachkommen weitergeben konnte«. Es fand geradezu eine »Invasion von Denkmustern und Haltungen« aus dem Bereich des familiären Lebens statt (Duby 1990, S. 29 und 32).

Der Prozeß der »Familiarisierung« der Gesellschaft begann an der Spitze, bei den Königen, und setzte sich nach unten fort. Auch die Vasallen eigneten sich die ihnen verliehenen öffentlichen Ämter und Verwaltungsbezirke als familiären, erblichen Besitz an. Man verstand schließlich die gesamte Gesellschaft nach dem Modell verbundener Familien: an der Spitze der König in einer vaterähnlichen Rolle gegenüber den Großen des Reiches, diese ihrerseits in einer vaterähnlichen Rolle gegenüber ihren Lehnsleuten und so weiter bis hinab zum einfachen Volk. Entsprechend war das Lehnsverhältnis, wenn es nicht ohnedies auf Verwandtschaft gründete, an das Verwandtschaftsverhältnis assimiliert. Duby berichtet, daß als Teil des Belehnungsrituals ein Strohhalm übergeben wurde – ein frühmittelalterliches Symbol der Adoption (1990, S. 33ff.).

Dem Erfahrungsbereich von Familie und Verwandtschaft waren die Kategorien entnommen, in denen mittelalterliche Menschen gesellschaftliche Ordnung und gesellschaftliches Leben begriffen (Schulze 1986, S. 46f.; Flandrin 1978, S. 143). Hierher stammten die Muster für friedliche, solidarische, altruistische Beziehungen. Überflüssig zu betonen, daß ein erheblicher Teil der verwandtschaftlichen Gefühle, die mittels der allgegenwärtigen Verwandtschaftssemantik mobilisiert wurden, Nichtverwandten zugute kamen, also nach den Fitneßgesichtspunkten der Evolutionsbiologie fehlinvestiert waren. Am unzweideutigsten zeigt sich das an den klösterlichen Gemeinschaften, die gleichfalls nach dem Verwandtschaftsmodell verfaßt waren (Duby 1990, S. 38ff.).

Im 16. und 17. Jahrhundert wurde die Fortpflanzung der Herrscherfamilien und die Erblichkeit der Herrschaft vollends zur Funktionsbedingung der politisch-gesellschaftlichen Strukturen und dadurch zu einem Anliegen auch der Beherrschten. Inzwischen hatte die unermüdliche Raub- und Eroberungslust der Adelsgeschlechter in einem Monopolbildungsprozeß große innerlich befriedete und zentral verwaltete Staaten entstehen lassen (Elias 1969). In ihnen blühten Handel und Wandel, und der Wohlstand wuchs. Die Menschen, die in diesen Staaten zu arbeitsteiligen Großgesellschaften zusammenwuchsen, waren auf den Landfrieden angewiesen, den nur die Herrscher mit ihren militärischen Mitteln garantieren konnten. Dieser Friede geriet jedesmal in Gefahr, wenn ein Herrscher starb, vor allem dann, wenn die Erbfolge zweifelhaft war. Konkurrierende Erbansprüche verwandtschaftlich mehr oder weniger eng verbundener Dynastien führten häufig zu Kriegen und Bürgerkriegen. Um dem vorzubeugen, wurden in vielen Staaten Erbfolgeordnungen erlassen, mit ausdrücklicher Zustimmung der Beherrschten. Sie regelten die Thronfolge genau und verbindlich und hatten eine Funktion, die der unseres heutigen Grundgesetzes vergleichbar ist.

Solche eindeutigen Lösungen des Nachfolgeproblems waren in Wahlmonarchien nicht möglich. Nach Ansicht der Historiker ist das einer der Gründe für den Untergang sowohl des Heiligen Römischen Reiches als auch des Königreichs Polen. In Polen sah die Verfassung des Jahres 1791 unter dem Eindruck der ersten Teilung die Einführung der Erbmonarchie vor (Kunisch 1982, S. XIII). Die dänischen Stände hatten bereits 1665 angesichts des »jammervollen Exempels« anderer Länder zugunsten des königlichen Erbrechts auf ihr Wahlrecht verzichtet (Kunisch 1982, S. X). Ausschlaggebend für die Einführung von Erbmonarchien und Nachfolgeordnungen war in diesen Fällen, wie man sieht, nicht der Fortpflanzungsehrgeiz der Dynastien, sondern funktionale Erfordernisse moderner, zentral verwalteter Staaten. Man bediente sich des natürlichen Mechanismus der Abstammung, um ein Systemproblem zu lösen: Unterbrechungen in der Kontinuität der Herrschaft. Daß die Erbfolge sich dazu eignete, das Systemproblem zu lösen, hat sicherlich mit der Idee einer Identität der Substanz zu tun, die zum Begriff der Abstammung und der Verwandtschaft gehört. Die Herrscherqualität, das »Charisma«, gehörte zu dieser erblichen Substanz im »königlichen Geblüt«. So war denn der neue Herrscher im Grunde gar kein neuer Herrscher, sondern nur ein neues Gefäß derselben herrscherlichen Qualifikation.

Modernisierung und Fremdheit

Verwandtschaft einschließlich ihrer semantischen Ausdehnungen und die hier nicht näher erläuterte Gegenseitigkeit (Freundschaft, Nachbarschaft, Kameradschaft) einschließlich ihrer semantischen Ausdehnungen lassen sich also zusammenfassen als persönliche, unmittelbar gefühlsgesteuerte gesellschaftliche Bindemittel. Durch diese Bindemittel wurde die mittelalterliche ständische Gesellschaft ganz wesentlich zusammengehalten. Die Entstehung der modernen Gesellschaft läßt sich beschreiben als allmähliche Ersetzung dieser Bindemittel durch andere, unpersönliche, namentlich Geld und Macht. Soziale Stellungen werden gewöhnlich nicht länger nach Verwandtschaft oder Freundschaft vergeben. Verwandtschaftlich-genossenschaftliche Bindungen sind weitgehend aus der Politik, der Verwaltung, der Wirtschaft, der sozialen Sicherung, der Ausbildung usw. vertrieben und in die moderne Kleinfamilie und die privaten Beziehungen abgedrängt.

Die Logik von Gewinn und Verlust

Am deutlichsten wird diese völlige Umwälzung der Grundlagen des menschlichen Zusammenlebens an der Entwicklung des wirtschaftlichen Handelns. Werner Sombart hat sie zu Anfang dieses Jahrhunderts in seinem monumentalen Werk »Der moderne Kapitalismus« beschrieben. Im Mittelalter war wirtschaftliche Tätigkeit »personal orientiert« gewesen (Sombart 1931, S. 258). Menschen wuchsen – nicht als wirtschaftliche Funktionsträger, sondern als individuelle, durch ihre Abstammung in soziale Beziehungsnetze eingebundene Personen – in Lebenszusammenhänge hinein, in denen die unterschiedlichen menschlichen Lebenstätigkeiten noch nicht voneinander differenziert waren. Das heißt, ihr wirtschaftliches Handeln konnte sich niemals nach vorwiegend wirtschaftlichen Gesichtspunkten richten. Es wurde dominiert durch die verwandtschaftlich-ständischen Bindungen. Die mit ihnen verbundenen Solidaritätspflichten waren wichtiger als Gewinn und Verlust. Mehr noch, alles Handeln nach Gesichtspunkten rein wirtschaftlicher Rationalität wurde als asozial und unmoralisch angesehen.

Mit der Entstehung des Kapitalismus spalteten sich die Handel und Gewerbe treibenden Personen innerlich auf in Geschäfts- und Privatleute. Der Geschäftsmann nahm nicht länger Rücksicht auf die Verpflichtungen des Privatmannes. Er kannte Verwandte und Freunde nicht mehr und orientierte sein Verhalten nur noch am wirtschaftlichen Erfolg, am Gewinn. Er nahm – als Geschäftsmann – keine Rücksicht auf andere Personen und erwartete keine von ihnen (Sombart 1931, S. 259). Er handelte mehr und mehr als Funktionär seines Geschäfts, das ein Eigenleben zu führen begann und einen eigenen »Egoismus« entwickelte. Das Überlebensprinzip des Geschäfts ist der wirtschaftliche Erfolg. Nur solche Wirtschaftsunternehmen bestanden im Konkurrenzkampf, deren aus menschlichen Handlungen zusammengesetzte Strukturen wirtschaftlich erfolgreich waren. Das führte seit dem Mittelalter zu einer kulturellen Evolution dieser

Strukturen. Wie die biogenetische Evolution der Organismen bestand die kulturelle Evolution der Wirtschaftsunternehmen in der Ausbildung von Strukturen, durch die sie die Umwelt ihren Zwecken dienstbar machten und Bedrohungen von Erfolg und Bestand abwehrten.

Zu dieser Umwelt gehören auch die Menschen, deren Handlungen die Struktur des Wirtschaftsunternehmens bilden. Der Geschäftsmann, der seine private Person nicht aus dem Geschäft heraushalten kann, der bei Freunden kauft, statt beim billigsten Anbieter, der statt eines leistungsfähigen Fachmannes seinen Sohn zum Geschäftsführer macht, gefährdet das Unternehmen. Unternehmen, die solche Gefahren abwehren können, überleben diejenigen, die es nicht können. Die Evolution der Wirtschaftsunternehmen begann, als ein mittelalterlicher *Geschäftsmann* sein anderes Ich, den *Privatmann* zwang, die Finger aus der Ladenkasse zu nehmen und ihm eine private Haushaltskasse einrichtete. Sie hat in unserem Jahrhundert dazu geführt, daß die großen Kapitalgesellschaften selbst die privaten Kapitaleigner, denen nur am eigenen Nutzen liegt und nicht an dem des Unternehmens, völlig neutralisiert haben – bis zu dem Grade, daß ein Manager von den Aktionären sagen konnte, sie seien nicht nur dumm genug, dem Unternehmen ihr Geld zu geben, sondern auch noch so dreist, Dividende dafür zu verlangen. Der Eigen-Sinn des Unternehmens hat sich abgesichert gegen den Eigen-Sinn der Menschen.

Autonome Sozialsysteme

Die soziologische Systemtheorie rechnet also Menschen nicht zu den Bestandteilen sozialer Systeme, sondern zu ihrer Umwelt. Wie verträgt sich das mit der Tatsache, daß doch offenbar die Struktur eines sozialen Systems, z. B. eines Wirtschaftsunternehmens, gänzlich aus Handlungen von Menschen bestehen? Nun, das »dienstliche« oder »geschäftliche« Verhalten der Menschen kann nicht sinnvoll ihnen als Personen zugerechnet werden. Es ist nicht angelegt auf ihre persönlichen Ziele, sondern dient z. B. dem Erfolg eines Wirtschaftsunternehmens oder dem Funktionieren einer Behörde. Offenbar würden die wenigsten Menschen das, was sie beruflich tun, um seiner selbst willen tun. Wie aber veranlaßt ein Unternehmen die Menschen zu den Handlungen, die seinen Bestand und Erfolg sicherstellen? Indem es ihnen als Belohnung die Mittel zur Befriedigung ihres privaten Egoismus zur Verfügung stellt. Dienstliche Handlungen haben also einen zweifachen Sinnbezug. Für die handelnde Person sind sie ein Mittel zum Erwerb des Lebensunterhalts. Von ihm hängt die Befriedigung ihrer verschiedenen persönlichen Bedürfnisse ab. Für die Organisation sind die dienstlichen Handlungen ein Mittel zu ihren Bestands- und Gewinnzwekken. Je besser aber das Unternehmen die privaten Egoismen der Menschen befriedigt, desto mehr menschliche Ressourcen stehen ihm für seine Zwecke zur Verfügung. Schon der mittelalterliche Privatmann überließ nur deshalb seinem anderen Ich, dem Geschäftsmann, das Geschäft, weil ihm dessen Überweisungen an die Haushaltskasse mehr eintrugen als der gelegentliche Griff in die Ladenkasse. Der Privatmann mochte mit seinen privaten Einkünften Verwandten und Freunden helfen. Der Geschäftsmann verhinderte, daß er dadurch das Geschäft schädigte.

Der Erfolg verselbständigter, autonom gewordener sozialer Systeme beruht darauf, daß sie nur auf wenige Ziele, idealerweise nur ein einziges hin organisiert sind. Dadurch verfügen sie – im Unterschied zu den Menschen – über einen eindeutigen Maßstab für die Zweckmäßigkeit des Verhaltens. Andere Rücksichten als die auf den eigenen Bestand und Erfolg nimmt das System nicht, oder, um auf die Beschreibungsebene menschlicher Handlungen zurückzukehren, andere Rücksichten nehmen die Menschen nicht, wenn sie »im Dienst« sind und systemisch handeln.

Im Mittelalter, als persönliche Bindungen und Verpflichtungen höher standen als alle anderen, hatte man kein Verständnis für solch rücksichtsloses Verhalten. Im sozialen Netz verwandtschaftlich-ständischer Beziehungen konnte niemand so handeln, ohne es zu zerstören und mit ihm seine Lebenschancen. Nur Fremde konnten so handeln. Daher gingen die Impulse bei der Entwicklung des Kapitalismus häufig von Fremden aus, von wandernden Händlern, von Juden, von Emigranten, insbesondere religionsverfolgten Protestanten (Sombart 1987, S. 1f. und 883ff.; Sombart 1918). »Willst du dies Geld uns leihen«, läßt Shakespeare den Antonio zu Shylock sagen, »leih es nicht als Deinen Freunden, denn wann nahm die Freundschaft vom Freund Ertrag für unfruchtbar Metall? Nein, leih es lieber deinem Feind; du kannst, wenn er versäumt, mit beßrer Stirn eintreiben, was dir verfallen ist.«

Die Logik der Staatsräson

Fremdheit erwuchs im späten Mittelalter und der frühen Neuzeit nicht nur aus Wanderungen oder aus der Distanz, in der ethnische und religiöse Minderheiten zu ihrer menschlichen Umwelt lebten. *Fremdheit trotz Nähe* ergab sich aus dem Verfall der verwandtschaftlich-ständischen Bindungen. Das wird besonders deutlich auf dem Felde des politischen Handelns. Die modernen, zentral regierten Territorialstaaten verdanken ihre Entstehung dem Macht- und Expansionsstreben von Fürsten, deren Methoden alles andere als zimperlich waren. Um ihre Ziele zu erreichen, setzten sie sich häufig bedenkenlos und gewaltsam über ihre ständischen Bindungen und Verpflichtungen hinweg. Die Geschichte der Renaissance, insbesondere in Italien, ist voll von Verrätereien und Greueltaten, die zwecks Erlangung oder Ausweitung der Macht an Freunden, Lehnsherren und Vasallen verübt wurden. Die neuen Bindemittel, die solches Handeln erfolgreich machten, waren das *Geld*, durch das man Verbündete und Söldner dingen konnte, und die damit verbundene *Macht*, durch die man Unterordnung erzwingen konnte. Jedes dieser Bindemittel eignete sich hervorragend dazu, das jeweils andere zu erwerben. Ihre Zweieinigkeit erwies sich immer mehr als unschlagbar. Ihnen gegenüber an ständischer Treue festzuhalten und etwa dem durch Gewalt und Verrat an die Macht gekommenen Usurpator namens des rechtmäßigen Herrschers entgegenzutreten, war zur lebensgefährlichen Dummheit geworden. Diese ernüchternde Feststellung traf der Florentiner Niccolò Machiavelli zu Beginn des 16. Jahrhunderts (1937, S. 92ff.). Als Politiker wußte er, wovon er sprach. Er formulierte als einer der ersten die Denkmittel und Verhaltensregeln, mit denen man den neuen Herausforderungen zu begegnen suchte. Die Lehre von der *Staatsräson*, die das politische Denken der folgenden Jahrhunderte beherrschte (Meinecke 1957), orientierte sich an einem einzigen Zweck, dem Erwerb und der Erhaltung der Macht.

So wie sich in den wirtschaftlich handelnden Menschen die Geschäftsmenschen von den Privatmenschen abspalteten, so spalteten sich in den politisch Handelnden die Staatsmenschen von den Privatmenschen ab. Ebenso wie die Wirtschaftsbetriebe verselbständigten sich die politischen Einheiten zu sozialen Systemen, deren Überlebensprinzip den Staatsmännern und -frauen ein bestimmtes Verhalten aufzwang, bei Strafe ihres politischen Untergangs. Rücksichten auf Freundschaft, Verwandtschaft und andere persönliche Bindungen hatten hinter der Staatsräson zurückzustehen. Das bedeutet nicht, daß sie nicht noch lange Zeit eine wichtige Rolle spielten. Wir haben gesehen, wie noch im 18. Jahrhundert die Abstammung benutzt wurde, um die Thronfolge zweifelsfrei zu regeln und auf diese Weise den Staat zu stabilisieren. Die älteren Bindemittel wurden jedoch immer stärker durch die neuen sozialen Systeme dominiert und in Dienst genommen. Um es grob zu vereinfachen: *Während sich zunächst die Fürsten Staaten hielten, hielten sich später die Staaten Fürsten.* Herrscherhäuser, die wie die Bourbonen in Frankreich nicht begriffen, was die Staatsräson von ihnen forderte, gingen unter.

Heilige Pflichten und Korruption

Die Zeiten sind vergangen, da verwandtschaftliche und andere persönliche Bindungen den Bau unserer Gesellschaften trugen und die mit ihnen verbundenen Solidaritätsgebote über allen anderen standen. Was einmal heilige Pflicht war, gilt uns heute als Korruption. Da Verwandtschaft leicht nachweisbar ist, läßt sich Vetternwirtschaft oder *Nepotismus* verhältnismäßig gut kontrollieren.

Der Begriff *Nepotismus* leitet sich her von der Praxis mittelalterlicher und frühneuzeitlicher Päpste, jeweils einen ihrer Neffen (lat. *nepos*) zum Kardinal und Stellvertreter für die Regierung des Kirchenstaates zu machen. Ursprünglich eine Notwendigkeit, weil in der vormodernen Gesellschaft nur auf Verwandte wirklich Verlaß war, wurde die Stellung des Kardinalnepoten später zu einem Versorgungsposten ohne Herrschaftsaufgaben. Durch Zuwendungen von Besitz und Würden an die Kardinalnepoten gelang es den als Wahlmonarchen nur kurze Zeit regierenden Päpsten, den Kirchenstaat in der gebotenen Eile zum Wohle ihrer Familien auszuplündern. Mehrere Papstfamilien stiegen auf diesem Wege aus bürgerlichem zu fürstlichem oder gar königlichem Rang auf (Reinhard 1982).

Die Selbstverständlichkeit, mit der wir uns über das entrüsten, was nach der Logik unserer gesellschaftlichen Einrichtungen Korruption ist, erschwert uns das Verständnis der Probleme, die heute viele Entwicklungsländer mit den von uns importierten staatlichen und wirtschaftlichen Strukturen haben. Dort sind die gesellschaftlichen Beziehungen oft noch durch Verwandtschaft und Prinzipien gegenseitiger Hilfe organisiert. Die damit verbundene Moral ist tief in den Menschen verwurzelt und stellt das einzige zuverlässige Bindemittel dar. Sie gebietet unnachgiebig, daß man Verwandten und anderen persönlich Verbundenen hilft – auch mit den Mitteln, die einem ein staatliches Amt gibt. Wer sich gegenüber diesen Geboten auf unpersönliche Amtspflichten beriefe, verlöre jeden Rückhalt in den persönlichen Solidaritäten, ohne an ihrer Stelle einen neuen Rückhalt zu gewinnen. Er würde bald auch sein Amt und dessen Einkünfte einbüßen, die nach denselben Gesichtspunkten persönlicher Solidarität vergeben werden. Wo der Imperativ der verwandtschaftlichen Bindungen kategorisch ist, wäre es verderblich für die Menschen, sich nicht daran zu halten. Selbst den Machthabern bleibt gar nichts anderes übrig, als sämtliche Schlüsselstellungen mit Verwandten zu besetzen, denn nur auf Verwandte kann man sich verlassen.

Als *Klientelismus* und *Patronage* bezeichnen die Politikwissenschaftler die sozialen Beziehungen, die in vielen Entwicklungsländern zwischen den staatlichen Zentralen und der großen Masse der ländlichen Bevölkerung vermitteln. Die Verbindung wird hergestellt durch lokale Autoritäten, Patrone, die über Beziehungen zur Zentrale verfügen. Sie nutzen diese Beziehungen zugunsten ihrer Klienten. Die sind oft Bauern, aufgewachsen in vormodernen Sozialstrukturen und außerstande, sich selbst auf den verschlungenen Pfaden einer staatlichen Bürokratie zurechtzufinden, die zudem nach unseren Maßstäben korrupt ist. Sie sind ihren Gönnern persönlich mehr oder weniger fest verbunden und vergelten deren Protektion durch politische Gefolgschaft (Caciagli 1987, S. 277ff.). Solche Beziehungen einer asymmetrischen Gegenseitigkeit erinnern an die ständische Gesellschaft, vor allem aber an das Patronage- und Klientenwesen an den absolutistischen Fürstenhöfen Europas.

Der Vergleich moderner Industriegesellschaften mit Entwicklungsgesellschaften lehrt zweierlei: *erstens*, wie stark wir dazu gezwungen sind, so zu handeln, wie alle handeln – gleichgültig ob uns von Natur aus danach zumute ist oder nicht; *zweitens*, daß auch Verhalten, zu dem wir von Natur aus neigen, der massiven gesellschaftlichen und moralischen Unterstützung bedarf, um zum zuverlässigen kulturellen Standard zu werden.

Die genetisch vorprogrammierten Bindungsbereitschaften der Verwandten- und Freundesliebe finden in den Großstrukturen moderner Gesellschaften kaum noch Verwendung. Als Mechanismen der Korruption werden sie bekämpft und neutralisiert. Das bedeutet jedoch nicht, daß die Kultur über die Natur triumphiert hätte. Menschliches Handeln wird nach wie vor angetrieben durch vorprogrammierte Neigungen. Diese arrangieren sich lediglich auf neue Weise mit den gegebenen Möglichkeiten zu ihrer Befriedigung. Zu den vorprogrammierten Neigungen gehört auch, daß wir gern vertraute Personen, Verwandte und Freunde begünstigen. Als Kassiererin im Supermarkt, als Lehrer, als Richterin, als politischer Amtsträger dürfen wir solchen Neigungen nicht nachgeben. Umgekehrt sind wir vor Nachteilen durch fehlende persönliche Beziehungen weitgehend geschützt. Die meisten anderen Bedürfnisse, als fundamentalste seien nur die nach ausreichender Ernährung und Schutz vor Gefahren genannt, werden aber in modernen Gesellschaften sehr viel besser befriedigt als in vormodernen. Die unmittelbar auf soziale Beziehungen gerichteten Neigungen werden in ihren Ausdrucksmöglichkeiten eingeschränkt und können sich nur im Privatleben frei entfalten. Die unpersönlichen modernen Sozialstrukturen und das zu ihnen gehörige Ethos appellieren weniger an vorprogrammierte soziale Gefühle als an die Vernunft und den wohlverstandenen Eigennutzen. In die Bestimmung dieses Eigennutzens gehen nicht nur die sozialen, sondern alle Neigungen ein. Moderne Sozialstrukturen enttäuschen spontane soziale Neigungen. Sie sichern die umfassendere Befriedigung außersozialer Bedürfnisse. Indem sie persönliche Bindungen begrenzen, ermöglichen sie Freiheit. Der Preis ist Entfremdung.

Literatur

Alexander, R.D. (1979): Darwinism and Human Affairs. Seattle, London.
Alexander, R.D. (1987): The Biology of Moral Systems. New York.
Alexander, R.D. (1988): Über die Interessen der Menschen und die Evolution von Lebensabläufen. In: Meier, H. (Hrsg.): Die Herausforderung der Evolutionsbiologie. München, Zürich.
Bischof, N. (1985): Das Rätsel Ödipus. Die biologischen Wurzeln des Urkonfliktes von Intimität und Autonomie. München, Zürich.
Bowlby, J. (1975): Bindung. München.
Caciagli, M. (1967): Klientelismus. In: Pipers Wörterbuch zur Politik 6. Dritte Welt. München, Zürich.
Dawkins, R. (1978): Das egoistische Gen. Berlin, Heidelberg.
Duby, G. (1990): Private Macht, öffentliche Macht. In: Ariès, P., Duby, G. (Hrsg.): Geschichte des öffentlichen Lebens. Bd. 2: Vom Feudalzeitalter zur Renaissance. Frankfurt/M.
Elias, N. (1969): Über den Prozeß der Zivilisation (2 Bde.). Frankfurt/M.
Flandrin, J.-L. (1976): Familien. Soziologie – Ökonomie – Sexualität. Frankfurt/M. u. a.
Fortes, M. (1970): Kinship and the Social Order. London.
Gehlen, A. (1973): Moral und Hypermoral. Frankfurt/M., Bonn.
Hamilton, W.D. (1980, erstmals 1964): The Genetical Evolution of Social Behaviour. In: Hunt, J. (Hrsg.): Selected Readings in Sociobiology. New York u. a.
Hemminger, H. (1983): Der Mensch – eine Marionette der Evolution? Frankfurt/M.
Hines, S.M. (1983): Die Ursprünge des Staates. In: Flohr, H., Tönnesmann, W. (Hrsg.): Politik und Biologie. Berlin, Hamburg.
Kunisch, J. (1982, Hrsg.): Der dynastische Fürstenstaat. Berlin.
Löffler, L.G., Müller, E.W. (1972): Verwandtschaft und Verwandtschaftssysteme. In: Bernsdorf, W. (Hrsg.): Wörterbuch der Soziologie. Frankfurt/M.
Lorenz, K. (1965): Über tierisches und menschliches Verhalten. Gesammelte Abhandlungen Bd. 2. München.
Lorenz, K. (1978): Vergleichende Verhaltensforschung. Wien, New York.
Machiavelli, N. (1937): Der Fürst. Leipzig.
Meinecke, F. (1957): Die Idee der Staatsräson in der neueren Geschichte. München.
Plöchl, W. (1960): Geschichte des Kirchenrechts. Bd. I. Wien, München.
Reinhard, W. (1982): Bemerkungen zu »Dynastie« und »Staat« im Papsttum. In: Kunisch, J. (Hrsg.): Der dynastische Fürstenstaat. Berlin.
Sahlins, M. (1976): The Use and Abuse of Biology. Ann Arbor.
Sherman, P.W. Holmes, W.G. (1985): Kin Recognition: Issues and Evidence. In: Hölldobler, Lindauer (Hrsg.): Experimental Behavioral Ecology. Stuttgart, New York.
Schulze, H.K. (1986): Grundstrukturen der Verfassung im Mittelalter. Bd. 2. Stuttgart.
Sombart, W. (1918): Die Juden und das Wirtschaftsleben. München, Leipzig.

Sombart, W. (1931): Kapitalismus. In: Vierkandt, A. (Hrsg.): Handwörterbuch der Soziologie. Stuttgart.
Sombart, W. (1987): Der moderne Kapitalismus (3 Bände in 6 Halbbänden). München.
Wilson, E.O. (1980): Biologie als Schicksal. Frankfurt/M.
Wolf, A.P., Huang, C. (1979): Marriage and adoption in China, 1845–1945. Stanford.

Kind und Eltern

Margret Schleidt

Die Humanbiologen gehen davon aus, daß das Zuwendungs- und Betreuungsverhalten gegenüber Säuglingen und Kleinkindern sowie die damit verbundenen Gefühle von stammesgeschichtlich alten Programmen gesteuert werden. Wie steht es dann mit der Theorie, daß die Rollen der Mutter und des Vaters erst im Umgang mit den eigenen Kindern gelernt werden? – Die Beantwortung der Frage, inwieweit Anlage und Lernen die Eltern-Kind-Interaktionen beeinflussen, ist wichtig, wenn man Kindern die besten Möglichkeiten zum Heranwachsen geben will: Das Wissen darum, welche Verhaltensanteile angeboren sind und welche Anteile erlernt werden, kann für Mütter und Väter eine wichtige Hilfe im Erziehungsalltag sein. Das gilt gleichzeitig auch für alle Personen, die mit Kindern und ihren Eltern zu tun haben, wie z. B. Ärzte, Lehrer, Erzieher.

Der Mensch hat von allen Lebewesen die längste Kindheit und Jugend. Das hängt mit dem Ausmaß des notwendigen Lernens vor allem im sozialen Bereich zusammen. Eigenschaften, Gewohnheiten und Wertvorstellungen der Eltern werden übernommen (oder abgelehnt), sie werden internalisiert und es wird auf sie reagiert. Mit der Sozialisation in eine bestimmte Familie fest verbunden ist die Sozialisation in eine bestimmte Kultur hinein. In Europa bedeutet das ein Hineinwachsen in eine hochindustrialisierte Gesellschaft mit ihren besonderen Problemen gerade auch für Kinder und ihre Eltern.

Stammesgeschichte und Mutter-Kind-Verhalten

Eine Frau, die ihr erstes Kind erwartet, bewegen besonders Fragen über Pflege und Erziehung. Sie unterhält sich mit Frauen, die bereits Kinder haben, und sie wird sich je nach Kulturkreis und Bildungsstand Bücher oder Zeitschriften besorgen. Literatur zu diesen Themen gibt es bei uns heute mehr als genug – und mehr als genug verschiedene Meinungen. Zudem haben sich die Ansichten über den »richtigen« und »falschen« Umgang mit einem Kind vor allem in den letzten Jahrzehnten erheblich gewandelt.

Nehmen wir ein so grundlegendes Thema wie den Rhythmus, in dem gestillt werden soll. Noch in den sechziger Jahren wurde – z. B. in dem damaligen Standardbuch für Säuglingspflege von Haarer (1951) – ein strikter Vier-Stunden-Takt empfohlen. Ob das Baby weinte oder nicht, es sollte erst nach vier Stunden aus seinem Körbchen herausgeholt werden, sonst würde es verwöhnt, hieß es, und man würde schon sehen, was daraus würde! Aus ideologischen Gründen wurde ein striktes Reglement für gut befunden. Damals war eine Erziehung zu Pünktlichkeit und Genauigkeit wichtig und wurde über das Stillen schon sehr früh im Leben des Kindes begonnen. Heute, eine Generation später, ist Stillen nach Bedarf bei uns fast überall die Norm. Es änderten sich die Wertvorstellungen. Eine Hinwendung zu alternativen, stark individuell ausgerichteten Lebensformen erfolgte, und Geregeltheit wird nicht mehr als oberstes Gebot betrachtet. So kann dann auch das Stillen im lockeren Zeitrahmen erfolgen.

Wie konnte sich eine solche feste Zeitregel für das Stillen überhaupt etablieren? Für eine Mutter ist ganz vorrangig, alles so zu machen, wie es für ihr Kind am besten ist. Vor allem beim ersten Kind wird sie sozialen Rat und Hilfe suchen und wie jeder Mensch eingebettet in die eigene Kultur kulturspezifische Hilfe und Ratschläge erhalten. Dabei wird sie auch ihrem Empfinden widerstrebende Ratschläge befolgen, wenn sie den Regeln der Gesellschaft entsprechen. Ein strikter Zeitplan für das Stillen ist ein »unnatürlicher« Ratschlag, das heißt einer, der nicht den Bedürfnissen von Mutter und Kind entspricht.

In den letzten Jahrzehnten wurden zwei sehr gegensätzliche theoretische Konzepte entwickelt, die sich in jeweils besonderer Weise auf den Umgang mit Kindern auswirken:

- Die *Lerntheoretiker* gehen davon aus, daß vor allem das Lernvermögen unser Verhalten bestimmt und eventuell noch vorhandene angeborene Verhaltensprädispositionen vernachlässigt werden können. Entsprechend wird *die Rolle der Mutter bzw. des Vaters erst im Umgang mit dem Kind erworben*, jede Mutter lernt also ausschließlich durch eigene Erfahrungen und unterstützt durch Ratschläge ihr kompetent erscheinender anderer Personen, wie sie mit ihrem Säugling umgehen soll (Ariès 1978; Hay, Vespo 1988). Nach der Lerntheorie sind nur die jeweiligen Vorstellungen und Eigenschaften der Eltern im Umgang mit dem Kind von Bedeutung sowie die Kultur, in der die Familie lebt. Es wird einseitig die Formbarkeit der menschlichen Psyche betont und eine weitgehende Beliebigkeit in der Ausgestaltung der Eltern-Kind-Interaktion postuliert.

- Die *Humanethologen und Biopsychologen* gehen davon aus, daß der Mensch zwar ein großes Lernvermögen besitzt, aber erhebliche Verhaltensanteile angeboren sind. Danach regeln *angeborene Verhaltensprädispositionen* einen großen Teil der Eltern-Kind-Beziehung – wie in allen anderen Bereichen des menschlichen Lebens ergänzt durch sehr viel Lernen durch Erfahrung. Darüber hinaus richten wir uns nach den Normen und Regeln in den einzelnen Familien und Kulturen, die aber meist im Einklang mit den biologischen Vorgaben stehen. Angeborene Prädispositionen lassen sich nur finden, wenn man die Vielfalt des Verhaltens in unterschiedlichen Kulturen und zu verschiedenen Zeiten nach Grundmustern von Verhaltensweisen durchforscht: Der Mensch hat zwar ein großes Bedürfnis nach kultureller Veränderung und Ausgestaltung seiner Verhaltensweisen und ist zudem sehr anpassungsfähig, was kulturelle Sitten und Gebräuche betrifft. In dieser Vielfalt sind jedoch unveränderliche Bestandteile zu finden.

Wenn man die beiden Positionen auf das Stillverhalten anwendet, dann stellt sich die Frage: Wenn die Anpassungsfähigkeit der Säuglinge so groß ist, daß sie sowohl überleben, wenn eine starke Fremdbestimmung durch strikt geregelte Stillzeiten auf sie einwirkt, als auch dann, wenn sie beim Stillen nach Bedarf ihren eigenen Bedürfnissen mehr nachkommen können, ist es dann nicht gleichgültig, nach welcher Methode gestillt wird? Bei allen Naturvölkern oder anderen traditionell lebenden Kulturen wird nach Bedarf gestillt. Auch unsere nächsten tierischen Verwandten, die Menschenaffen, geben dem Jungtier die Brust, wann immer es will. Das sind deutliche Hinweise dafür, daß Mutter und Kind sicher auch noch heute und auch in industrialisierten Gesellschaften auf ein Stillen nach Bedarf angelegt sind. Über die Auswirkungen von festgelegten Stillzeiten und der damit verbundenen generellen Unfreiheit der Mutter in ihrer Zuwendung zu ihrem Kind kann man nur spekulieren. Gewiß ist es zur Bildung des kindlichen Urvertrauens förderlicher, wenn die Mutter sofort zur Stelle ist, sobald der Säugling ihrer bedarf.

Generell kann man über den Umgang der Mutter mit ihrem Kind sagen: Wenn jede Mutter erst alles ausprobieren müßte, dann würde die Menschheit mit hoher Wahrscheinlichkeit nicht mehr existieren, weil sehr viele Kinder diese Experimente nicht überstanden hätten. In der Stammesgeschichte, wo es auf das Überleben ankommt, sind zuviel individuelle Veränderung und Ausprobieren in der Mutter-Kind-Beziehung nicht adaptiv.

Wir können aus diesem Grund annehmen, daß sich im Zusammenhang mit der menschlichen Individualentwicklung viele angeborene Verhaltensprädispositionen finden, also stammesgeschichtliche Vorgaben, und daß angeborenes Wissen und Können wesentlich an der Kommunikation zwischen Mutter und Kind beteiligt sind. Dies bestätigt sich, wenn wir Mutter-Kind-Verhalten kulturenvergleichend untersuchen.

Früher dachte man, daß in der Interaktion mit dem Säugling ausschließlich die Mutter die aktive Rolle spielt. Heute weiß man, daß auch das Baby Kontakt sucht und die Mutter dadurch stimuliert. Der Mensch ist von Beginn seines Lebens an kommunikations- und bindungsfähig. So ist das Neugeborene gleich nach der Geburt besonders wach, orientiert sein Gesicht zum Gesicht der Mutter hin und ist sehr motiviert zu Saugen. Mutter und Kind bilden tatsächlich von Anfang an eine Interaktions-Gemeinschaft und tragen beide zur Kommunikation bei. Sie verhalten sich *spiegelbildlich* zueinander und *bilden in ihren Wünschen und ihrem Verhalten eine Einheit*.

Bis jetzt war immer nur von der Mutter als dem Gegenüber des Kindes die Rede. Sie ist zunächst die wichtigste Person, da die Muttermilch natürliche Voraussetzung dafür ist, daß der Säugling ernährt werden und damit (über)leben kann. Das ist auch heute überall dort noch so, wo man keine künstliche Säuglingsnahrung kennt oder sie nicht zu haben ist. Es zeigt sich aber, daß andere Personen (beispielsweise Ammen oder Pflegemütter), die einen Säugling betreuen, für diese Aufgabe gleich gut begabt sind wie die leibliche Mutter: Auch ihnen stehen diese angeborenen Interaktionsprogramme zur Verfügung. Das gilt auch für Männer, insbesondere die Väter!

Selbstverständlich gibt es in bezug auf die Neigung und das Geschick, mit kleinen Kindern umzugehen, individuelle Unterschiede. Sie entstehen durch die verschiedenen Lebenserfahrungen und Lebenssituationen. Grundsätzlich ist aber die leibliche Mutter durch eine andere Person ersetzbar, wenn auch zu vermuten ist, daß die biologischen Vorgänge während der Schwangerschaft und bei der Geburt auch Auswirkungen auf die Entwicklung von »Muttergefühlen« haben. Wenn nachfolgend dennoch meistens von der Mutter-Kind-Beziehung die Rede ist, dann deshalb, weil sie der Regelfall ist, an dem die Prinzipien erläutert werden. Die Rolle des Vaters *ergänzt* die Rolle der Mutter. Der Vater hat zunächst eine ganz eigene Bedeutung für das Kind, kann aber die Funktionen der Mutter übernehmen, wenn dies notwendig wird.

Persönliche Bindung zwischen Mutter und Kind

Nachfolgend werden *grundsätzliche Mechanismen* zwischen Eltern und Kind vorgestellt, es kann daher kaum auf individuelle Eigenheiten eingegangen werden und auch nur ansatzweise auf die vielfältigen Schwierigkeiten, die zwischen Eltern und Kind in jeder Phase der Entwicklung auftreten können. Ausgehend vom Normalfall werden die adaptiven Verhaltensprädispositionen und die daraus sich entwickelnden Beziehungen zwischen »kompetenten Eltern« und »kompetenten Säuglingen« (Keller 1989) geschildert.

Eine persönliche Bindung zwischen Mutter und Kind ist weltweit bei allen Völkern zu finden. Sie geht mit Gefühlen der Liebe und Zuneigung einher, führt deshalb aber auch zur sogenannten *Trennungsangst*. Ihr Kennzeichen ist z. B. der Protest des Säuglings und Kleinkindes bei einer Trennung von der Mutter, der sich in lautem Weinen äußert. Selbst Kinder bei Naturvölkern, die gewöhnlich vielfältige Beziehungen zu Personen der Familie und Gruppe haben, äußern diesen Trennungsprotest (Freeman 1983; Eibl-Eibesfeldt 1984). Dieser Befund widerspricht der Annahme einiger Ethnologen, daß Kinder bei Naturvölkern keine sehr enge Mutter-Kind-Bindung entwickelten, da sie im Kollektiv aufgezogen würden und zu allen Personen eine gleich starke Beziehung hätten.

Im Tierreich gibt es die persönliche Bindung zwischen Mutter und Jungtier auch bei Arten, die dem Menschen fernstehen, wie z. B. Enten und Gänsen oder Huftieren; auch hier protestiert das Jungtier bei einer Trennung. Bei unseren nächsten tierischen Verwandten, den Affen und Menschenaffen, findet sich durchgehend eine persönliche und enge Beziehung zwischen der Mutter und ihrem Kind. Die persönliche Mutter-Kind-Bindung scheint also eine stammesgeschichtliche Anpassung zu sein, die das Überleben des Kindes sichert. Die Mutter-Kind-Bindung stellt nicht nur die Ernährung des Säuglings sicher und bietet ihm Wärme und Schutz, sondern ermöglicht vor allem auch soziales Lernen. Auf seiten des Kindes baut sie sich nach der Geburt langsam auf, besonders intensiv vom dritten Monat an, und ist mit ungefähr sieben Monaten fest etabliert.

Wie sehr ein Kind auf die Bindung an eine ihm dauerhaft zur Verfügung stehende Person angewiesen ist, hat René Spitz (1945) an Kindern in Waisenhäusern beobachtet und als erster beschrieben. Er stellte fest, daß Kinder, deren Pflegerinnen ständig wechselten, mit der Zeit ganz unansprechbar und tief depressiv wurden, manche von ihnen starben sogar.

Diese Beobachtungen zum sogenannten *Hospitalismus-Syndrom* belegten als erste eindeutig die fundamentale Wichtigkeit einer verläßlichen und stetigen Bindung des Kindes an eine Bezugsperson. Sie hatten unter anderem zur Folge, daß man sich in Waisenhäusern darum bemühte, die Pflegerinnen so selten wie möglich auszuwechseln.

Zum Aufbau der Bindung trägt wahrscheinlich bei, daß das Neugeborene und seine Mutter in der ersten Zeit ganz aufeinander bezogen sind. Bei vielen Stammeskulturen gibt es sogar die Sitte, daß sich die Mutter nach der Geburt mit ihrem Kind für einige Zeit zurückzieht. Schiefenhövel (1988) meint dazu, daß dadurch das gegenseitige Kennenlernen und der Bindungsprozeß wahrscheinlich besonders gefördert werden. Eine ähnliche Funktion hatte bei uns das »Wochenbett«, das wohl auch dem seelischen Bedürfnis von Mutter und Kind entsprach. Eine Klinikentbindung mit nachfolgender körperlicher und in der Regel auch räumlicher Trennung des Neugeborenen von seiner Mutter erschwert sicherlich den Prozeß der Bindung. Hier hat sich aber in den letzten Jahren die Idee des Rooming-in durchgesetzt. Damit sind gute Voraussetzungen für den Bindungsprozeß geschaffen – nicht zu vergessen die Rückbesinnung auf die Hausgeburt!

Im folgenden werden einige typische *Kommunikationsmuster* besprochen, die das Verhalten von Mutter und Kind regeln und die Bindung zwischen ihnen aufbauen und festigen. Diese frühen Mutter-Kind-Interaktionen tragen wesentlich zur späteren Qualität der Beziehung bei, die sich ihrerseits wieder auf die Verhaltensentwicklung des Kindes auswirkt.

Stillen Die Verhaltensweisen des Stillens (von seiten der Mutter) und des Saugens (von seiten des Kindes) sind einander entsprechende, sehr basale Interaktionsformen, solche also, die am Beginn des Lebens stehen. Ein hungriger Säugling sucht die Brust der Mutter, indem er seitlich pendelnde Kopfbewegungen macht. Wenn seine Wange irgend etwas berührt, dann dreht er seinen Mund in diese Richtung, versucht das »Etwas« in den Mund zu nehmen und beginnt zu saugen – z. B. auch an dem Finger, den man ihm hinhält. Mit diesem angeborenen Bewegungsmuster, das in der Evolution herausgebildet wurde, findet der Säugling normalerweise Brust und Brustwarze der Mutter. Die Mutter ihrerseits reagiert auf das hungrige Baby, indem sie ihm die Brust gibt, also seinen Bemühungen entgegen- und zuvorkommt.

Bei Säugetieren wurde nachgewiesen, daß die Brustdrüse des Muttertieres einen bestimmten Geruchsstoff (Pheromon) ausscheidet, auf den das Jungtier reagiert. Neuere Untersuchungen machen es wahrscheinlich, daß auch die menschliche Mutter ein Brustphero-

mon hat, das ein Baby, ohne es erst lernen zu müssen, erkennt. Wenn man Säuglingen, die mit der Flasche aufgezogen werden, den Geruch der Brust einer fremden stillenden Mutter – aufgefangen in einem Läppchen – vorhält, dann drehen die Kinder ihren Kopf bevorzugt in diese Richtung.
Bereits Neugeborene »wissen« offenbar vor aller Erfahrung, wie eine Milch spendende Mutterbrust riecht. Darüber hinaus lernen sie sehr schnell, wie die Brust ihrer eigenen Mutter riecht. Schon knapp eine Woche nach der Geburt können sie die Brust ihrer eigenen Mutter von der einer fremden stillenden Frau unterscheiden. Übrigens können Babys auch schon mit einer Woche andere typische Gerüche ihrer Mutter erkennen, so z. B. den Geruch ihrer Achsel oder den Geruch ihres Parfüms!

Neben der Ernährung hat das Stillen eine weitere sehr wichtige Funktion, nämlich die der Beruhigung. Die deutsche Sprache drückt das sehr deutlich aus: Das Kind wird ge*stillt*. Stillen nach Bedarf bedeutet, daß auch dieser Beruhigungsfunktion Rechnung getragen wird, denn der »Bedarf« des Kindes ist oft nicht Sättigung des Hungers, sondern Bewältigung von Angstgefühlen. Das gilt insbesondere für ältere Säuglinge und Krabbelkinder. Aber auch Saugen allein wirkt beruhigend. Das beweist das in unserer Gesellschaft verbreitete Lutschen am Daumen oder an einem Gegenstand, in der Regel dem speziell dafür hergestellten Schnuller. Bei Naturvölkern, wo die Kinder beliebig oft an der mütterlichen Brust saugen können, gibt es kaum Daumenlutscher!

Das Abstillen findet in nicht-industrialisierten Gesellschaften meist im Alter von zwei bis drei Jahren statt. Die Kinder sind zu diesem Zeitpunkt bereits unabhängig von der Muttermilch als Nahrung. Das Trinken an der Brust ist ihnen nur noch eine liebe Gewohnheit und dient, wie gesagt, der Angstbewältigung. Trotzdem wird in der Regel das Kind protestieren, wenn die Mutter ihm eines Tages die Brust ganz entzieht. Sowohl bei Menschen als auch bei nichtmenschlichen Primaten müssen die Mütter sich gegen ihr häufig heftig widerstrebendes Kind durchsetzen. Oft sind sie dann bereits erneut schwanger und brauchen ihre Kraft für das neue Leben. Interessenkonflikte wie dieser zwischen Mutter und Kind beim Abstillen sind untrennbar mit einzelnen Entwicklungsphasen des Kindes und Jugendlichen verbunden. Ihre Bewältigung als Eintritt in die nächste Phase ist eine von der Entwicklung vorprogrammierte Aufgabe.

Körperkontakt Die Zoologen teilen Jungtiere ganz allgemein in *Nestflüchter* und *Nesthocker* ein: In der ersten Gruppe, in die unter anderem die Huftiere gehören, sind die Jungen schon gleich nach der Geburt in der Lage, dem Muttertier nachzulaufen. In der zweiten Gruppe, zu ihr gehören verschiedene Vogelarten, sind die Jungen bei der Geburt noch sehr unterentwickelt und werden zunächst in einem Nest von den Eltern versorgt, bis sie soweit sind, daß sie sich selbständig fortbewegen können.

Menschen und Affen passen in keine dieser zwei Gruppen und wurden deshalb von Bernhard Hassenstein (1973) als »Traglinge« bezeichnet. Dieser Begriff bezieht sich auf die Tatsache, daß das noch unselbständige Kind/Jungtier von der Mutter getragen wird. Die meisten Affenbabys können sich allerdings schon von Geburt an aus eigener Kraft im Fell der Mutter festhalten. Manche Menschenaffenjungen dagegen sind zunächst nicht dazu fähig. Sie müssen wie menschliche Säuglinge von der Mutter getragen werden.

Diese stammesgeschichtlich alte Verhaltensinteraktion – zu tragen und getragen zu werden – entspricht ursprünglichen Notwendigkeiten: Ohne die Mutter wäre das Kind verloren gewesen. Eine stammesgeschichtlich betrachtet noch junge Methode ist es dagegen, das Neugeborene in einem Bettchen abzulegen – und sie ist wenig an die Bedürfnisse eines Säuglings angepaßt. Aber auch die Mutter hat ein Bedürfnis, ihr Baby aufzunehmen und es an sich zu drücken. Heute tragen zunehmend mehr junge Mütter – und Väter – ihr Kind in einem Tragetuch oder -gestell dicht an ihrem Körper. Für das Baby ist dieser Körperkontakt beruhigend, es fühlt sich sicher, denn die Mutter ist ja da.

Eine ausgeglichene Stimmungslage geht beim wachen Säugling meist mit Körperkontakt einher. Umgekehrt kann man in der Regel ein weinendes oder ängstliches Kind dadurch beruhigen, daß man es auf den Arm oder auf den Schoß nimmt. Bei allen Naturvölkern wird der Säugling ständig am Körper der Mutter getragen. Säuglinge, aber auch Kleinkinder bekommen in einem für uns unglaublich hohen Ausmaß Körperkontakt am Tag und in der Nacht (Schiefenhövel 1989). Das Bedürfnis, Körperkontakt mit einem Säugling oder Kleinkind herzustellen, ist auch bei anderen Personen als der Mutter zu beobachten: Familien- und Gruppenmitglieder wetteifern oft darum, wer das Baby halten darf. Das ist weltweit so.

Man kann sich vorstellen, und es ist durch Untersuchungen erhärtet, daß Kinder, die in der ersten Zeit ihres Lebens viel Körperkontakt mit ihrer Mutter hatten, diese als körperliche Basis wahrnehmen konnten – mit entsprechend positiven Auswirkungen auf ihre Grundbefindlichkeit und die Ausbildung des *Urvertrauens*. Diesen Begriff verwendet Erikson (1950), um damit ein grundsätzliches Vertrauen in die Welt und das Leben zu bezeichnen, das der Mensch in seiner frühen Kindheit durch eine verläßliche Beziehung zu einer oder auch mehreren Hauptbezugspersonen erwirbt.

Die beruhigende Wirkung von Körperkontakt kann selbst noch bei Erwachsenen beobachtet werden. Bei starken Gefühlen wie Freude und Trauer neigen Menschen in allen Kulturen dazu, einander zu berühren und zu umarmen. Aber auch erwachsene Menschenaffen klammern sich aneinander, wenn sie Angst haben, und können sich so gegenseitig beruhigen. – *Fazit:* Körperkontakt mit den Bezugspersonen, vor allem mit der Mutter, ist eine Voraussetzung dafür, daß sich ein Mensch gesund entwickeln kann. Außerdem behält Körperkontakt zwischen vertrauten Menschen während des ganzes Lebens seine positive Qualität, indem er Sicherheit und Zuneigung signalisiert.

Weinen Weinen ist ein auch im Tierreich weit verbreitetes Signal, das in erster Linie ausgelöst wird, wenn Jungtiere von der Mutter getrennt worden sind. So stoßen Enten- oder Gänseküken, die ihre Mutter nicht mehr sehen oder hören, das von Lorenz (1935) untersuchte »Pfeifen des Verlassenseins« aus. Es veranlaßt die Ente bzw. Gans, aktiv nach ihren Jungen zu suchen und sich ihnen zuzuwenden. Die jungen Entchen oder Gänschen weinen auch, wenn ihnen kalt ist. Das ist dann für die Mutter das Zeichen, ihr Gefieder zu spreizen, so daß die Jungen darunter kriechen können. Auch junge Affen geben besondere Laute von sich, die als »Weinen« interpretiert werden können, weil sie in Notsituationen auftreten und die Mutter mit verstärkter Zuwendung darauf reagiert.

Das Weinen eines menschlichen Säuglings hat eine starke Signalwirkung und löst emotionale Zuwendung selbst bei Personen aus, die keine persönliche Beziehung zu dem Kind haben. Entsprechend stark reagieren die Bezugspersonen mit Zuwendung und Kontaktverhalten: Sie nehmen das weinende Kind auf den Arm, drücken es an sich, schaukeln das Kind und sprechen beruhigend mit ihm oder stillen bzw. füttern es. Diese und ähnliche Aktivitäten werden so lange fortgesetzt und variiert, bis der Säugling zu weinen aufhört.

In unserer Gesellschaft sind die Mütter manchmal unsicher, wie sie auf ihren weinenden Säugling reagieren sollen. So nehmen sie manchmal den Säugling nicht sofort auf, weil sie fürchten, das Kind damit zu verwöhnen. In solchen Fällen folgen sie Ratschlägen, denen falsche Verallgemeinerungen von Ergebnissen aus Lernversuchen zugrunde liegen. Nach den Regeln der Lerntheorie – und so wissen wir es aus dem Alltag – wird Verhalten durch Erfolg verstärkt: Konnte jemand in einer speziellen Situation durch ein bestimmtes Verhalten einen für ihn positiven Effekt erreichen, so wird er dieses Verhalten in einer ähnlichen Situation wieder einsetzen. Diese Schlußfolgerung gilt allerdings nicht für das Weinen des sehr jungen Säuglings: Es ist immer ein *Notsignal*! Ein Baby weint nicht häufiger, wenn es sofort getröstet wurde.

Das eben Gesagte gilt allerdings nicht für ältere Kinder, die nicht nur aus Schmerz, Angst oder anderen Nöten heraus weinen, sondern auch aus Trotz, um etwas ganz Bestimmtes durchzusetzen oder um gegen Erziehungsmaßnahmen zu protestieren. In solchen Fällen wäre es natürlich falsch, sofort einzulenken, weil hier die erwähnten Lerneffekte eintreten, denn das Kind stellt (bewußt oder unbewußt) sehr schnell fest: »Aha, ich kann mit meinem Weinen meine Wünsche durchsetzen. Ich werde es also öfter tun.«

Dialoge Es gibt bestimmte Kommunikationsmuster zwischen Eltern und Kind, die einen Dialog bilden, weil sie von beiden Seiten ausgehen und jeder Partner dazu beiträgt. Im Zusammenspiel zwischen Mutter und Säugling ist zu Beginn die Mutter die aktivere Seite, indem sie sensibel auf die spontanen Verhaltensäußerungen ihres Kindes eingeht und ihre Antworten diesen zeitlich und formal anpaßt, so daß es in der ersten Lebenszeit des Kindes zu einer Art Pseudo-Dialog kommt.

Beim Stillen richtet die Mutter ihr Verhalten nach den Saugschüben des Kindes. Ein Säugling trinkt ja nicht gleichmäßig über längere Zeit, sondern hält zwischendurch immer wieder inne. Die Mutter schweigt, während das Kind trinkt, und redet und lächelt es an, wenn es eine kurze Trinkpause macht. Wenn die Mutter mit ihrem Baby spricht, dann macht sie nach jeder ihrer Äußerungen eine Pause, die genauso lang ist, wie für eine Antwort gebraucht würde. Dadurch wird das Kind an den Rhythmus eines sprachlichen Dialogs gewöhnt, noch ehe es sich selbst mit seinen Brabbellauten daran beteiligt. Solche und andere Verhaltensweisen der Mütter (und ebenso anderer Erwachsener) gegenüber einem Säugling werden nicht bewußt gesteuert und man bezeichnet sie deshalb auch als *intuitives Elternverhalten* (Papousek, Papousek 1987).

Dieses spontan richtige Verhalten kann bei manchen Eltern gehindert oder in seinem Ablauf gestört sein. Die Ursachen dafür sind in vielfältiger Weise mit der augenblicklichen Situation der Eltern und ihrer Persönlichkeit verknüpft. So kann in Krisen- oder Überlastungssituationen Fehlverhalten auftreten, oder – und das ist der häufigere Fall – die Eltern haben in ihrer eigenen Kindheit vieles von dem vermissen müssen, was einer gesunden Entwicklung dient, und sie haben diesen Mangel bisher nicht aufgearbeitet und verschmerzt. Es kann also z. B. zu Störungen im Dialog kommen, wenn manche Mütter oder Väter den zeitlichen Dialograhmen nicht einhalten. Sie neigen zu »pausenlosem« Verhalten ihrem Kind gegenüber. Der Säugling wird durch die Redeflut und die durchgängige Aktion überstimuliert. Um dieser Überreizung zu entgehen, wendet er sich ab. Eine andere Störung des Dialogs entsteht durch eine zeitlich zu sehr verzögerte Antwort. Bleibt die Reaktion länger als zwei bis drei Sekunden aus, kann das Baby keinen Zusammenhang mehr entdecken. Deshalb reagieren Mütter normalerweise ganz prompt.

Die vielfältigen Interaktionen zwischen Mutter und Kind (z. B. die kleinen Spiele, die beide miteinander machen), werden nicht nur zeitlich, sondern auch inhaltlich von der Mutter gesteuert. Die Mutter spiegelt das Verhalten des Kindes und richtet ihr eigenes Tun nach seinen augenblicklichen Bedürfnissen und seiner emotionalen Lage. Auch hier können wieder Störungen vorkommen: Manche Mütter verhalten sich unangemessen, indem sie z. B. lachen, wenn das Kind quengelt, oder nicht auf die Stimmungen ihres Kindes eingehen, sondern seine Äußerungen ignorieren. Derartige Störungen im Dialog können noch im Schulalter Verhaltensstörungen des Kindes mit sich bringen.

Wichtig für viele Dialogformen zwischen Mutter und Kind ist, daß sie sich gegenseitig ins Gesicht schauen, denn von dort gehen die meisten sozialen Signale aus. Schon ein Neugeborenes ist zu solch einer Gesicht-zu-Gesicht-Interaktion fähig, indem es sein Gesicht der Stimme und damit dem Gesicht seiner Mutter zuwendet, bevor ihm exaktes Sehen überhaupt möglich ist. Sogar blind geborene Kinder führen diese Fixierbewegung aus. Mütter interpretieren eine solche Kopfzuwendung als einen Kommunikationsversuch ihres Säuglings und antworten entsprechend mit Streicheln, Lächeln, Küssen usw.

Daß solches elterliches Verhalten von einem biologischen Programm gesteuert wird und unreflektiert abläuft, wird z. B. dann deutlich, wenn Mütter aktiv versuchen, Blickkontakt mit ihrem Baby herzustellen, indem sie z. B. »schau mich doch an«, »guck der Mama in die Augen« und ähnliches sagen, obwohl sie auf Nachfrage die Meinung äußern, daß Säuglinge in diesem Alter noch gar nicht richtig sehen können. Auch in vielen anderen Zusammenhängen kann man solche Diskrepanzen zwischen den Ansichten von Eltern und ihrem Verhalten gegenüber ihren Kindern feststellen. Damit zeigt sich, wie wenig rational das Eltern-Kind-Verhalten gesteuert wird.

Schon der Säugling kann seinen Umgang mit dem Gegenüber aktiv regeln. Genauso, wie das Baby durch Zuwendung seines Gesichtes Kommunikation erst ermöglicht, kann es durch Kopfabwenden Kommunikation verhindern. Das tut es bei Reizübersättigung – wenn es »einfach genug hat« –, aber auch, wenn es Angst hat, weil ihm z. B. ein Fremder zu nahe kommt. In den Dialogen nehmen Augenkontakt, Vokalisationen und Lächeln eine bevorzugte Stelle ein. Dabei beeinflussen diese Signale sich wechselseitig und sind in einem feinen Zusammenspiel miteinander verbunden (vgl. Abb. 5).

In einer Untersuchung, die mit wenige Monate alten Kindern aus ganz unterschiedlichen Kulturen durchgeführt wurde, konnten Keller et al. (1988) zeigen, daß Babys bei Augenkontakt Laute äußern, die Ausdruck einer guten Stimmung sind, hingegen mehr zu Lauten neigen, die einer negativen Stimmung entsprechen, wenn der Augenkontakt fehlt. Babys äußern zudem keine Laute, wenn ihre Eltern zu ihnen sprechen, produzieren aber viele Laute, wenn die Eltern schweigen. Die Eltern antworteten auf

Abb. 5 Gesicht-zu Gesicht-Interaktion mit einem Säugling bei den Eipo, Irian Yaya, West-Neuguinea. In einer derartigen freudigen Spielsituation dient das Gesicht des Erwachsenen unter anderem dazu, das Kind zu erheitern und seine Aufmerksamkeit zu fesseln. Hier zu sehen: Festhalten eines Gegenstandes mit den Lippen, Aufreißen der Augen und Brauenheben.

Laute, die eine positive Stimmung des Babys anzeigen, mit ganz anderen Verhaltensmustern als auf Laute, die auf eine negative Stimmung ihres Kindes schließen lassen. Da sich zwischen industrialisierten und nichtindustrialisierten Kulturen keine Unterschiede ergaben, kann davon ausgegangen werden, daß solche Dialoge nach universalen Regeln gesteuert werden.

Ein sehr wichtiges mimisches Signal der freundlichen Kontaktaufnahme ist das Lächeln, und es ist schon bei Neugeborenen zu beobachten. Zunächst tritt es spontan auf, sogar taubblind geborene Kinder zeigen es. Erst im Alter von etwa zwei Monaten kann der Säugling sein Lächeln als soziale Antwort in der Interaktion einsetzen. Aber seine positive Wirkung entfaltet es auch schon vorher, wenn die Mutter von ihrem drei Tage alten Baby sagt: »Wie niedlich es mich jetzt anlächelt!«

Mit zunehmendem Alter des Kindes werden die Mutter-Kind-Interaktionen echte Dialoge. Die Spiele der beiden entsprechen jeweils der Altersstufe des Kindes, wobei die Mutter das Kind zu Spiel und Dialog ermutigt und es dazu herausfordert, sich komplizierteren Interaktionsmustern zuzuwenden. Spürt sie aber, daß das Baby damit überfordert ist (es wendet sich z. B. ab), dann geht sie mit ihren Spielaufforderungen wieder auf eine einfachere Stufe zurück. Um es noch einmal zu betonen: All das geschieht normalerweise unbewußt, ohne daß die Mutter darüber nachgedacht hat.

Von einigen Spielen zwischen Mutter und Kind weiß man, daß sie überall auf der Welt gespielt werden. Diese Spiele thematisieren tief verwurzelte menschliche Bedürfnisse. Eines davon soll exemplarisch vorgestellt werden:

> Weltweit verbreitet sind die Versteckspiele, die »Kuckuck-Dada«-Spiele. Wenn das Gesicht der Mutter hinter einem Gegenstand verschwindet und plötzlich wieder auftaucht, dann ist dieser Augenblick von höchster Lust für das Kind, hat es doch vorher, wenn auch spielerisch, den Abbruch des Kontaktes erlebt. Ein Thema in Spielen dieser Art sind Realität und Schein: Das Kind erlebt, wie das sein könnte, wenn die Mutter nicht mehr da ist, zugleich aber weiß es aus der Spielerfahrung, daß sie gleich wieder auftauchen wird. Abschiedsschmerz und Wiederkehr, diese beiden urmenschlichen Themen, werden von dem Kind in diesem Spiel geübt und bewältigt.

Es ist offensichtlich, daß dieses dialogische Spielen neben seinen Auswirkungen auf die persönliche Bindung auch dem Erwerb sozialer Kompetenz im Umgang mit Mitmenschen dient. Weiter kann der Inhalt der Dialoge auf spezielle soziale Fähigkeiten abzielen (Geben – Nehmen, Trennung – Wiedersehen).

Wirkung der Mutter-Kind-Bindung

Die enge Bindung an eine Hauptbezugsperson – in der Regel die Mutter – gibt dem Kind Schutz: den physischen, der in früherer Zeit wichtiger war als heute, und den psychischen, der heute so wichtig ist wie früher. Wie tief verankert bei Mensch und Tier diese Schutz-Funktion der Mutter ist – zu ihr kann man sich in Notlagen aller Art flüchten –, soll an einem paradoxen Beispiel demonstriert werden.

Man kann Jungtiere auf eine Mutter-Attrappe, also auf eine künstliche Mutter prägen, der sie in ähnlicher Art wie einer natürlichen Mutter anhängen, ihr nachlaufen, sich an sie klammern usw. Das wurde bei Vögeln, Hunden, Affen untersucht. Rajecki et al. (1978) ließen von einer solchen künstlichen Mutter schmerzhafte Strafreize ausgehen, was erstaunlicherweise die Bereitschaft der Jungtiere, zu dieser Mutter zu flüchten, nicht verringerte, sondern im Gegenteil noch erhöhte. Es schien so, als ob die Jungen gegen alle Erfahrung davon überzeugt seien, daß ihre eigene Mutter diesen Schmerz nicht hervorrufen könne, sondern sie im Gegenteil davor beschützen werde.

Gleiches scheint für Menschenkinder zu gelten. Beobachtungen zeigen immer wieder, daß von der Mutter mißhandelte Kinder trotzdem eine Bindung zu ihr aufbauen, die oft besonders eng ist. – Wie ist das zu erklären? Angst und Schmerz verstärken ganz allgemein das Bindungsverhalten. Deshalb suchen Tier-und Menschenkinder besonders in einer solchen Situation Zuflucht bei ihrem Schutz und Sicherheit versprechenden »Bindungsobjekt«, in der Regel also bei ihrer Mutter. Daß die Gefahr von dort ausgeht, ist offenbar so unwahrscheinlich, daß sich dafür im Laufe der Evolution keine besonderen Erkennungsmechanismen herausgebildet haben. Eine ihr Kind mißhandelnde und vernachlässigende Mutter war wohl immer die Ausnahme. Außerdem ist davon auszugehen, daß diese Mütter im Verlaufe der Stammesgeschichte ihr Genmaterial nicht weitergeben konnten, weil ihre Kinder/Jungtiere an mangelnder mütterlicher Fürsorge starben. Der Normalfall ist also eine fürsorgliche Mutter, und so konnte sich für Jungtiere und Kinder die klare Devise herausbilden: »Bei Schmerz und Angst suche engen Kontakt mit der Mutter!«

Nur eine feste und verläßliche Bindung ermöglicht es einem Säugling und Kleinkind, neugierig zu sein, zu spielen und zu lernen. Andernfalls überwiegt die Angst so sehr, daß die Lust auf neue Erfahrungen minimal wird. Die Nähe und Verfügbarkeit der Bezugsperson(en) während der ersten Lebenszeit bilden den Grundstock des Urvertrauens, dessen Vorhandensein oder Fehlen sich auf das gesamte Leben auswirkt. Um als Kind, aber auch später als Erwachsener unabhängig und neugierig die Welt zu erobern zu können, braucht man in der frühen Kindheit die Erfahrung, sich in eine Geborgenheit zurückziehen zu können, wenn die »Welt draußen« zu gefährlich wird. Die Geborgenheit in der persönlichen Bindung ist auch eine Voraussetzung für Explorieren und Lernen. Es hängt vom Alter ab, ob das Bindungsobjekt körperlich vorhanden sein muß oder ob die Bindung bereits verinnerlicht wurde.

In industrialisierten Kulturen, wo die Mütter ihre Kinder nicht ständig mit sich herumtragen und überhaupt weniger Körperkontakt zum Kind besteht, finden wir oft »Mutter-Ersatz«-Objekte. Das sind Kuscheltiere, weiche Lappen oder Schmuseobjekte, an die die Kinder sich gewöhnt haben, die sie sehr lieben und mit sich herumtragen. Ganz besonders verlangen die Kinder nach ihnen, wenn sie (z. B. abends im Bettchen) allein sind oder wenn sie Angst haben. Man kann sagen, daß die Kinder eine Bindung an diese Objekte aufgebaut haben, die ihnen hilft, eine zeitweilige Trennung von der Mutter zu überwinden. Bei Naturvölkern gibt es keine derartigen Mutter-Ersatz-Objekte, die Kinder dort bedürfen ihrer offenbar nicht. Der Gebrauch von Sicherheitsobjekten zeigt an, daß es einem Kind an Zuwendung fehlt, er zeigt aber gleichzeitig, wie anpassungsfähig Kleinkinder sind.

Das Fremdeln

Ungefähr im Alter von acht Monaten, oft auch schon früher, entwickeln Kinder Angst vor fremden Menschen, ohne daß sie negative Erfahrungen mit unbekannten Menschen gemacht haben müssen. Diese *Achtmonatsangst* (Spitz 1965) tritt bei den einzelnen Kindern in unterschiedlicher Stärke auf und ist keine Besonderheit unserer Kultur, sondern überall zu finden. Sie ist dadurch gekennzeichnet, daß das Kind sich furchtsam abwendet und bei einer vertrauten Person Schutz sucht, wenn es auf auf einen Fremden trifft, sich aber in diesem Schutz dem fremden Menschen neugierig zuwendet.

Wie kann man das Fremdeln erklären? In diesem Alter entwickeln Kinder ein stärkeres soziales Interesse. Diese starke soziale Neugier kommt, wie Bischof (1985) annimmt, mit dem Bestreben nach Sicherheit in vertrauten Beziehungen in Konflikt. Von diesen beiden Antrieben, dem Sicherheitsbedürfnis und der sozialen Neugier, überwiegt je nach Situation einmal der eine und einmal der andere.

So kann sich das Kind, wenn sein Sicherheitsbedürfnis auf dem Arm der Mutter befriedigt ist, interessiert der fremden Person zuwenden. Wenn aber nun der fremde Mensch seinerseits sich dem Kind nähert und versucht, es vielleicht sogar anzufassen, dann wird das Neugierverhalten durch aufkommende Angst zurückgedrängt und das Sicherheitsstreben ist vorrangig, das Kind wendet sich ab. Mit zunehmendem Alter verschieben sich die Schwerpunkte in diesem System, das Kind ist sicherer geworden, und die Neugier wird immer wichtiger.

Scheu vor Fremden ist eine menschliche Eigenschaft, die während des ganzen Lebens mehr oder weniger erhalten bleibt. Auch Erwachsene erleben in ähnlicher Weise wie das Kleinkind im Fremdelalter Gefühle von Scheu und Angst, gemischt mit Neugier und der Tendenz zur freundlichen Zuwendung. Auch hier überwiegt je nach Stimmungslage, Persönlichkeit und individuellen Vorerfahrungen das eine oder das andere.

Um es noch einmal zu betonen: Im Fremdelalter, in der Phase der *Achtmonatsangst*, tritt erkundende Neugier gegenüber sozialen Objekten als starke Motivation auf und gefährdet damit das in solchen Situationen bis dahin stabile psychische Gleichgewicht. Das Kind ist in diesem Alter ja auch an der Schwelle der selbständigen Fortbewegung. Es muß aus dem engen sicheren Rahmen heraus, seine Entwicklung geht weiter und macht im Alter von sieben bis neun Monaten stürmische Veränderungen durch. Unter anderem erwirbt das Kind jetzt die Fähigkeit, versteckte Objekte zu finden. Wie immer gibt es an solchen Schnittstellen der Entwicklung auch erhebliche Verunsicherungen.

Bindung an weitere Personen

Genauso wenig wie die Jungtiere nichtmenschlicher Primaten sind Menschenkinder ausschließlich auf eine duale Mutter-Kind-Beziehung angelegt, sondern auf vielfältige Beziehungen zu Mitgliedern der Familie bzw. der Gruppe. Nur in der ersten Lebenszeit ist die Bindung an die Mutter das Wichtigste, sehr bald treten weitere Bindungen hinzu. Das wird durch die starke Neigung der Familien- und Gruppenmitglieder, sich einem Säugling zuzuwenden, erleichtert. Die neugierige und wohlwollende Zuwendung zu einem Baby und Kleinkind ist in allen Kulturen zu finden, wir können sie sogar bei Menschenaffen beobachten.

Was uns sogar bei einem fremden Kind derartig anzieht, ist das sogenannte *Kindchenschema* (Lorenz 1943). Auf bestimmte Merkmale, die für Kleinkinder typisch sind – wie die dicken Backen, die relativ großen Augen, die hohe Stirn – reagieren wir mit Zuwendung und Kontaktversuchen (Schleidt et al. 1980). Dazu kommen das tolpatschige Verhalten der Kleinkinder und ihre Hilfsbedürftigkeit. Das Kindchenschema ist vom Krabbelalter an, wenn die Kinder erstmalig selbständig mit anderen Menschen in Kontakt kommen können, ganz besonders ausgeprägt. So schaffen es diese niedlichen Kleinen, sich ihre Mitmenschen gewogen zu halten. Was läßt man sich nicht alles von ihnen gefallen! Säuglinge und Kleinkinder wachsen also normalerweise in einem sozialen Umfeld auf, das von Zuneigung und Hilfsbereitschaft geprägt ist.

Personen, die sich mit dem Kind besonders oft beschäftigen, werden zu weiteren Bezugspersonen, auf die das Kind sich einstellt. In unserer Kultur wie bei Naturvölkern sind das in erster Linie der *Vater* und die *Geschwister*, häufig die *Großmütter*. Auch für diese Bindungen gibt es wieder Beispiele bei den Menschenaffen, die zeigen, wie tief manche sozialen Strukturen in unserem Erbe verwurzelt sind.

Die *Bindung zwischen Vater und Kind* scheint typisch menschlich zu sein, bei nichtmenschlichen Primaten finden wir sie sehr selten. Sowohl in Naturvölkern als auch in Industrienationen haben Väter zärtliche und intensive Beziehungen schon zu ihren Säuglingen, auch wenn es sich um aggressive und kriegliebende Männer wie z. B. südamerikanische Indianer (Abb. 6) oder Papuas aus Neuguinea handelt (Eibl-Eibesfeldt et al. 1989). Väter haben das gleiche Repertoire an Betreuungs- und Zuwendungshandlungen wie Mütter. Sie unterscheiden sich aber in der Art des Spielens mit dem Kind, Väter machen mehr Bewegungsspiele und stimulieren die Kinder mehr als die Mütter. Schon Neugeborene werden vom Vater stärker geschaukelt und mehr angereizt.

Auch das Geschlecht des Kindes wirkt sich auf das elterliche Verhalten aus: Das gegengeschlechtliche Kind erhält mehr emotionale Zuwendung. So drücken Mütter ihre kleinen Buben öfter und länger an sich als ihre kleinen Töchter, mit denen die Väter wiederum mehr schmusen als mit ihren kleinen Söhnen. Dem gleichgeschlechtlichen Kind geben die Eltern mehr Anregung und Spiel. Das könnte eine der Ursachen dafür sein, daß ältere Jungen ihren Vater als Interaktionspartner für ihre Aktivitäten bevorzugen, ältere Mädchen hingegen ihre Mutter.

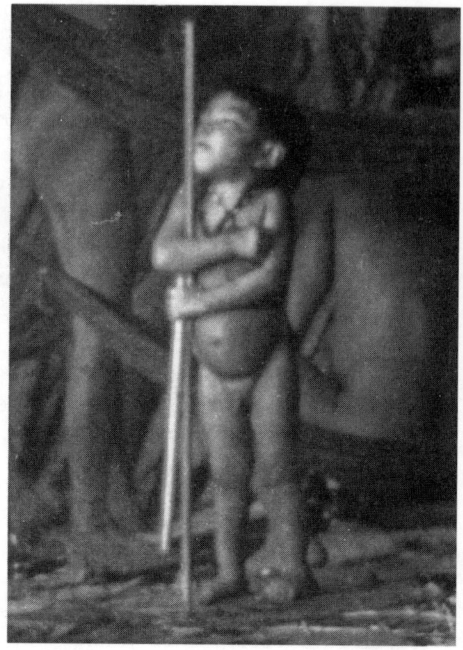

Abb. 6 Identifikation und Imitation bei einem Jungen der Yanomami, Venezuela. Der Mann steht in kriegerischer Pose und hält seine Speere senkrecht in den Händen. Der kleine Junge ahmt die Haltung mit Stöcken nach.

Durch den Umgang mit Vater und Mutter und ermutigt durch die Umgebung, wachsen die Kinder in die Rolle des gleichgeschlechtlichen Elternteils hinein, um sich schließlich mit dieser Rolle zu identifizieren. Dieses Muster der Rollenidentifikation ist in unseren industrialisierten Gesellschaften nicht mehr ganz so deutlich wie in vorindustriellen, aber doch immer noch vorhanden und wichtig.

Die Bindung zu den Geschwistern sowie anderen Kindern nimmt zu, wenn das Kind laufen kann. Dann beginnt es bei Naturvölkern in die *Kinderspielgruppe* (Abb. 7) hineinzuwachsen. Dabei ist es zunächst Zuschauer, betreut von älteren Kindern, später nimmt es aktiv teil. Da diese Kinderspielgruppen – anders als in unseren Kindergärten – aus Kindern verschiedener Altersstufen bestehen, kann sich jedes Kind an älteren Kindern orientieren, von ihnen lernen und wird von ihnen auch unterwiesen. So lernen die Kinder spielerisch die Regeln des Zusammenlebens. Auch bei

Abb. 7 Kinderspielgruppe bei den !Ko-Buschleuten, zentrale Kalahari.

uns gab es früher häufig solche altersgeschichteten Spielgruppen. Jetzt sind sie durch die geringe Kinderzahl in den Familien sowie durch die Lebensumstände der Kinder in den Städten und Dörfern selten geworden.

Auch für ältere Kinder und Jugendliche ist die Identifikation mit einer Gruppe von Freunden äußerst wichtig. Die Spielregeln in einer solchen Gruppe werden übernommen und eingehalten, was allerdings dann problematisch werden kann, wenn grundsätzlich andere Regeln aufgestellt werden, als sie in der Welt der Erwachsenen gelten. Das ist ein typisches Problem unserer Gesellschaft, wo Traditionen oft abreißen und eine Protesthaltung sehr lange beibehalten wird. Bei Naturvölkern werden die Verhaltensregeln der Elterngeneration übernommen, weil sich die Kinder mit ihren Eltern identifizieren und weil die soziale Kontrolle in einer Gruppe, wo jeder jeden kennt, groß ist. Außerdem hat man dort kaum die Gelegenheit, andere Möglichkeiten kennenzulernen und dann zu wählen.

Interessant ist, wie früh Kinder sich auf verschiedene Persönlichkeiten einstellen können und ihre Beziehungen dementsprechend gestalten. Ihre Bindungen zu verschiedenen Menschen sind graduell abgestuft und qualitativ verschieden. So können Kinder z. B. eine sichere Bindung an ihren Vater und eine unsichere an ihre Mutter haben oder umgekehrt (was man durch einen Test im Alter von einem Jahr feststellen kann). Die Beziehungen zu anderen Menschen als der Mutter bewähren sich auch dann, wenn das Kind besonders irritiert oder trostbedürftig ist. So kann es sich z. B. im Fall der Abwesenheit der Mutter oder nach der Geburt eines Geschwisterchens verstärkt Zuwendung bei anderen holen. Die wichtigste Funktion scheint aber die zu sein, daß Interaktionen mit vielen verschiedenen Menschen die soziale Kompetenz des Kindes erhöhen, was ihm während seines ganzen Lebens zugute kommt.

Lockerung der Bindung

Die feste und enge Bindung des Kindes an seine Hauptbezugsperson, die Mutter, lockert sich im Laufe der Zeit mit seiner zunehmenden freien Beweglichkeit und Selbständigkeit. Das verändert aber keineswegs die Intensität der Gefühle sowohl der Mutter als auch des Kindes. Dieser Prozeß der Lockerung verläuft sukzessive über Jahre, allerdings unterbrochen von Phasen, in denen er sich beschleunigt.

Im Alter von zwei bis drei Jahren ist ein solcher Selbständigkeits-Schub zu bemerken, der sicher auf Grund alter biologischer Zusammenhänge entstanden ist. Er fällt nämlich mit dem Zeitpunkt des Abstillens zusammen, der bei Naturvölkern – und früher auch bei uns – zwischen zwei und drei Jahren liegt, oft verbunden mit einer erneuten Schwangerschaft der Mutter. Zu dieser Zeit ist das Kind neugierig auf Erweiterung seines Bekanntenkreises, es strebt z. B. in die Kinderspielgruppe und ist jetzt auch bereit, sich für längere Zeit von der Mutter zu trennen. Wenn die Mutter zu diesem Zeitpunkt erneut schwanger ist, ist es auch für sie wichtig, daß das Kind selbständiger wird.

Die Selbständigkeitsbestrebungen des Kindes in diesem Alter äußern sich in vielen Bereichen. So will es jetzt absolut alles allein machen, und es will auch den Erwachsenen bei ihren Tätigkeiten helfen. Daß die *Sauberkeitserziehung* in diesem Alter der beginnenden Autonomie besonders leicht glückt, ist nicht verwunderlich. Häufig auftretende *Trotzreaktionen* – man spricht ja auch vom Trotzalter – gehören in dieses Bild. Mit eigensinnigen Verweigerungen testet das Kind die Grenzen seiner Macht; es prüft, wie groß sein Durchsetzungsvermögen gegenüber seinen Eltern ist. Anders als durch solches Ausprobieren ist es ihm nicht möglich, Grenzen wirklich abzustecken, da ein Kind in diesem Alter nur sehr bedingt zu den dafür erforderlichen vernünftigen Verhandlungen fähig ist. Für die Ordnung des Systems ist es notwendig, daß die Eltern diese Grenzen klar aufzeigen und die Machtverhältnisse offengelegt werden: Das Kind erfährt so, daß die Eltern zwar letztlich entscheiden, aber ihm in diesem Rahmen Freiraum zubilligen und seine Selbständigkeit auch fördern. Für das Kind sind Eltern, die Grenzen bestimmen können, gleichzeitig auch stark. Von starken Eltern beschützt zu sein, ist etwas sehr Wichtiges gerade auch in der Phase der beginnenden Eroberung der Welt. Autorität ist also notwendig: Eltern, die »sich alles gefallen lassen«, verunsichern ihr Kind, das außerdem dann nicht lernen kann, warten zu können und sich anzupassen. Antiautoritäre Erziehung im Sinne einer »Laisser-faire«-Erziehung hat keine glücklichen Kinder hervorgebracht, sondern kleine, unglückliche Tyrannen (Prekop 1988).

An die Dynamik der Eltern-Kind-Beziehung, besonders der zwischen Mutter und Kind, werden in dieser Phase der beginnenden Autonomie bei gleichzeitiger Lockerung der Bindung hohe Anforderungen gestellt. Das ist selbst bei Naturvölkern zu sehen, wo das Kind mehr als bei uns gleichzeitig in die Gruppe eingebunden ist. Beide Partner müssen (und wollen) zu dieser Zeit den anderen freigeben, beide müssen (und wollen) sich in ihren Verhaltensweisen umstellen. All das ist aber offenbar für Menschen von Kind an schwierig. Man stellt sich nicht gerne um, es ist bequem, im Alten zu verharren, während das Neue zwar sehr attraktiv ist, aber gleichzeitig auch Angst bereitet. Aus den widerstrebenden Impulsen können sich Spannungen ergeben.

Die Lockerung der Bindung zwischen Mutter und Kleinkind scheint paradoxerweise leichter zu gelingen, wenn die Bindung sehr eng und sicher ist. Das sieht man sowohl im individuellen Fall, also bei einzelnen Kindern, als auch beim Vergleich zwischen Kulturen.

> So beobachtete Konner (1977) bei den Kalahari-Buschleuten, daß zwei bis fünf Jahre alte Kinder weniger Nähe zu ihrer Mutter und weniger Interaktionen mit ihr zeigten, hingegen mehr Interaktionen mit anderen Kindern als gleich alte Kinder in London. Die Buschmann-Kinder hatten als Babys alle eine sehr enge Bindung an ihre Mutter gehabt, wurden im Gegensatz zu den englischen Kindern immer im Körperkontakt gehalten und nach Belieben gestillt.

Die Lockerung der Bindung im Alter von zwei bis drei Jahren kann man eine »zweite Abnabelung« nennen (Schiefenhövel 1979). Diese Bezeichnung betont sowohl die Wichtigkeit als auch die Schwierigkeiten des Prozesses. Ihr Glücken ist von entscheidender Bedeutung für das weitere psychische Wohlergehen von Mutter und Kind. Ihr Mißlingen beeinträchtigt das seelische Reifen des Kindes. Gleiches gilt für die andere große Abnabelung während der Ontogenese, die Pubertät. Hier wird das Band zu den Eltern endgültig gelockert, weil die kindliche Sozialisation weitgehend beendet ist und der Jugendliche zum Erwachsenen wird. Auch in dieser Phase wird manchmal geklammert, besonders in unseren hochzivilisierten Gesellschaften. Wenn der Jugendliche sich nicht loslösen will, so könnte man meinen, daß es Vorteile brächte, so lange wie möglich von den Eltern zu »zehren«. Die Kosten-Nutzen-Rechnung ergibt auf den ersten Blick starke Vorteile für den Jugendlichen, wenn er die Unterstützung der Eltern möglichst lange verlangt. Da damit aber zugleich seine Selbständigkeit unterbunden und seine Abhängigkeit gefördert wird, ist ein solches Verhalten für eine störungsfreie Entwicklung, die letztlich zur vollständigen Autonomie führen soll, sicher schädlich und nicht adaptiv.

Bedeutung der langen Kindheit und Jugend

Bedingt durch das Ausmaß des Lernens, das er zu bewältigen hat, bevor er als erwachsenes Mitglied seiner Gruppe selbständig sein kann, hat der Mensch von allen Lebewesen die längste Kindheit und Jugend.

Man kann in diesem Zusammenhang manchmal hören, daß der große Unterschied zwischen Naturvölkern und modernen technisch-industrialisierten Kulturen gerade im kulturspezifischen Lernen läge und deshalb die Kindererziehung der Naturvölker nicht mit der unserer Gesellschaft verglichen werden könne. Bei uns müsse viel umfänglicher und vielseitiger gelernt werden. Kinder und junge Leute gingen auf Schulen, auf Universitäten, sie müßten sich in der modernen Technologie und Wirtschaft zurechtfinden. Deshalb müßten sie, so lautet der Einwand, schon als kleine Kinder auf all dies vorbereitet werden, damit sie sich später als Erwachsene erfolgreich in unserer Welt bewähren könnten.

Worin aber kann die *spezielle Vorbereitung der Kleinkinder* auf dieses kulturspezifische Lernen bestehen? Immer doch darin, daß die Kinder in den ersten Lebensjahren »Sicherheit tanken«. Wie bereits gesagt, sind Neugier- und Explorationsverhalten – die Grundlagen von Wissenserwerb – an Sicherheit und Selbstvertrauen gekoppelt. Diese werden in der ersten

Lebenszeit dadurch erworben, daß Bezugspersonen verläßlich zur Verfügung stehen und die Kinder in diesem Lebensabschnitt nicht zu viel Angst und Unsicherheit erfahren müssen. Neben der Begabung ist diese Grundlage der Lernfähigkeit somit eine humanethologische Konstante, die nichts mit den Inhalten des späteren kulturspezifischen Lernens zu tun hat.

Das Lernen in der Kindheit beschränkt sich nun nicht allein auf das Wissen über Objekte und den Umgang mit ihnen, sondern ist vor allem ein Lernen im sozialen Bereich. In der frühen Kindheit bezieht sich das soziale Lernen vor allem auf die Eltern. Man kann hier von prägungsähnlichen Lernformen sprechen, denn früh erworbene Verhaltensweisen und -regeln haften zeitlebens sehr fest. Das wird besonders dann deutlich, wenn es sich um Verhalten handelt, das sich später als nutzlos und eher schädlich erweist, weil es nur im speziellen Rahmen der Beziehung zu Bezugspersonen der Kleinkinderzeit Erfolg gebracht hat. Es ist nämlich sehr oft nahezu unmöglich, ein derartiges unangepaßtes Verhalten abzustellen oder zu verändern; in manchen Fällen gelingt es mit psychotherapeutischer Hilfe.

Das Kind ist stammesgeschichtlich programmiert, vorrangig all das zu lernen, was sich in seiner speziellen Mutter-Kind-Bindung als nützlich erweist. Im allgemeinen sind das soziale Interaktionsformen, die das Kind später erfolgreich auch auf andere Personen anwenden kann. Manchmal aber sind es, wie gesagt, Verhaltensweisen, die im Umgang mit anderen Menschen nicht vorteilhaft sind, weil sie nur auf einen ganz bestimmten Menschen zugeschnitten waren. Da ist es gut, wenn das Kind Bindungen auch an weitere, anders strukturierte Menschen hat. Dadurch können ausgleichend andere Interaktionsformen gelernt werden.

Die Art und Weise der Beziehungen zu den Hauptbezugspersonen ist aber für das Kind trotzdem richtungweisend, was soziale Kommunikation betrifft, und die Qualität dieser ersten Beziehungen bestimmt entscheidend auch die späteren. Grob vereinfacht ausgedrückt liegt dahinter die phylogenetische Anweisung: »Die Eltern haben überlebt, also lerne von ihnen, wie man es macht!«. Dieses »wie« kann natürlich besser oder schlechter sein. So ist es langfristig gesehen besser, wenn ein Kind sicher gebunden ist, denn es zeigt sich, daß es im Schulalter deutlich positivere Erfahrungen mit Lehrpersonal und Mitschülern macht als ein unsicher gebundenes Kind. Zwar können die spezifischen Interaktionsmuster des unsicher gebundenen Kindes als gute Strategie in der Beziehung zu seiner Mutter aufgefaßt werden, denn es verhält sich spiegelbildlich zu ihr, und beide können so miteinander kommunizieren. Nur ist eine solche spezielle Interaktionsstrategie, die an eine ganz bestimmte soziale Situation angepaßt ist, schwer mit Erfolg auf andere Situationen zu übertragen.

Die Verhaltensregeln und Wertvorstellungen der eigenen Familie und der Gruppe, in der man lebt, werden im Laufe der Kindheit und Jugend verinnerlicht. Der Unterschied, der zwischen verschiedenen Kulturen in Verhalten, Sitten und Gebräuchen besteht, muß auf solch ein soziales Lernen zurückgeführt werden.

So gibt es kriegerische und friedliebende Kulturen, und dieser Unterschied ist nicht etwa auf eine unterschiedliche Behandlung der Kleinkinder zurückzuführen. Humanethologische Beobachtungen haben gezeigt, daß bei allen Naturvölkern die Säuglinge und Kleinkinder Bezugspersonen haben, die sie mit viel Liebe betreuen. Verhaltensunterschiede zwischen den Kulturen kommen also nicht dadurch zustande, daß kriegerische Völker ihre Säuglinge härter behandeln als friedliebende, sondern dadurch, daß sich die Kinder mit ihren Eltern identifizieren und ihr Verhalten und ihre Verhaltensregeln übernehmen. Das können sie offenbar leichter, wenn sie als Säuglinge eine starke Bindung zu ihnen aufbauen konnten. Neben dem Lernen durch Identifikation werden die Kinder natürlich auch durch Erziehung in die gewünschte Richtung geleitet. Genauso unterschiedlich können die Verhaltensnormen und die Sozialisation in einzelnen Familien unserer Kultur sein. Immer aber ist die emotionale Bindung an die Bezugspersonen die Voraussetzung zur Übernahme kulturspezifischer Verhaltensweisen.

Literatur

Ariès, P. (1978): Geschichte der Kindheit. München.

Bischof, N. (1985): Das Rätsel Ödipus. München.

Eibl-Eibesfeldt, I. (1984): Biologie des menschlichen Verhaltens. München.

Eibl-Eibesfeldt, I., Schiefenhövel, W., Heeschen, V. (1989): Kommunikation bei den Eipo. Berlin.

Erikson, E.H. (1950): Childhood and Society. New York.

Freeman, D. (1983): Liebe ohne Aggression. Margaret Meads Legende von der Friedfertigkeit der Naturvölker. München.

Haarer, J. (1951): Die Mutter und ihr erstes Kind. München.

Hassenstein, B. (1973, 4. Auflage 1987): Verhaltensbiologie des Kindes. München.

Hay, D.F., Vespo, J.E. (1988): Social Learning Perspectives on the Development of the Mother-Child Relationship. In: Birns, B., Hay, D.F. (Hrsg.): Different Faces of Motherhood. New York, S. 73–96.

Keller, H. (1989): Kontinuität und Entwicklung. In: Keller, H. (Hrsg.): Handbuch der Kleinkindforschung. Berlin, S. 163–180.

Keller, H., Schölmerich, A., Eibl-Eibesfeldt, I. (1988): Communication Patterns in Adult-Infant-interaction in Western and Nonwestern Cultures. In: Journal of Cross-Cultural Psychology 19, S. 427–445.

Konner, M. (1977): Infancy Among the Kalahari Desert San. In: Leiderman, P.H., Tulkin, S.R., Rosenfeld, A. (Hrsg.): Culture and Infancy. New York, S. 287–328..

Lorenz, K. (1935): Der Kumpan in der Umwelt des Vogels. In: Journal für Ornithologie 83, S. 137–213, 289–413.

Lorenz, K. (1943): Die angeborenen Formen möglicher Erfahrung. In: Zeitschrift für Tierpsychologie 5, S. 235–409.

Papousek, H., Papousek, M. (1987, 2. Auflage): Intuitive Parenting: A Dialectic Counterpart to the Infant's Integrative Competence. In: Osofsky, J.D. (Hrsg.): Handbook of Infant Development. New York, S. 669–720.

Prekop, J. (1988): Der kleine Tyrann. München.

Rajecki, D.W., Lamb, M.W., Obmascher, P. (1978): Towards a General Theory of Infantile Attachment: A Comparative Review of Aspects of the Social Bond. In: The Behavioral and Brain Sciences 3, S. 417–464.

Schiefenhövel, W. (1979): Das Kind bei Naturvölkern und bei uns – Gedanken zum Jahr des Kindes. In: Curare 2, S. 79- 86.

Schiefenhövel, W. (1988): Geburtsverhalten und reproduktive Strategien bei den Eipo. Berlin.

Schiefenhövel, W. (1989): Ethnologisch-humanethologische Feldbeobachtungen zur Interaktion mit Säuglingen. In: Pachler, J.M., Straßburg, H.-M. (Hrsg.): Der unruhige Säugling. Lübeck, S. 25–46.

Schleidt, M., Schiefenhövel, W., Stanjek, K., Krell, R. (1980): Caring for a Baby's Behavior: Reactions of Passersby to a Mother and Baby. In: Man-Environment Systems 10, S. 73- 82.

Spitz, R.A. (1945): Hospitalism. In: Psychoanalytic Studies of the Child 2, S. 313–324.

Spitz, R.A. (1965): The First Year of Life. New York.

Fremd und vertraut – Ethnologie, die Wissenschaft von anderen Kulturen

Gabriele Herzog-Schröder

Die Begriffe »fremd« oder »das Fremde« wie auch »die Fremde« widersetzen sich einer eindeutigen Definition: Fremd ist, was wir nicht unmittelbar in die Raster unseres Verständnisses einordnen können, was uns in Erstaunen versetzt, uns verwirrt oder auch erschreckt. *Das* Fremde ist das Nicht-Identische und Unvertraute. Der Ausschnitt der räumlichen Welt, der uns unbekannt ist, ist *die* Fremde. Fremdes wird oft als feindlich empfunden. Wir begegnen ihm dann mit Abwehr. – Fremdes kann allerdings auch als anziehend empfunden werden, eine Stimmungslage, die sich mit dem Begriff »Exotik« umschreiben läßt. Räumliche Fernen und deren Bewohner werden dann als »edle Wilde« glorifiziert und idealisiert. Diese Sicht ist die Umkehrung der Abwehr des Nichtverständlichen. Beide Einstellungen, die Abwehr und die Anziehung durch das Exotische, schließen jedoch ein Verstehen des Fremden aus.

Fremd sein kann aber auch, was sich in unserer nächsten Nähe befindet. Auch unsere eigene Person, unsere Gefühle oder Emotionen können uns fremd erscheinen und sich zur Selbstentfremdung, zum Selbstverlust steigern. Umgekehrt mögen uns Phänomene aus entfernten Weltgegenden – von einem anderen Kontinent etwa – vertraut erscheinen. Dies ist dann der Fall, wenn es uns gelingt, eigene Vorstellungen oder Ideen, z. B. in Gebrauchs- oder Kunstobjekten, (scheinbar oder tatsächlich) wiederzufinden, die aus Kulturen stammen, die eigentlich ganz andere Traditionen haben als unsere eigene Kultur. Das Fremde beginnt also vertraut zu werden, kommt uns näher, wenn wir uns mit ihm auseinandersetzen. Diesen Umstand macht sich die Ethnologie zunutze. Sie, früher auch Völkerkunde genannt, ist die Wissenschaft, die sich mit der Kulturfremde beschäftigt.

Ethnologie als Wissenschaft

Die Ethnologie widmet sich im Gegensatz zur Volkskunde vor allem der Erforschung außereuropäischer Völker, zunächst mit der Beschränkung auf die sogenannten »schriftlosen« Kulturen. Mit dem allmählichen Verschwinden der Traditionalgesellschaften im eigentlichen Sinne weicht diese Einschränkung jedoch auf.

Für den Ethnologen stellt sich das Problem dar, daß er versuchen muß, die fremde Lebenspraxis aus deren eigenem Lebenszusammenhang heraus zu verstehen, ihm dafür zunächst aber nur die Kategorien seiner eigenen Lebenspraxis zur Verfügung stehen. Er muß den *Ethnozentrismus*, die Neigung, die eigene Kultur als die eigentliche und richtige Form des Menschseins zu begreifen, überwinden und – mehr noch – sich die eigenen kulturellen Prägungen bewußt machen, damit eine wissenschaftliche Beschäftigung mit der fremden Kultur allererst möglich wird.

Als sich die Ethnologie (in Deutschland unter dem Namen Völkerkunde) im letzten Jahrhundert etablierte, richtete sich ihr Forschungsinteresse zunächst auf die schriftlosen Völker, die um philosophischer Erkenntnis willen untersucht wurden: Im Gegensatz zu Angehörigen von Hochkulturen wurde den »Primitiven« oder »Wilden« eine stärkere Abhängigkeit von der Natur zugesprochen. Aufgrund dieser Annahme entstand die Bezeichnung »Naturvölker«, die man bisweilen auch heute noch hört. Diese Völker wurden vor allem in ihrem ursprünglichen, von Hochkulturen und Kolonialmächten unberührten Zustand als untersuchenswert erachtet. Doch hat sich innerhalb der Ethnologie der Blick mittlerweile geweitet und richtet sich nun auf Kulturen unterschiedlicher Ausprägung. Bei der Beschäftigung mit menschlichen Kulturen gewinnt insbesondere der Aspekt des Kulturwandels mehr und mehr an Bedeutung. Dies ist verständlich vor dem Hintergrund, daß die Erdbevölkerung mit ihrem zunehmenden Wachstum gezwungen ist, enger zusammenzurücken.

In den letzten Jahren hat sich das Fach Ethnologie eines enormen Interesses erfreut, was sich nicht zuletzt in der hohen Zahl der Ethnologiestudenten äußert. Dieser Umstand mutet erstaunlich oder be-*fremd*-lich an angesichts der Tatsache, daß derzeit auch die allerletzten bislang noch vom Sog der Zivilisation und Weltvernetzung verschont gebliebenen Stammeskulturen gezwungen werden, ihre Tradition aufzugeben. Absehbar ist, daß es bald keinen Fleck mehr auf der Erde geben wird, an dem Menschen noch unabhängig von der kapitalistischen Markt- und Geldwirtschaft, allein auf der Basis ihrer eigenen traditionellen Subsistenz- und Tauschwirtschaft, überleben können. Das schmerzliche Empfinden dieses Verlusts ist sicherlich ein Hauptgrund für das gestiegene Interesse an diesem Fach, auch wenn das »Fremde« in anderen

Kulturen wohl häufig als Projektionsfläche für exotische Phantasien herhalten muß. Doch ganz sicher spielt auch Hoffnung mit – Hoffnung auf die Bewahrung von alten Wissenstraditionen, die verlorenzugehen drohen, wie auch auf die Erhaltung alternativer Lebensformen, die in nicht allzu ferner Zukunft auch für unser Überleben auf diesem sich ökologisch stark verändernden Planeten von enormer Wichtigkeit werden könnten.

Zumeist wurde bzw. wird die ethnologische Forschung in kleinen, überschaubaren Gesellschaften durchgeführt. Ihr Gegenstand sind die Sitten, Gebräuche und Regeln der untersuchten Gesellschaften, die Vorstellungen von den Zusammenhängen des Lebens, das Verhältnis zu Raum und Zeit, die Verwandtschaftssysteme, die Glaubensinhalte usw. Die Ethnologie beschäftigt sich aber auch mit den Methoden der Existenzsicherung, den verschiedenen Formen der Nahrungsbeschaffung, des Handwerks und dem Verhältnis der einzelnen Kulturen zu ihrer jeweiligen natürlichen Umwelt.

Die Formen menschlicher Gesellung, des Rechts, der Religion usw. sind von Kultur zu Kultur verschieden und stellen jeweils spezifische Anforderungen an die Forschungsmethode. Neben dieser Fülle, die sich aus der Vielfalt der untersuchten Kulturen ergibt, sieht sich das Fach mit einem weiteren Problem konfrontiert, das sich aus der Komplexität einer jeden Kultur ergibt. Die Aufgabe der Ethnologie beschränkt sich nicht auf die Beschreibung einzelner Kulturen, sie muß heute kulturvergleichend vorgehen. Zudem ist die Epoche der großen Stammesmonographien, in denen ein Forscher eine Gesellschaft in all ihren Aspekten möglichst umfassend darstellte, Mitte dieses Jahrhunderts unwiederbringlich zu Ende gegangen. Heute gibt es auch kaum mehr eine Stammesgesellschaft, die nicht in Kontakt mit der westlich geprägten Industriekultur steht und – in welchem Ausmaß auch immer – von ihr beeinflußt ist. Zivilisatorische Einflüsse sind vielfältig und oft tiefgreifend, und auch die Präsenz des Ethnologen selbst verändert das Leben der untersuchten Gruppe. Alle diese Faktoren müssen berücksichtigt werden, wenn man Ethnologie vor Ort betreibt. Obgleich die Ethnologie keine exakte Wissenschaft im Sinne der Naturwissenschaften ist, versucht sie doch, nicht beim Sammeln empirischer Fakten über einzelne ethnische Gruppe stehen zu bleiben, sondern darüber hinaus zu allgemeingültigen Aussagen über kulturelle Phänomene zu gelangen. Als Kulturwissenschaft muß sie jedoch immer der Tatsache eingedenk sein, daß sich die von ihr erhobenen Fakten je nach dem Standpunkt des Betrachters unterschiedlich darstellen und sich oftmals auch nicht ohne weiteres verifizieren lassen.

Feldforschung als Methode der Datengewinnung

Die Methode der *Feldforschung* löste die vornehmlich im 19. Jahrhundert geübte Praxis der *Ohrensesselethnologie* ab, deren Vertreter niemals ihre Studierstuben verließen und sich niemals ins »Feld« begaben, sondern lediglich Berichte von Reisenden analysierten und theoretisch auswerteten.

Der Begriff *Feldforschung* bezeichnet den Aufenthalt eines ausgebildeten Wissenschaftlers bei einer ihm fremden Gesellschaft zu Forschungszwecken. Der Forscher hält sich über einen Zeitraum von mehreren Monaten – im Idealfall ein Jahr – bei der von ihm untersuchten Gruppe auf und lernt ihre Mitglieder sowie deren Verhalten und Gebräuche kennen. Dabei versucht der Wissenschaftler, sich so weit wie möglich aktiv an den Alltagsverrichtungen der zu untersuchenden Gruppe zu beteiligen. Diese spezifischen Ausprägungen der Forschungstätigkeit nennt man *teilnehmende Beobachtung*. Dahinter verbirgt sich natürlich nur ein Ideal, ein Anspruch, dem sich der Forscher je nach persönlichen Fähigkeiten und den äußeren Umständen so weit wie möglich anzunähern sucht. So ist die Unterstützung durch die Gruppe eine wichtige Voraussetzung für das Gelingen von Feldforschung. Zumeist sind es informell geführte Gespräche, die in einem Tagebuch zunächst unsystematisch festgehalten werden. Die Auswertung dieser Tagebuchaufzeichnungen sowie eine Fülle anderer systematisch gesammelter Daten wie Kartierungen, Zensus, gezielte Befragungen oder Statistiken münden in einen Feldforschungsbericht bzw. eine Ethnographie. Dabei wird das Ziel verfolgt, die Funktionsweise der fremden Kultur verstehen zu lernen. Bronislaw Malinowski, der oft als Vater der modernen Feldforschung bezeichnet wird, formulierte als Ziel der ethnographischen Feldforschung, »den Standpunkt des Eingeborenen, seinen Bezug zum Leben zu verstehen und sich *seine* Sicht *seiner* Welt vor Augen zu führen« (1979, S. 49).

Unter Ethnologie im engeren Sinne – im Unterschied zur Ethnographie – ist die vergleichende Auswertung des vom Ethnographen gesammelten Materials zu verstehen. Die Ethnologie als diejenige Wissenschaft, die sich die Erforschung fremder Völker zum Gegenstand gemacht hat, versucht dann auch allgemeine Gesetzmäßigkeiten für das Leben der Menschen in sozialen Verbänden zu formulieren.

Tradition: Kultur als überliefertes Wissen

Landläufig wird unter »Kultur« zumeist die Entfaltung hervorragender menschlicher Fähigkeiten – mit der Betonung künstlerischer und wissenschaftlicher Leistungen – verstanden. Die Bedeutung dieses Begriffs wird nicht selten von einem humanistischen Bildungsideal abgeleitet. Für den hier behandelten Aspekt der Fremdheit bietet sich allerdings ein viel weiter gefaßter Kulturbegriff an:

> »Kultur ist im weitesten Sinn das, was dich zum Fremden macht, wenn du von daheim fort bist. Sie umfaßt alle jene Überzeugungen und Erwartungen davon, wie Menschen zu sprechen und sich zu verhalten haben. Diese sind als Folge sozialen Lernens zur zweiten Natur für dich geworden. Wenn du mit Mitgliedern einer Gruppe zusammen bist, die deine Kultur teilen, mußt du nicht darüber nachdenken. Denn ihr alle seht die Welt in sehr ähnlicher Weise und ihr alle wißt im großen und ganzen, was ihr voneinander zu erwarten habt. Jedoch einer fremden Gesellschaft direkt ausgesetzt zu sein, verursacht im allgemeinen ein störendes Gefühl der Desorientierung und Hilflosigkeit, das ›Kulturschock‹ genannt wird.« (Block 1979, S. IX; Übersetzung G. H.-S.)

Diese Erklärung des Begriffs »Kultur« ist recht eingängig und trifft tatsächlich ins Zentrum dessen, was wir »Fremdes« bzw. »Vertrautes« nennen. Zur wissenschaftlichen Behandlung des Themas jedoch bedarf es einer strenger gefaßten Definition.

Vom Standpunkt der Ethnologie aus betrachtet, stellt sich »Kultur« in drei unterschiedlichen Ausformungen dar, die erst in ihrer Summe eine komplette Ganzheit ergeben: Der Begriff »Kultur« umfaßt erstens das menschliche Verhalten, zweitens das kulturspezifische Wissen, und er umschließt drittens auch die Gegenstände, die in dem spezifischen kulturellen Rahmen entwickelt wurden. Wir haben es also mit drei Aspekten der menschlichen Existenz zutun, die wir kurz *kulturelles Verhalten*, *kulturelles Wissen* und *materielle Kultur* nennen (Spradley 1980). Wenn wir nun »Wissen« nicht im eingeschränkten Sinn verstehen als spezifische Kenntnisse, wie sie etwa in institutionalisierten Bildungseinrichtungen vermittelt werden, sondern als all das erworbene Wissen, das Menschen benötigen, um sich in der Gesellschaft, der sie angehören, angemessen zu verhalten, dann kann der Begriff »kulturelles Wissen« auch als Überbegriff für »Kultur« verwendet werden. »Kultur« soll hier also – entsprechend der Übereinkunft innerhalb der Ethnologie – zunächst im Sinne von *»durch Tradition erlernt«* verstanden werden.

Insoweit Menschen selbst immer Mitglieder einer Kultur sind, ordnen sie ihre Wahrnehmungen und Erfahrungen gemäß des ideenbildenden und gedanklichen Systems, das die für ihre Kultur spezifischen Wissens- und Glaubensinhalte enthält. Dieses System nennt man auch das *kognitive System*. Umgekehrt kann man auch sagen, daß kulturspezifisches Verhalten weder hervorgebracht noch verstanden oder erklärt werden kann, wenn seine Bedeutung nicht bereits in irgendeiner Weise »gewußt« wird. Dasselbe gilt für die materielle Kultur: Weder kann ein Gegenstand produziert noch seine Funktion durchschaut werden, wenn nicht bereits ein Vorwissen gegeben ist. In diesem Sinne definiert Spradley Kultur als »das angeeignete Wissen, das Menschen benützen, um Erfahrung zu deuten und Verhalten hervorzubringen« (1980, S. 5; Übersetzung G. H.-S.)

Die drei genannten Teilaspekte von »Kultur« müssen auf verschiedenen Wahrnehmungsebenen analysiert werden: Kultur im Sinne von »kulturellem Wissen« läßt sich nur über die Hervorbringungen von Menschen, das heißt über ihr kulturelles Verhalten und über ihre Artefakte, ihre materielle Kultur, untersuchen, weil sich das kulturelle Wissen als solches naturgemäß einer direkten Beobachtung entzieht. Es muß folglich aus menschlichen Hervorbringungen abgeleitet werden und ist nur über *Interpretation* zugänglich: Verhalten wie auch materielle Kultur hingegen können vom Forscher *direkt* wahrgenommen und einer Überprüfung unterzogen werden. Die Analyse dieser Äußerungen und Leistungen ermöglicht es dann dem Ethnologen, zu Aussagen über eine Kultur insgesamt zu gelangen.

Der *kognitive Ansatz in der Ethnologie* geht davon aus, daß sich verschiedene Kulturen für die Klassifikation und Interpretation ihrer jeweiligen natürlichen und soziokulturellen Umwelt unterschiedlicher Denkmodelle und Begriffssysteme bedienen. Dieses Verständnis von Kultur wendet die kognitive Ethnologie bei ihrem eigenen Vorgehen praktisch an: Sie untersucht und beschreibt die fremde Gesellschaft in den dieser eigenen Kategorien. (In den angelsächsischen Ländern wird die »kognitive Ethnologie« oder »kognitive Anthropologie« je nach spezifischer Ausrichtung der Forschung »ethnoscience« oder »ethnomethodology« genannt.)

Im Rahmen der kognitiven Ethnologie ist auch der in den fünfziger und sechziger Jahren unternommene Versuch zu sehen, Kultur – ähnlich wie die Sprache – als ein Regelsystem zu verstehen und die ihr zugrundeliegende »Grammatik« zu ergründen. In diesem Zusammenhang prägte Pike (1967) in Anlehnung an die Begriffe *phonemisch* und *phonetisch* aus der Sprachanalyse das Begriffspaar *emisch* und *etisch*, das in der Ethnologie mittlerweile recht gebräuchlich geworden ist.

Der Begriff *Phon* bezeichnet den reinen Sprechlaut, das physikalische Ereignis und die meßbaren Voraussetzungen seiner Erzeugung, ohne daß Bedeutungsunterschiede hierbei irgendeine Rolle spielen. *Phonem* dagegen wird die kleinste lautliche und bedeutungsunterscheidende Einheit einer Sprache genannt. Beispiel für zwei Phoneme der deutschen Sprache sind »r« und »l«. Im Gegensatz zu zahlreichen anderen Sprachen, etwa dem Chinesischen oder dem Yanomami, führen diese beiden Phoneme im Deutschen Unterscheidungen in der Bedeutung herbei, wie bei »**L**ampe« versus »**R**ampe«. Im Deutschen unterscheiden wir dagegen nicht zwischen dem ch-Laut, wie er in dem Wort »ich« und dem, wie er in dem Wort »ach« vorkommt. Die beiden ch-Laute stellen in der deutschen Sprache unterschiedliche Phone, jedoch nur ein Phonem dar; sie unterscheiden sich also phon*etisch*, nicht aber phon*emisch*.

Emisch bedeutet nun in der Kulturanalyse, nach den Kategorien des *Handelnden* bzw. der untersuchten Gesellschaft vorzugehen, während mit *etisch* die Interpretation fremdkulturlicher Phänomene vom *wissenschaftlichen Standpunkt* aus gemeint ist. Mit anderen Worten: Etisch ist die Anwendung äußerer, zumeist wissenschaftlicher Kategorien für die Analyse, während emisch meint, daß man sich der Kategorien der untersuchten Gesellschaft selbst bedient, die Analyse also sozusagen »von innen« her anstellt.

Der Ethnologe, der den kognitiven Ansatz verfolgt, das heißt emisch vorgeht, muß in einem ersten Schritt das »kulturelle Wissen« der von ihm untersuchten Gesellschaft in einzelnen Aspekten analysieren und diese Ergebnisse dann in einem sinnvollen Zusammenhang bringen. Wichtig ist bei diesem Vorgehen – wie es bereits Bronislaw Malinowski forderte, lange bevor sich die Schule der kognitiven Anthropologie etablierte –, daß sich der Wissenschaftler auf den Standpunkt des Handelnden stellt und nicht auf den der Wissenschaft. Der von Malinowski formulierte Anspruch, sich »...den Standpunkt des Eingeborenen, seinen Bezug zum Leben zu verstehen und sich *seine* Sicht *seiner* Welt vor Augen zu führen«, entspricht der Forderung nach einer emischen Vorgehensweise. Nachdem er sein Modell durch Befragungen überprüft hat, interpretiert der Ethnologe dann das kulturelle Verhalten und die materielle Kultur einer Gesellschaft. Um das Verhalten eines Angehörigen einer fremden Kultur »verstehen« zu können, muß das System von Regeln, Überzeugungen und Werten modelliert werden, das das angemessene Verhalten einer Person in bestimmten sozialen Zusammenhängen abbildet.

Das »Wissen«, das die Deutung der unterschiedlichsten kulturellen Phänomene ermöglicht, fügt sich zu einem Geflecht von Aussagen über die Welt zusammen. Dem ethnologisch Forschenden geht es aber nicht nur um das Verständnis von Dingen und Verhaltensweisen und um deren mögliche Beziehungen zueinander, sondern auch um die Ideen und Ideale, die sich *hinter* den sichtbaren Erscheinungen verbergen.

Dabei geht der Ethnologe von dem in sich widersprüchlich erscheinenden Paradigma aus, daß er sich einerseits das Unbekannte vertraut machen, zugleich jedoch einen bestimmten Abstand wahren muß. Durch die Anpassung an soziale Zwänge wird in der eigenen Gesellschaft eine Objektivität ihr gegenüber paradoxerweise geradezu verhindert. Die eigene Gesellschaft erzeugt in ihren Mitgliedern Distanzlosigkeit. Wenn sich aber der Ethnologe in einer fremden Kultur befindet, erhofft er sich, daß es gerade deren Fremdheit und Unbekanntheit ist, die es ihm ermöglicht, im Bereich des Menschlichen bzw. Gesellschaftlichen objektiv zu sein. Das Außerhalb-der-fremden-Kultur-Stehen, das Nicht-Teilhaben an ihren Bewußtseinsinhalten also, erweist sich hier insofern nicht als Mangel, sondern als Vorteil.

Nur eine gewisse Distanz ermöglicht es, den Forschungsgegenstand »objektiv« zu erkennen. Will man kulturelle Universalien, also Gemeinsamkeiten *aller* Kulturen, analysieren, so eignet sich deshalb das Studium fremder Kulturen in besonderer Weise. Auf der Grundlage dieser Ergebnisse lassen sich dann gesellschaftenübergreifende Strukturen analysieren, wobei die eigene Kultur nur eine spezielle Ausformung dieser Strukturen darstellt. Insofern erhellt der ethnologische Blick letztendlich nicht nur die der fremden, sondern auch die der eigenen Gesellschaft zugrundeliegenden Strukturen.

Dem vergleichenden Studium von Verhaltensweisen widmet sich neben der Ethnologie aber auch eine verwandte und auf die biologischen Grundlagen abzielende Wissenschaft: die *Humanethologie*. In der Humanethologie werden bestimmte Universalien im menschlichen Sozialverhalten – wie Eltern-Kind-Interaktionen, Grußverhalten oder Feste, Drohen, freundliches Auftreten und Mienenspiel überhaupt – auf ihre Funktion als Anpassung an die Umwelt und die sozialen Bedingungen hin untersucht. Die Humanethologie versucht die biogenetischen Faktoren für kulturelles Verhalten aus der Sicht der Darwinschen Selektionstheorie zu bestimmen. Die Ethnologie dagegen hebt auf die kulturelle Ausprägung von menschlichen Verhaltensweisen ab, ohne die in der biologischen Natur des Menschen liegenden Wurzeln direkt zu berücksichtigen. Sie geht von der Kulturbegabung des Menschen aus und beginnt ihre Diskussion auf dieser Ebene. –

Soweit zum Thema der Distanz zu fremden Kulturen. Inwieweit ist aber ein wirkliches *Verstehen* von Fremden überhaupt möglich?

Das Problem des Fremdverstehens

Über das »Verstehen« fremder Kulturen und dessen methodologische Voraussetzungen findet innerhalb der Ethnologie eine lebhafte Diskussion statt. Die stationäre Feldforschung über einen längeren Zeitraum hinweg ist bereits als wichtiges Verfahren der Datenerhebung genannt worden. Die Ethnologie greift daneben selbstverständlich auch die überlieferten Informationen aus frühen Reiseberichten und Schilderungen von Missionaren, Händlern und Seeleuten auf. Diese historischen Quellen bieten oftmals Informationen, die überhaupt erst die Interpretation heute erhobener Feldforschungsdaten möglich machen.

Was nun die Ausdeutung der Daten betrifft, so stellt sich vor allem die *erkenntnistheoretische Frage*, ob wir Menschen überhaupt in der Lage sind fremde Menschen oder fremde Phänomene zu verstehen, die nicht in unserer Kultur angesiedelt sind: »Wo zwei Wesen durch gänzliche Kluft getrennt sind, führt keine Brücke der Verständigung von einem zum anderen, und um sich zu verstehen, muß man sich in einem anderen Sinne schon verstanden haben«. (Wilhelm von Humboldt, zit. nach Dilthey 1932/36, S. 112.)

Diese Forderung nach dem »Vorverständnis«, die Wilhelm von Humboldt zu Beginn des 19. Jahrhunderts erhob, ist zugleich eine Forderung nach einer *Hermeneutik*, einer Methode der Auslegung fremdkultureller Phänomene. In der mittelalterlichen Theologie wurde der Begriff »Hermeneutik« für die Auslegung kanonischer Texte verwendet. Die Philosophen Friedrich Schleiermacher (1768–1834) und Wilhelm Dilthey (1833–1911) erhoben die »Hermeneutik« zu einer *historischen Methode* innerhalb der Geisteswissenschaften. Hans-Georg Gadamer (geb. 1900) verfeinerte sie zu einer Methode zur Interpretation historischer Textquellen. Für ein *Verstehen* im Sinne Gadamers enthüllt erst der Zeitabstand zwischen dem Entstehungszeitpunkt eines Textes und dem Zeitpunkt seiner Interpretation dessen volle Bedeutung: Erst im Rückblick kann ein Text in seinem Traditionszusammenhang erkannt werden (Gadamer 1960, S. 275ff.). Zugleich ergibt sich die Bedeutung eines Textes jedoch immer nur aus der jeweiligen Interpretation. Eine interpretationsunabhängige Bedeutung besitzt er also nicht.

Anknüpfend an solche Überlegungen wurde in der Ethnologie der Versuch unternommen, die Feldforschung als eine hermeneutische Methode anzusehen. Doch erhebt sich hier die Frage, ob man der kulturellen Differenz zwischen dem Ethnologen und der von ihm untersuchten Gesellschaft gerecht wird, wenn man sie – im Sinne der Texthermeneutik Gadamers – in Analogie sieht zu dem zeitlichen Abstand zwischen der Entstehung eines Textes und seiner Interpretation. Die durch die hermeneutische Kunstlehre des Verstehens interpretierten Texte existieren bereits vor ihrer Auslegung. Sie sind, wie auch Werke der bildenden Kunst oder andere kulturelle Hervorbringungen, die hermeneutisch gedeutet werden, Überlieferungen, auf deren Gehalt der interpretierende Betrachter oder Leser nicht mehr einwirken kann.

Der Ethnologe hingegen bringt sich selbst in die Begegnung mit dem Fremden ein; er interagiert mit der von ihm besuchten und untersuchten Gesellschaft und wirkt so – anders als der Interpret von bestehenden Texten – in gewisser Weise verändernd auf sie ein. In der Berührung mit der fremden Kultur kann er sich nicht hinter sich selbst zurückziehen. Notwendigerweise ist er selbst in der Begegnung sowohl Interpret des Geschehens als auch aktiv Beteiligter. Insofern ist die Situation des Fremdkontaktes, innerhalb dessen das Fremde verstanden werden soll, für eine hermeneutische Auslegung im Sinne Gadamers ungeeignet, denn sie hält weder einen zeitlichen Abstand noch ein Äquivalent dazu bereit. Darüber hinaus bleibt es fraglich, ob man Kultur wirklich wie einen Text lesen kann, da sie doch kein statisches Gebilde ist, sondern im Laufe ihrer Geschichte permanent *agiert* und auf äußere Einflüsse *reagiert* (Girtler 1979, S. 196).

Bislang haben wir zwei Entwürfe für das Fremdverstehen angeführt: die kognitive Ethnologie, die ein Kulturverstehen von innen versucht, und die Hermeneutik, die Kulturen durch Auslegung begreifen will. Ein drittes Modell, das eine wissenschaftliche Theorie für das Verstehen fremder Kulturäußerungen bereithält, ist das aus Edmund Husserls (1859–1938) Phänomenologie abgeleitete Konzept der *Lebenswelt* (Schütz 1972).

Die Ethnologie steht ja, wie bereits erwähnt, vor einer besonderen methodologischen Schwierigkeit: Ihr Zugang zum Forschungsgegenstand kann sich nicht auf objektivierende Analysen beschränken. Denn Fremdbegegnungen finden in einem Bereich der Wirklichkeit statt, der nach einem Begriff aus der Phänomenologie »Lebenswelt« genannt wird. Dieser Begriff hat sich als brauchbar für die Ethnologie erwiesen, weil er der Fülle des in fremden Kulturen Beobachtbaren gerecht wird:

»Die Lebenswelt ist die anschaulich-konkrete Wirklichkeit, in der die menschliche Lebenspraxis sich abspielt, in die wir hineingeboren werden, als deren Zentrum wir uns empfinden, in der wir unsere Zwecke verfolgen und uns mit Mitmenschen und der Natur handelnd und leidend auseinandersetzen und aus der wir wieder heraussterben«. (Stagl 1981, S. 7)

Die Lebenswelt ist also die Welt, wie sie von Menschen unmittelbar wahrgenommen wird. Sie umfaßt auch das Erleben seiner selbst, der natürlichen Umgebung wie auch der kulturellen Welt. Die Wirklichkeit der Lebenswelt ist die des *gesunden Menschenverstandes*. Als solche ist sie eine *vorwissenschaftliche* Welt, da sie der kritischen wissenschaftlichen Überprüfung und Abstraktion vorausgeht (Sommer 1990). Die Lebenswelt ist demnach die Realität, wie sie noch vor aller prüfenden Reflexion durch das unmittelbare Erleben selbst gegeben ist. Sie ist eine subjektive Welt, und das sie konstituierende Erleben ist notwendigerweise *ethnozentrisch*, da es direkt aus der soziokulturellen Umgebung erwächst.

Wissenschaftliches Denken, Folgern und Klassifizieren findet dagegen in einer anderen Wirklichkeit statt. Diese Wirklichkeit, die auf der Lebenswelt aufbaut, von ihr jedoch durchaus verschieden ist, ist eine begrifflich erlebte Welt, ist *wissenschaftliche Wirklichkeit*. Innerhalb ihrer wird Erlebtes abstrahiert, werden Begriffe entwickelt, Urteile gefällt usw.

In welchem Verhältnis stehen nun Lebenswelt und wissenschaftliche Wirklichkeit zueinander? – Die Lebenswelt ist – wie gesagt – die Welt des unmittelbaren Erlebens, während auf der wissenschaftlichen Ebene Phänomene klassifiziert werden und diese *Bedeutungen* gewinnen. Die Verknüpfung zwischen diesen beiden Wirklichkeiten leistet die Kultur. Sie stellt das Medium dar, in dem das Erleben der Lebenswelt in die Bedeutungen der wissenschaftlichen Wirklichkeit überführt wird. In diese auf dem Begriff der Lebenswelt aufbauenden Vorstellung von Kultur werden Geschichte, gesellschaftliche Gegebenheiten und die natürliche Umwelt als sie konstituierende Faktoren integriert. Dadurch kann sie die Grundlage für ein Verstehensmodell bilden.

Für die Anwendung des Lebensweltkonzeptes innerhalb der Ethnologie ist es wichtig, daß die Lebenswelt jeder Gesellschaft durch *subjektives* Erleben geprägt ist. *Objektiv* können Sachverhalte oder Gegenstände vom Ethnologen nur auf der Ebene der wissenschaftlichen Wirklichkeit wahrgenommen werden. Das Konzept der Lebenswelt schließt Formen der Wahrnehmung, der Interpretation oder des Handelns ein, die auf unserem Alltagsverständnis beruhen. Bei der Deutung der bei der Feldforschung erhobenen Daten muß stets eine Reduktion vorgenommen werden. Diese »phänomenologischen Reduktionen«, so wie Husserl sie verstand, lassen die Wertvorstellungen des Feldforschers in die Interpretation einfließen. Da die Lebenswelt allen Angehörigen der untersuchten Kultur gemeinsam ist, kann der Forscher sie thematisieren und so – was das kulturelle Verstehen betrifft – seinen gesamten Erfahrungshorizont erweitern. Girtler (1990, S. 20) erläutert diesen Ansatz wie folgt:

> »Die phänomenologische Reflexion, die sich ihrer ›mitgebrachten‹ Werte bewußt zu sein hat, macht so ein ›Verstehen‹ der für mich fremden ›Lebenswelt‹ möglich. Die ganze ›Kunst‹ des Feldforschers besteht demnach darin, die fremde ›gemeinsame subjektive Welt‹ [...] stufenweise zu erfahren, um ›verstehend‹ das kulturell relevante Handeln der Angehörigen des zu untersuchenden Ethnos [soziale Gruppe] analysieren zu können.«

Der Ethnograph versucht, den Sinn der wahrnehmbaren Manifestationen zu verstehen und möglichst nahe mitzuerleben. Unter »wahrnehmbaren Manifestationen« sind Verhalten – alltägliches wie auch rituelles –, Sprache, Bauwerke, Werkzeuge, aber auch pädagogische Konzepte, religiöse Vorstellungen usw. zu verstehen. Auf *empathische* Weise, durch Einfühlung also, begreift der Ethnologe eine fremde Kultur. Er darf sich dabei nicht hinter seinen Methoden verschanzen. Vielmehr muß er sich mit seiner ganzen Person einbringen und diese, wie auch die Reaktionen auf sie, in seinen Interpretationen mitberücksichtigen. Am Ende des Forschungsprozesses muß er das neu erworbene kulturelle Wissen – dessen Aneignung einer zweiten Sozialisation gleicht – den Fachwissenschaftlern seiner eigenen Kultur darlegen und es ihnen verständlich machen.

Alle diese Überlegungen zu den Bedingungen des Verstehens sind recht abstrakt und – obgleich für das Selbstverständnis des Ethnologen von Bedeutung – in der praktischen Durchführung der Feldforschung nicht unmittelbar anwendbar. Die Möglichkeit des tatsächlichen Verstehens auf der Grundlage des Lebensweltbegriffs und der Empathie soll abschließend anhand eines Beispiels verdeutlicht werden.

Eine notwendige soziale Handlung, die zwar von allen Gesellschaften vorgenommen, jedoch sehr unterschiedlich gehandhabt wird, ist die Bestattung der Toten. Die Yanomami-Indianer Südamerikas bestatten ihre Verstorbenen zunächst durch Verbrennen auf einem Scheiterhaufen. Aus der erkalteten Asche lesen sie dann die übriggebliebenen Knochen auf. Diese werden zermahlen und bei großen Festen von den nächsten Freunden und Verwandten des oder der Toten in Bananensuppe gemischt und verzehrt

(Chagnon 1983, S. 105f.; Zerries 1964, S. 213–227). Hier in Europa ruft die Schilderung dieses Rituals häufig Äußerungen des Ekels und der Empörung hervor. Kannibalismus in jeglicher Form wird von uns als Provokation, als Verstoß gegen ein ungeschriebenes Gesetz empfunden. Das Gefühl von Abscheu vor diesem fremdartigen Verhalten relativiert sich jedoch, wenn man den Standpunkt berücksichtigt, den die Yanomami gegenüber den Begräbnisritualen der Weißen einnehmen. Die Yanomami empören sich nämlich darüber, daß die Weißen ihre geliebten Toten alleine in die kalte Erde legen und zulassen, daß sie von den Würmern zerfressen werden.

Der Einblick in die *Lebenswelt* der Yanomami erleichtert es uns, unsere eigene Handhabung der Bestattung aus einer anderen Perspektive zu betrachten. So wie wir über das Vorgehen der Indianer schockiert waren, sind wir jetzt in der Lage, uns in deren Erschrecken gegenüber uns einzufühlen. Wir können aufgrund der Äußerungen der Indianer nachvollziehen, daß die uns geläufige Bestattungsweise als Vernachlässigung empfunden werden kann. Der Brauch des *Endokannibalismus*, bei dem die Überreste der eigenen Gruppenmitglieder einverleibt werden, erscheint uns auch nach gelungener Einfühlung vielleicht nicht unbedingt nachahmenswert, jedoch sicherlich nicht mehr so abstrus und schockierend. Die Reduzierung der Exotik auf die zugrundeliegende Alltagswelt bringt uns diesen Indianern ein kleines Stück näher. Es fällt uns leichter, Verständnis für sie zu entwikkeln, da sich plötzlich für uns die Möglichkeit eröffnet hat, einen *gemeinsamen Wert* festzustellen: Es ist die Trauer über das Ableben eines geliebten Mitglieds der eigenen Gruppe. Diese Trauer wird allerdings in kulturell unterschiedlicher Weise ausgelebt. Das heißt, die verschiedenen Kulturen verfügen über jeweils spezifische Rituale, um mit dem Phänomen der Trauer und des Schmerzes umzugehen.

Die Kulturen liefern das Wert- und Bedeutungssystem, das der Handlung, hier dem Ritual der Bestattung, zugrunde liegt. Doch der Schmerz über den Verlust und letztendlich auch die Hilflosigkeit, die alle Menschen bei der Konfrontation mit dem Tod überfällt, sind uns wohlbekannt. Hier haben wir eine gemeinsame Ebene und damit einen Ansatz für wechselseitiges Verstehen. Diesen Sachverhalt meinte der Philosoph Karl Jaspers, als er in bezug auf Asien formulierte, was auch für das Verständnis alles Menschlichen gilt: »Wenn wir von uns her nur verstehen, indem wir wiedererkennen, was wir selber sind, so vermögen wir doch vielleicht wiederzuerkennen, was in uns so verborgen und verschüttet ist, daß wir es nie zum Bewußtsein brächten ohne den Spiegel des zunächst Fremden. Wir würden verstehen, indem wir uns selber darin erweitern, weil aufblüht, was in uns schlummert.« (1983, S. 95)

Literatur

Bock, P.K. (1970; Hrsg.): Culture Shock. A Reader in Modern Cultural Anthropology. New York.

Chagnon, N.A. (1983): Yanomamö: The Fierce People. New York.

Dilthey, W. (1932/36): Der Aufbau der geschichtlichen Welt in den Geisteswissenschaften«. In: ders.: Gesammelte Schriften. Bd. V. Leipzig.

Gadamer, H.-G. (1960): Wahrheit und Methode. Grundzüge einer philosophischen Hermeneutik. Tübingen.

Girtler, R. (1979): Kulturanthropologie. München.

Jaspers, K. (1983): Von Ursprung und Ziel der Geschichte. Erstausgabe 1949. München.

Malinowski, B. (1979): Argonauten des westlichen Pazifik. In: ders.: Gesammelte Schriften. Bd. 1. Aus dem Engl. von H.L. Herdt, hrsg. von F. Kramer. Frankfurt/M. Engl. Erstausgabe 1922.

Pike, K.L. (1967): Language in Relation to a Unified Theory of the Structure of Human Behaviour. Den Haag.

Schütz, A. (1972): Der sinnhafte Aufbau der sozialen Welt. Frankfurt/M.

Sommer, M. (1990): Lebenswelt und Zeitbewußtsein. Frankfurt/M.

Spradley, J.P. (1980): Participant Observation. New York.

Stagl, J. (1981): Szientistische, hermeneutische und phänomenologische Grundlagen der Ethnologie. In: Schmied-Kowarzik, W., Stagl, J. (Hrsg.): Grundfragen der Ethnologie. Berlin.

Zerries, O. (1964): Waika. Die kulturgeschichtliche Stellung der Waika-Indianer des oberen Orinoko im Rahmen der Völkerkunde Südamerikas. München.

Formen nichtsprachlicher Kommunikation

Wulf Schiefenhövel

Wie mache ich mich verständlich? – Auch ein biologisches Problem

Kommunikation ist für die meisten von uns vor allem verbale Verständigung durch Reden, Zuhören und Gegenrede. Auch die verschriftlichte Form der Kommunikation bleibt an das Wort gebunden. Das gilt für einen selbstgeschriebenen Brief ebenso wie für ein elektronisch übermitteltes Telegramm oder eine Morsenachricht. Je höher die Störanfälligkeit, etwa beim Kurzwellen-Sprechfunk, um so formalisierter, »narrensicherer« muß der Austausch von Botschaften geregelt sein, meist durch internationale Übereinkünfte über eindeutige Kurzformeln, etwa das internationale Buchstabieralphabet: **A**lpha, **B**eta, **C**harly, **D**elta, **F**oxtrott ...

Ein ähnlicher Funktionszusammenhang besteht auch in der »normalen« (das heißt: vom Körper ausgehenden) Kommunikation zwischen Menschen. Grundsätzlich muß der Sender eines Signals sicherstellen, daß das von ihm ausgesendete Zeichen im Umfeld vieler anderer konkurrierender Signale vom Adressaten wahrgenommen und im Sinne des Senders verstanden wird. Ob das im Einzelfall dann auch tatsächlich geschieht, hängt vom Prozeß der nachrichtentechnischen Verarbeitung im Organismus ab, aber auch von der im Gehirn des Empfängers stattfindenden Bedeutungszuschreibung.

Die zwischenmenschliche Kommunikation setzt sich aus folgenden Elementen zusammen: *Spezifische Impulse* aus dem *Gehirn* eines Individuums erreichen (ihm bewußt oder unbewußt) eines der Organe, die kommunikative Signale bilden (z. B. Duftdrüsen, mimische Muskulatur, Kehlkopf). Dann wird ein *spezifisches Signal* in einer Weise geformt und ausgesendet, die sicherstellt, daß der Empfänger es wahrnehmen und verarbeiten kann. Dazu muß es unter anderem vom »Hintergrundrauschen« anderer Phänomene und Signale ausreichend scharf getrennt und auf den Empfänger geeicht sein. Der *Empfänger* nimmt das Signal bewußt oder unbewußt über das passende Organ (z. B. Nase, Auge, Ohr) auf und verarbeitet es in spezialisierten Regionen des Gehirns; dort erhält es seine eigentliche Bedeutungszuschreibung, seine psychologisch relevante Bewertung und seine Verknüpfung mit Bewußtseinsinhalten und anderen kognitiven Leistungen des Gehirns. Der Empfänger reagiert dann entweder ohne eine wahrnehmbare Verhaltensänderung (aber eventuell durch Änderung von Bewertungen, Einstellungen, Wissen usw.) oder über einen der Kommunikationskanäle und damit für den Partner direkt erkennbar; dabei kann seine Reaktion evolutionsbiologisch festgelegten Programmen folgen (z. B. Antipathie auf unangenehmen Körpergeruch, spontanes Lächeln, spontanes Weinen), ganz frei gestaltet oder eine Mischung von beidem sein.

Wort und Sprache sind für uns redende Primaten derart wichtig, daß wir leicht vergessen, welche anderen Kommunikationsmöglichkeiten wir außerdem haben. Von den fünf Sinnen, über die wir verfügen, werden eigentlich nur vier zur unmittelbar-körperlichen Kommunikation genutzt: der Geruchssinn, der Tastsinn, der Gesichtssinn und der Hörsinn. Der Geschmackssinn, anatomisch und funktional eng verknüpft mit dem Geruchssinn, hat bestenfalls beim Küssen eine gewisse Bedeutung. Ein Ausflug in die Welt der Zoologie mag uns helfen, einige Prinzipien des Miteinander-Kommunizierens besser zu verstehen. Tiere, von den einfachsten tierischen Einzellern über die staatenbildenden Insekten bis zu den Vögeln und Säugetieren, müssen unter anderem zwei grundsätzliche Probleme lösen:

- *Erstens* müssen sie relevante Informationen aus ihrer unbelebten und belebten Umwelt aufnehmen, richtig interpretieren und richtig beantworten – etwa: »Wo bin ich sicher?«, »Wo finde ich Nahrung?« Diese feingesteuerte und zielgerichtete Auseinandersetzung mit der Umwelt kann man als *Kommunikation im weiteren Sinne* bezeichnen. Hier soll jedoch Kommunikation enger gefaßt werden.
- *Zweitens* müssen die Lebewesen nämlich außerdem mit ihresgleichen Kontakt aufnehmen und dabei in einem präziseren Sinne kommunizieren. Selbst überwiegend einsiedlerisch lebende Tiere kommen nicht ohne Kommunikation zwischen Artgenossen aus, über die sie beispielsweise erfahren: »Wo finde ich einen Partner zur Paarung?«, »Wo sind Konkurrenten bzw. Konkurrentinnen um Partner und wie muß ich sie einschätzen?«, »Wo ist mein Kind und wessen bedarf es gerade?«

Dieser Austausch von Signalen innerhalb der eigenen Spezies – also von Amöbe zu Amöbe, von Biene zu Biene, von Wolf zu Wolf oder von Mensch zu Mensch – ist denn auch in biologischer Hinsicht *Kommunikation im engeren Sinne*. Von ihr wird im folgenden die Rede sein, da dieser Beitrag den zwischenmenschlichen und, wie bereits erwähnt, vor allem den nichtsprachlichen Informationsaustausch behandelt.

- Daneben gibt es auch Formen der Kommunikation über die Grenzen der Art (Spezies) hinweg, so etwa zwischen Herr und Hund, zwischen Reiterin und Pferd, sowie umgekehrt, auf die aber nicht weiter eingegangen werden kann. Hier gilt das besondere Augenmerk jenen Formen der Kommunikation, die auf biologischer Basis und damit weitgehend unabhängig von den jeweils kulturspezifischen Formen der Kommunikation verstanden werden können. Sie bedürfen auch weniger des Lernens als das Sprechen und das Sprachverstehen.

Die zentrale Rolle in den Ausführungen nimmt also die nichtsprachliche, nichtschriftliche Kommunikation ein, nämlich jenes Aussenden und Empfangen von meist kurzdauernden Signalen, die mit Hilfe von Bewegungen des Körpers, der Gestik und der Mimik produziert werden. Aber auch andere Wege der zwischenmenschlichen Kommunikation werden behandelt: Kommunikation durch geruchliche Signale und durch Körperberührung.

Kommunikation durch geruchliche Signale

In der jeweiligen Umwelt – also entweder dem Wasser oder der Luft – gelöste bzw. verteilte chemische Stoffe haben schon bald nach Beginn des tierischen Lebens auf diesem Globus eine besonders wichtige Rolle für die Orientierung der Lebewesen gespielt (das gilt auch für Lebewesen, die in der Erde leben). Sehr einfach gebaute Einzeller entnehmen der räumlichen Verteilung solcher Stoffe, entsprechend deren unterschiedlich konzentriertem Vorkommen (ihrem Gradienten), lebenswichtige Informationen, beispielsweise über Nährstoffvorkommen oder schädliche Substanzen. Solche chemischen Duftstoffe spielen auch für höher entwickelte Tiere einschließlich des Menschen eine bedeutsame Rolle. Wie Untersuchungen von Margret Schleidt et al. (1988) zeigen, orientieren selbst wir heutigen Stadtbewohner uns in unserer Umwelt noch bewußt, aber auch unbewußt mit Hilfe unserer Nase. Von dieser Seite der geruchlichen Wahrnehmung soll hier jedoch nicht die Rede sein, weil es sich dabei ja nicht um Kommunikation in dem oben definierten Sinne handelt.

Geruchliche Signale bilden auch die Basis für wichtige Elemente der innerartlichen Verständigung. Zumindest viele, vermutlich sogar alle

Säugetiere erkennen einander am Geruch. Gruppen von verwandten und zusammenlebenden Nagetieren etwa haben zum Teil einen »Sippengeruch«. Vielfach werden Sekrete aus speziellen Duftdrüsen, die sich an unterschiedlichsten Stellen des Körpers befinden können, zur Markierung der Gruppenmitglieder und des gemeinsam bewohnten Territoriums benutzt. Zur Gruppe gehörende, aber auch fremde Individuen erhalten so eindeutige Signale, die sie meist mittels spezifischer Verhaltensmuster beantworten.

Die meisten Menschen trauen ihrer Nase nicht viel zu. Daß diese Ansicht auch und gerade bezüglich der zwischenmenschlichen Kommunikation falsch ist, haben Forschungsarbeiten der letzten eineinhalb Jahrzehnte nachweisen können (Stoddart 1990). »Den kann ich nicht riechen!« ist ein feststehender Ausdruck im Deutschen. Die Sprache weist uns, wie gar nicht selten, einen Weg zur wissenschaftlichen Einsicht. Mittlerweile weiß man nämlich, daß jeder Mensch einen spezifischen Geruch besitzt, der vor allem, wenn nicht ausschließlich, in den speziellen Duftorganen unseres Körpers, den sogenannten apokrinen Duftdrüsen, produziert wird (*apokrin:* ausscheidend, aussondernd). Diese Drüsen sind vor allem in der Achselhöhle (*Axilla*), in der Genital- und Analgegend und außerdem im Warzenvorhof (*Areola*) der Brust, aber auch an anderen Körperstellen lokalisiert. Bis auf die letztgenannte Region sind die beiden Hauptproduktionsstätten des Individualgeruchs interessanterweise gerade jene, die an unserem ansonsten vergleichsweise haarlosen Körper recht dichte Büschel von Haaren aufweisen. Sogar um die Brustwarze finden sich oft auch bei Frauen einige längere Haare. Wie man aus diesem Befund vermuten darf, hat das einen biologischen Grund, denn an und in unserem Körper gibt es kaum Zufälligkeiten. Alle unsere Organe haben spezifische, äußerst komplexe Funktionen und sind dafür durch ihre Form und Bauweise besonders eingerichtet. Aber selbst die Oberfläche unseres Körpers mit der Verteilung von Haut, Fett, Bindegewebe, Knorpel und Muskulatur ist nicht zufällig gestaltet. Sogar die Verteilung von Haaren folgt bestimmten Gesetzmäßigkeiten, die sich aus der Funktion ergeben, die sie für das Individuum haben.

Die auch bei Menschen mit glattem Haupthaar gekräuselten und so mit einer besonders großen Oberfläche versehenen Scham- und Achselhaare nehmen die von den apokrinen Drüsen an ihrer Basis gebildeten Duftstoffe auf und verteilen sie über eine vergleichsweise große Fläche. So wird dafür gesorgt, daß erstens über die vergrößerte Haaroberfläche eine wirkungsvolle Abgabe der Geruchssignale an die Umgebung gewährleistet ist, also in die Wahrnehmungszone anderer Personen. Zweitens befinden sich auf den Haaren zahlreiche Bakterienarten, die in ihrer Zusammensetzung offenbar ganz spezifisch für jedes Individuum sind und durch einen in seinen einzelnen Schritten noch nicht vollständig geklärten chemischen Abbau des Duftdrüsensekrets zum kommunikativen Endprodukt führen, eben zu dem für jeden einzelnen Menschen typischen Körpergeruch.

Dieser individuelle Körpergeruch spielt in unserem Zusammenleben eine äußerst wichtige regulierende Rolle. Wir fühlen uns, häufig unbewußt, zu bestimmten Personen hingezogen, von anderen eher abgestoßen (*Sympathie* und *Antipathie* haben offensichtlich also auch etwas mit olfaktorischer Kommunikation zu tun). Klar ist, daß der Geruch dabei nur einer von vielen wichtigen Faktoren ist. In einem bestimmten Bereich jedoch spielt der Körpergeruch des Partners eine zentrale Rolle, nämlich für das erotisch-sexuelle Zusammensein. Hier, in der intimen Nähe der zumeist entblößten Körper, entfalten die Duftstoffe ihre stärkste Wirkung.

Hinzu kommt, daß infolge des sexuellen Erregungszustandes die Duftdrüsen besonders viel von ihrem Kommunikationssekret abgeben. Der Evolutionsbiologe fragt – wie auch bei anderen Bereichen des Verhaltens – nach der Funktion dieser menschlichen Duftsignale. Von den Insekten ist bekannt, daß – je nach Spezies – die Männchen oder die Weibchen Sexuallockstoffe (*Sexualpheromone*) aussenden, die dem jeweiligen Partner untrüglich den Weg zur Paarung weisen. Bisher ist für uns Menschen nicht sicher nachgewiesen, ob wir ebenfalls über solche Sexualpheromone miteinander kommunizieren – eben zum Zweck des Geschlechtsverkehrs. Neuere, noch unpublizierte Forschungsergebnisse lassen jedoch vermuten, daß Frauen kurz vor der Ovulation (der Ausstoßung einer reifen Eizelle normalerweise um den 14. Tag des Menstruationszyklus), also zum für die Empfängnis günstigsten Zeitpunkt, besonders anfällig sind für das *Androstenon*, den typischen männlichen Geruchsstoff. Er entsteht durch Luftzufuhr, also Oxidation, aus dem nur kurze Zeit stabilen, angenehm riechenden *Androstenol*. Die »Anfälligkeit« der Frauen ist dabei sehr relativ zu verstehen. Normalerweise riecht nämlich dieses Abbauprodukt der männlichen Duftdrüsen nicht gerade stimulierend, sondern eher abstoßend. Es hat ganz den Anschein, als ob um den Zeitpunkt der Ovulation Frauen dieser Geruchsqualität eine weniger negative Bedeutung zumessen, das heißt, daß sie dann eher bereit sind, sich in die Umarmung eines Mannes begeben als zu anderen Zeitpunkten ihres Menstruationszyklus.

Auch weibliche Geruchsstoffe könnten in erotisch-sexueller Hinsicht regulierende Funktionen haben. Bestimmte Geruchsstoffe aus dem Scheidensekret bezeichnet man als *Kopuline* (von lat. *copulatio*, geschlechtliche Vereinigung). Frauen sondern in der Achselhöhle weniger Androstenol ab als Männer. Auch hierin liegt also ein geschlechtstypischer Unterschied.

Von den aprokrinen Drüsen wird übrigens ein ganzes Bukett an Düften produziert, von denen das bisher am besten untersuchte Androstenol bzw. Androstenon nur eines ist.

Mittlerweile haben Beauchamps und Mitarbeiter (1985) die (gut begründete) Hypothese aufgestellt, daß diese Geruchsstoffe die Partnerwahl entscheidend mitbestimmen, und zwar in einer biologisch ausgesprochen wichtigen Weise. Danach ist der spezifische Körpergeruch eines Menschen ein Indikator für bestimmte Eigenschaften seines Immunsystems, also jenes Systems in seinem Körper, das insbesondere auf körperfremdes Material (z. B. Krankheitserreger) zu reagieren und es zu bekämpfen und abzuwehren vermag. Stark verkürzt gesagt bedeutet das: Wenn der Sexualduft des potentiellen Partners als wenig attraktiv oder sogar aversiv (widerwärtig) empfunden wird, könnte dessen Immunsystem möglicherweise nicht zu dem der eigenen Person passen. Das wiederum hätte Konsequenzen auf die Gesundheit der Nachkommen, könnte sich eventuell sogar so auswirken, daß der Embryo bereits in der frühesten Phase der Schwangerschaft, gleich nach der Verschmelzung von Ei- und Samenzelle, abstirbt. Es ist also denkbar, daß über diesen Prozeß der olfaktorischen Kommunikation die Wahl des Sexualpartners gesteuert wird. Dessen Immunsystem, so die Hypothese, sollte dem eigenen nach Möglichkeit nicht zu fremd, aber auch nicht zu ähnlich sein, weil dies zu weniger gesunden Nachkommen führen würde.

Auffällig ist nun, daß Menschen wohl zu allen Zeiten und aus allen Kulturen ihrem Körpergeruch auf die Sprünge geholfen haben. Duftende Blüten und Essenzen spielen in der Liebeswerbung eine große Rolle. Frau und Mann kommunizieren dann nicht mehr über ihre natürlichen Botenstoffe, sondern (vor allem bei Tänzen und anderen Festen, die Gelegenheit bieten, einen Partner auf sich aufmerksam zu machen und kennenzulernen) mittels von der Natur in Form von Blüten und anderen duftenden Pflanzenteilen geliehenen Wohlgeruchs.

In den reichen Industriegesellschaften von heute ist diese Art von »olfaktorischer Camouflage« (geruchlicher Tarnung) allerdings weit ausgeprägter: Mittels verschiedener Deodorants will man den spezifischen eigenen Körpergeruch nach Möglichkeit völlig unterdrücken. Auf der anderen Seite werden in den Parfüms Essenzen verschiedenster Art verwendet, die geringe Mengen Androstenon oder ähnliche chemische Stoffe enthalten. Der Sexualgeruch wird also, nachdem man sich zunächst geruchlos gemacht hat, auf raffinierte Weise von außen wieder zugefügt. Die Parfümindustrie weiß allerdings, wohl vor allem aufgrund der Verkaufskurven ihrer Produkte, daß sie die geruchliche Individualität ihrer Kunden nicht völlig neutralisieren darf. Daher wird in dieser Branche besonderer Wert auf Exklusivität und stets neue Kreationen gelegt – sonst würden nach einiger Zeit alle Damen nach »Flannel Nr. 6« und alle Herren nach »Poco Rabatz« riechen. Das würde der von Verkäufern wie Käufern beabsichtigten Wirkung vermutlich gänzlich zuwiderlaufen.

Kommunikation durch Berührungssignale

Stammesgeschichtlich sehr altes Erbe des Menschen ist neben der chemischen – also vor allem geruchlichen – Kommunikation auch jene durch taktile Signale. Gleich nach der Geburt werden die Neugeborenen durch vielfältige gerichtete, also nichtzufällige Körperkontakte *haptisch* (auf den Tastsinn bezogen) stimuliert: durch die Brustwarze, die pflegenden Hände und die schützende Wärme des Körpers der Mutter und anderer Personen.

Die Haut ist ja, neben ihrer Funktion als Grenze des Körpers und chemisch-physikalischer Austauschfläche zwischen Innen und Außen, zugleich auch ein großflächiges Kommunikationsorgan. Das bekommen Säuglinge und Kleinkinder im wörtlichen Sinne vor allem dann zu *spüren*, wenn sie in traditionalen Kulturen aufwachsen: Dort besteht nämlich, anders als in unseren körperfernen Industriegesellschaften, über viele Stunden des Tages Körperkontakt zum Säugling. Während Säuglinge etwa in Deutschland in den meisten Fällen nur im Verlauf des Stillens/Fütterns oder der Pflegehandlungen (Windeln wechseln, baden usw.) wirklich Haut-zu-Haut-Kontakt zur Bezugsperson haben, kommunizieren bei den sogenannten Naturvölkern Kleinkinder und Betreuer in viel stärkerem Maße haptisch miteinander. Das führt zum einen zu einer Stimulation des Organs Haut (und darüber hinaus des Gleichgewichtssinnes), aber auch zu einer Stimulation der emotionalen, sozialen und intellektuellen Fähigkeiten. Dadurch erhöht sich ohne Zweifel das Wohlbefinden nicht nur des Kindes, sondern auch der betreuenden Person. Zum anderen wird so, gerade wegen der positiven emotionalen Tönung der Haut-zu-Haut-Kommunikation, eine intensive persönliche Beziehung zwischen Mutter und Kind sowie anderen Bezugspersonen hergestellt, die dem Kind Geborgenheit vermittelt, jenes »Urvertrauen« (Erikson 1953), die »sichere Basis« (*secure base*, Ainsworth 1972), die von den Erforschern der frühen Kindheit (vgl. Grossmann 1987 sowie den Beitrag Schleidt) als unverzichtbare Grundlage einer normalen Entwicklung vom Säugling zum Erwachsenen bezeichnet werden.

In Deutschland hat sich die taktile Kommunikation unter Erwachsenen im Verlauf der letzten Jahrzehnte stark gewandelt. Berühren von Freunden und Bekannten, Umarmen, Küssen auf Wange oder Mund haben sich, vielleicht in Nachahmung der Gepflogenheiten bei unseren mediterranen Nachbarn oder in den Vereinigten Staaten, schon weitgehend durchgesetzt. Dieser Prozeß läßt erkennen, daß die Nutzung des allen Menschen verfügbaren Spektrums an Verhaltensweisen, in diesem Fall kommunikativer Verhaltensweisen, durch kulturspezifische Faktoren, die Übernahme von Moden etwa, mitbestimmt wird. In einem weiteren Sinne spielt hier also Lernen eine große Rolle. Untersuchungen zur Häufigkeit der Aufnahme von Körperkontakt, die in Lokalen verschiedener europäischer und anderer Länder durchgeführt wurden, belegen die unterschiedlichen Kontakt-Traditionen in nördlichen und südlichen Ländern. Andere Studien konnten zeigen, daß die Berührung der Regionen des eigenen Körpers durch eine andere Person sehr unterschiedlich bewertet wird, je nachdem wer wen wo berührt.

Beim Besuch fremder Länder, insbesondere in der sogenannten Dritten Welt, fällt auf, daß dort häufig Menschen unterschiedlichen Alters zu zweit oder in kleinen Gruppen beisammen sitzen, um sich gegenseitig die Haare zu pflegen. Diese Pflege kann im Kämmen bestehen, im Entfernen grauer, gespaltener oder sonstwie schadhafter Haare oder, das ist von besonderer Wichtigkeit, im geschickt ausgeführten Lausen. Die Kopflaus (*Pediculus capitis*), in europäischen Kindergärten und Schulen wieder auf dem Vormarsch, zählt zu den häufigsten mehrzelligen Bewohnern unserer Körperoberfläche und ist in vielen Ländern (fast) ständiger Begleiter des Menschen. Die Entfernung der Kopfläuse ist ein medizinisches Gebot. Bei starkem Befall kann sich nämlich die Kopfhaut entzünden, und bisweilen bilden sich sogar eitrige Abszesse, die durch die Kopfschwarte hindurch bis auf den knöchernen Schädel reichen können. Aus dieser Sicht überrascht es also nicht, daß sich die Menschen in diesen Ländern lausenderweise um das Wohlbefinden von Verwandten oder Freunden kümmern (vgl. Abb. 8).

Man könnte eine bewußte Entscheidung zur Durchführung der nützlichen hygienischen Maßnahmen am Mitmenschen vermuten, und einige deutsche Informanten gaben in Kursen, die der Autor im Fach Medizinische Psychologie durchgeführt hat, denn auch etwa folgendes zu Protokoll: »Ich mußte die Pickel bei XY entfernen, der/die war ja ganz schlimm befallen davon!« Diese Interpretation geht aber am Wesentlichen der sozialen Hautpflege (engl. *social grooming*) vorbei. Das Entfernen von Läusen,

Abb. 8 Angehörige nichteuropäischer Kulturen wie diese Trobriand-Frauen betreiben gegenseitige Körperpflege auch in der Öffentlichkeit. Lausen und Gelaustwerden sind nicht nur in medizinischer Hinsicht bedeutsam. Für die jeweiligen Verhaltensweisen bestehen psychobiologische Prädispositionen und biochemische Belohnungsmechanismen (z. B. durch Endorphine im Gehirn). Bei uns sind Spezialisten (Friseur, Kosmetikerin, Hautarzt usw.) an die Stelle von Angehörigen und Freunden getreten.

Milben, Fremdkörpern, Pickeln und Mitessern aus Haaren und Haut wird nämlich anscheinend nicht in erster Linie von Rationalität gesteuert, sondern ist Teil jenes spezifischen Motivations- und Erlebniskomplexes, den wir ganz offenbar mit unseren äffischen Verwandten im Stammbaum der Tiere teilen. Man denke nur an das im Zoo beobachtbare eifrige Lausen bei Pavianen, Makaken und Menschenaffen. Die Menschen geben das typische Verhalten sozialer Hautpflege auch nicht einfach auf, wenn sie, wie in den meisten unserer Familien, nicht mehr von Kopfläusen befallen sind.

Andererseits ist in unserer eigenen Kultur jene Haltung nicht selten, die alle diese Dinge als »unappetitlich« und »widerlich« ablehnt. Der Befall mit Parasiten wird als sozial diskriminierend und unakzeptabel empfunden. Man kann aber doch erkennen, daß wir Menschen noch nicht gänzlich aus der Psychobiologie des gegenseitigen Hautpflegens und Gepflegtwerdens ausgestiegen sind, wenn auch in den reichen Ländern im Zuge der Professionalisierung aller Tätigkeiten Spezialisten der Hautpflege (Friseure, Kosmetikerinnen, Maniküre, Pediküre, Masseure, Dermatologen usw.) diesen ursprünglich familiären, intimen Bereich übernommen haben.

Ganz offenbar stecken in uns – wie bei unseren Vorfahren – weiterhin psychophysiologische Mechanismen, die die aktive Ausführung der sozialen Hautpflege und ihre passive Duldung belohnen. Die meisten Menschen werden zugeben, daß es ein wohliges Gefühl ist, durch das Haar oder über den Rücken gestrichen zu bekommen. Aus Versuchen mit Affen weiß man mittlerweile, daß *Beta-Endorphine*, im Gehirn von Säugetieren produzierte morphinähnliche Überträgerstoffe, ganz wesentlich zur Steuerung der sozialen Hautpflege beitragen. Sie sind unter anderem dafür verantwortlich, daß man Belastungen und Schmerzen auch ohne Medikamente aushalten kann; andererseits sind sie ein Teil des körpereigenen *Belohnungssystems*. Führt man den Tieren diese Substanz künstlich zu, zeigen sie vermehrt aktive soziale Fellpflege. Umgekehrt weisen jene Individuen einen erhöhten Spiegel an Beta-Endorphinen auf, denen von anderen ihr Fell gepflegt wird. Wie man diesen Zusammenhang im einzelnen zu verstehen hat, ist derzeit noch unklar. Jedenfalls steht fest, daß im Gehirn von Säugetieren und damit natürlich auch von uns Menschen potente physiologische Mechanismen am Werk sind, die uns dazu »verführen«, soziale Hautpflege zu betreiben oder an uns ausführen zu lassen.

Dieses Verhalten aus dem Bereich der haptischen Kommunikation bewirkt übrigens bei den gelausten Tieren eine Senkung von Herzfrequenz und Blutdruck, also eine psychophysische Entspannung. Dorothea Strecke (1991) hat nachgewiesen, daß bei Rekonvaleszenten in einer Intensivstation leichtes Massieren des Rückens einen ebensolchen entspannenden, beruhigenden Effekt hatte. Vermutlich könnte man eine Menge Medikamente sparen und erheblich zur Besserung und Aufheiterung der Stimmung beitragen, wenn bei Kranken und Gesunden wieder mehr über die Haut kommuniziert, wenn also wieder mehr in dieser Weise be-*hand*elt würde.

Kommunikation durch sichtbare Signale

In dem bekannten Physiologielehrbuch von Rein und Schneider heißt es:

»Der Mensch ist ein ausgesprochenes Augenwesen. Man kann schätzen, daß 40 Prozent des sensorischen Eingangs zu den Zentren [des Gehirns] von der Million Opticusfasern [Fasern der dikken Sehnerven beider Augen] stammen. Der große Zustrom von Erregungen aus diesem Sinnesorgan ist sicherlich nicht der einzige Grund für unsere starke Abhängigkeit gerade von den optischen Signalen [..., bildet aber doch] eines der Substrate für diese Entwicklung.« (1971, S. 538)

Diese Aussage entspricht vermutlich der Selbsterfahrung der meisten von uns: Ohne Sehen, wie könnte man das aushalten? Doch die Blinden belehren uns eines Besseren. Der Ausfall des visuellen Sensoriums führt, außer der Unfähigkeit, Dinge mit den Augen wahrzunehmen, nicht zu schwerwiegenden Folgen bezüglich der intellektuellen und sozialen Kompetenz der betroffenen Menschen. Im Gegenteil, Blinde zeichnen sich in offenbar allen Kulturen gerade dadurch aus, daß sie *kompensatorisch* Leistungen entwickeln, die es ihnen ermöglichen, in der Gemeinschaft besondere Funktionen zu übernehmen.

Der blinde thebanische Seher Teiresias aus der antiken Tragödie »König Ödipus« des Sophokles und die als Kleinkind blind und taub gewordene Amerikanerin Helen Keller (1880–1968), die es durch immense Anstrengungen schaffte, zur Schriftstellerin zu werden (vgl. Lorenz 1977, S. 231–237), sind nur zwei bekannte Beispiele. Aber auch in traditionalen Kulturen sind Blinde oft besonders geschätzte Menschen.

Wie die Beispiele der Leistungen von Blinden zeigen, ist es offenbar der akustische Sinn, der für die Speicherung im Gehirn und das Herstellen von sinnvollen Zusammenhängen eine überragende Rolle spielt. Unbeschadet dieser Aspekte ist aber natürlich der *Sehsinn* in der Tat eine Haupteintrittspforte von Informationen aus der unbelebten und belebten Umwelt. Für die zwischenmenschliche Kommunikation werden über ihn vor allem Signale aufgenommen, die aus folgenden Bereichen stammen: der Bewegung der Menschen zueinander (*Proxemik*), der *Gestik* mit dem Kopfnicken und dem Kopfschütteln als Grenzfall zwischen Gestik und Mimik sowie der *Mimik*.

Proxemik

Man stelle sich folgende Situation vor:

An einem schönen Sommernachmittag haben sich viele Gäste im Garten eines Hauses eingefunden und feiern den Geburtstag der Hausherrin. Wir sind auf dem Balkon des zweiten Stocks postiert und schauen aus der Vogelschau auf die sich mit Gläsern in der Hand bewegende Menschenansammlung unter uns. Hier sehen wir eine Gruppe aus drei Personen zusammenstehen. Offenbar kennen und mögen sie sich, denn sie stehen recht eng beieinander. Ab und zu erkennen wir auch kurze Körperberührungen. Von der Seite nähert sich nun eine vierte Person und steuert genau auf jene Stelle zu, wo der Kreis der drei etwas offener ist. Der Neuling verlangsamt seine Schritte bei Annäherung an die Gruppe und bewegt sich quasi fragend auf die mögliche Eintrittspforte zu. Erstaunt beobachten wir, daß sich die drei noch enger zusammenschließen, das Loch im Kreis mit ihren Rücken abdichten. »Bei uns kommt keiner rein!«, teilt dieses *proxemische Verhalten* unmißverständlich mit. Der vierte wendet sich ab und sucht andere Kommunikationspartner. – Dieser Vorgang kann natürlich auch ganz anders ablaufen, wenn bei Annäherung der vierten Person die drei anderen ihren Kreis ein wenig öffnen und dem Neuankömmling so die Teilnahme an Gespräch und sozialem Austausch ermöglichen.

Von unserer Beobachterwarte aus sehen wir eine Vielzahl solcher Bewegungen der Menschen zueinander hin oder voneinander weg und ahnen nun, welch große soziale Bedeutung dieses proxemische Verhalten hat. Auf nichtsprachliche Weise wird so eine ganze Menge an höchst bedeutsamen Informationen übermittelt, ohne daß ein Wort gesprochen oder ein mimischer Ausdruck benutzt worden wäre. In Wirklichkeit ist es natürlich meist so, daß die beteiligten Menschen dabei sprechen und ihre Gestik und Mimik sowie eventuell Berührungen und Duftstoffe einsetzen, also mit und auf allen Kanälen kommunizieren.

Die Proxemik als eigenes Gebiet der Forschung wurde erst im Jahre 1966 durch Edward T. Hall (1973) begründet. Ergebnis dieser Forschung ist unter anderem die experimentell nachgewiesene Erkenntnis, daß Menschen – Zwiebelschalen vergleichbar – sozusagen verschiedene Schichten oder Zonen um sich herum haben, die für die unterschiedlich intimen Formen der Kommunikation (auf Distanz bis hin zum Körperkontakt) wichtig sind. Der personale Raum für die Kommunikation mit anderen läßt sich als Trapez beschreiben. Die äußere, dem Partner zugewandte Kante ist etwa 60 Zentimeter von der Schulterlinie entfernt: »To keep a person at arm-length«, »eine andere Person auf Armdistanz halten«, ist im Englischen eine feststehende Redewendung. Die seitlich offenen Winkel des Trapezes geben jenen Bereich an, in dem wir normalerweise bequem mit anderen kommunizieren.

Gestik

Die Gestik, im *engeren* Sinne die Information übermittelnden Bewegungen der Hände und Arme, im *weiteren* Sinne die ebenfalls bedeutsame Signale aussendenden Änderungen der Körperhaltung, setzen wir vor allem als sprachbegleitendes Element ein: zum Unterstreichen, zur Illustration von Aussagen, die wir machen oder die wir von anderen hören. Gesten führen aber auch ein sprachunabhängiges Eigenleben. Den »Vogel zeigen«, abschätzig die Hand herunterfallen lassen mit der Bedeutung »Du bist ein hoffnungsloser Fall!«, und was der meist aggressiven Zeichen noch mehr sind, kennen wir alle. In den letzten Jahrzehnten haben sich etliche solcher Gesten aus dem Mittelmeerraum bei uns eingebürgert: linke Faust in den rechten Ellenbogen, dabei Aufwärtsschnellen des rechten Unterarms, der aufgereckte Mittelfinger usw. – aggressive Botschaften mit sexueller Nebenbedeutung.

Das Bewegen des Kopfes, etwa in Form des *Kopfschüttelns und Kopfnickens*, kann man ebenso zu den Gesten zählen, wenn es auch eine gewisse räumliche und inhaltliche Nähe zur Mimik hat. Diese Kopfbewegungen haben eine besondere praktische und theoretische Bedeutung. In nahezu allen Kulturen der Welt »heißt« (hier sehen wir schon die Gleichsetzung der Übermittlung nichtsprachlicher Signale mit jener der Sprache) Kopfschütteln »nein«, Kopfnicken dagegen »ja« (Eibl-Eibesfeldt 1986). Eigentlich, so könnte man meinen, müßte sich doch in jeder Kultur ein eigenes Zeichen einbürgern für diese beiden so ungeheuer oft benötigten nichtsprachlichen Signale. In der einen könnte z. B. der Kopf eingezogen, in der anderen herausgestreckt, in wieder einer anderen gesenkt werden für das Nein. Man könnte sich auch vorstellen, daß Kombinationen von Hand- und Kopfbewegungen, etwa die Hand auf den Scheitel legen, das »nein« ausdrückte.

Bis auf wenige Ausnahmen, von denen gleich noch die Rede sein wird, sind aber alle diese möglichen Lösungen nicht beschritten worden.

Wir, und mit uns bei weitem die Mehrheit der Menschheit, schütteln den Kopf für das Nein. Für die Existenz und die Universalität gerade dieser Gesten haben Humanethologen plausible Antworten gefunden. Bereits Säuglinge drehen den Kopf zur Seite, wenn sie einem Stimulus, der ja in den meisten Fällen von vorn kommt, ausweichen wollen. Diese Jüngsten wenden – wie die Erwachsenen auch – in derselben Weise zwei Pforten der sinnlichen Wahrnehmung, also Augen und Nase, beim nichtsprachlichen Nein von dem unerwünschten Reiz weg. Das ist eine ganz unwillkürliche und kaum bewußte Reaktion.

Als kommunikatives Signal ist nun ein solches einmaliges Wegdrehen nicht ausreichend, denn es würde sich im »weißen Rauschen« all der vielen Körperbewegungen nicht gut genug abheben. Besonders wichtig aber ist in der Kommunikation: Signale müssen eindeutig sein. Also, so die Folgerung, wurde das Nein-Zeichen im Verlauf der Stammesgeschichte *ritualisiert*, wie die Ethologen sagen. Das bedeutet: Ein im normalen Strom des Verhaltens vorkommendes Bewegungsmuster, hier das Wegdrehen des Kopfes, wird im Dienste der zwischenartlichen Kommunikation auffälliger gemacht. Das geschieht bei Tier und Mensch auf zweierlei Weise: erstens durch Vergrößern der Amplitude – die seitliche Auslenkung des Kopfes wird bis deutlich jenseits der Mittelachse des Körpers geführt; zweitens durch Wiederholung der Bewegung; das ist beim Nein eben das bekannte Kopfschütteln.

Als *nichtsprachliches Ja* findet sich in den weitaus meisten Kulturen das Senken des Kopfes, das wir Kopfnicken nennen. Hier handelt es sich sehr wahrscheinlich um eine Art Demutsgeste, wie sie auch aus dem Tierreich bekannt sind. Wir neigen den Kopf nach unten, vollziehen also das Gegenteil des herrischen Kopf-Aufreckens, und beugen uns auf diese Weise unter den Interaktionspartner. So geschieht es auch in vielen Ländern bei der Begrüßung: Wir machen uns etwas kleiner, indem wir dabei den Kopf neigen. Als Folge der *Ritualisierung* (im Sinne der Ethologie) wird das Kopfnicken – wie das Kopfschütteln beim Nein – ebenfalls meist wiederholt ausgeführt und damit als Zeichen deutlich gemacht. Als kommunikatives Signal bedeutet das Kopfnicken also: Ich beuge mich dem, was du sagst, ich bin einverstanden. Damit wird das Spektrum des nichtsprachlichen Ja deutlich, das von höflicher Zustimmung bis zur vollen Übereinstimmung in einer sachlichen Frage geht.

Einige werden vermutlich schon bei den Ausführungen zum Nein gestutzt und vielleicht auch protestiert haben: »Aber in Griechenland und in Indien ist es genau umgekehrt! Da nicken die Leute mit dem Kopf, wenn sie ›nein‹ sagen wollen und schütteln den Kopf für das Ja.« – In der Tat, in zwei umschriebenen geographischen Räumen, der eine umfaßt Griechenland und Bulgarien, der andere Teile von Indien, verwenden die Menschen andere nichtsprachliche Zeichen für Zustimmung und Ablehnung. Entgegen landläufiger Meinung stellen diese aber nicht das genaue Gegenteil der sonst verbreiteten Signale dar. Denn das Nein in diesen Ländern wird nicht etwa durch das demutsvolle Neigen des Kopfes angezeigt (das wäre in der Tat der Todesstoß für die eben dargelegte ethologische Hypothese), der Kopf wird vielmehr *hochgeworfen*. Zusammen mit diesem Zeichen des Stolzes, des Hinweisens auf die eigene Person und Meinung verschließen die Griechen zusätzlich die Augen und rümpfen die Nase. Das ist, so die ethologische Interpretation in diesem Fall, eine klare Ablehnung, denn so verschließt man symbolisch diese beiden Eintrittspforten und dreht sie nach oben, weg vom Interaktionspartner, mit dessen Aussage man nicht einverstanden ist. So entstand, durch Hinauf- und nicht Hinunternicken des Kopfes, dort das nichtsprachliche Nein.

Wie verhält es sich nun mit dem Ja in diesen Ländern? Auch hier handelt es sich – gegen den ersten flüchtigen Augenschein – nicht um das bei uns bekannte Kopfschütteln, sondern um ein wiegendes, langsames Hin- und Herbewegen des Kopfes. Dessen Bedeutung erkennen wir unschwer als: »Na, ich weiß nicht so recht, aber du könntest Recht haben.« Es ist also ein Zeichen des Hin- und Herwiegens, des Abwägens, das hier durch kulturelle Übereinkunft zum Ja wurde.

Verblüffend ist die Tatsache (Morris et al. 1979), daß im Südosten Italiens, auf dem »Stiefelabsatz«, eine scharfe Grenze zwischen Regionen verläuft, in denen die beiden unterschiedlichen Jas und Neins üblich sind. Seit mehr als zwei Jahrtausenden ist diese Trennlinie erhalten, denn dort befand sich auch die Grenze der frühen griechischen Besiedlung Italiens. Man sieht mit Staunen, wie konservativ solche kulturellen Traditionen sind, wie sehr sie gegen Änderungen gefeit sein können.

Die Weisen, nichtsprachlich »ja« und »nein« zu sagen, zeigen gut, wie die Verschränkung von biologischen Verhaltensprogrammen mit kulturellen Traditionen vor sich geht. Das gemeinsame biologische Erbe aller heute lebenden Menschen enthält »Programme«, beispielsweise für Empfinden und Verhalten, die sich bereits bei der Entwicklung der anderen Säugetiere, insbesondere der menschenähnlichen Primaten, bewährt hatten. Diese »Programme« lassen uns als (wohlbemerkt unbewußte) Demutsgeste den Kopf beugen, die Zähne zeigen, treiben uns den Angstschweiß auf die Stirn und lassen uns das überwältigende Gefühl des Verliebtseins empfinden. Was nun die jeweilige Kultur mit diesem Erbe macht, wie sie die biopsychologische Basis überformt, dafür besteht ein gewisser Spielraum – aber eben keine totale Beliebigkeit, wie wir auch am Beispiel der Mimik noch sehen werden. Deshalb sind, soweit bisher bekannt, auch nur die beiden Lösungen für nichtsprachliches Ja und Nein realisiert und nicht in jeder Kultur eine andere. Denn so ist es bei der Sprache: Sie weist einen ungleich höheren Freiheitsgrad gegenüber den biologischen »Programmen« auf als die nichtsprachlichen Formen der Kommunikation.

Mimik

Die Mimik ist in gewisser Weise das Gegenteil der Sprache. Ihr Signalapparat ist am Gesicht »festgewachsen«, ihre Botschaften können nicht frei formuliert werden wie die Wörter von den Sprechorganen, sondern sind auf eine zweidimensionale Geometrie beschränkt: Die Haut um die Augen, den Mund, die Stirn und das Kinn läßt sich nur nach oben oder unten, innen oder außen verschieben. Mit einem so einfachen Signalsystem, könnte man meinen, lassen sich doch nur Primitivbotschaften senden. Dem ist aber keineswegs so. Zwar ist die Bewegungsfreiheit des mimischen Reliefs aus Muskeln, Binde-und Fettgewebe sowie der Haut begrenzt, doch können die zahlreichen mimischen Einheiten zu einem ausdrucksstarken Gesamtsystem kombiniert werden, dessen Botschaften sehr differenziert sind.

Eine Überlegung verschafft uns einen interessanten Einstieg zur Beantwortung der Frage, ob Schimpansen oder Menschen über die leistungsfähigere Mimik verfügen. Schimpansen haben zwar keine Wortsprache, teilen sich aber dennoch komplexe Sachverhalte mit, ihre Stimmungen, Handlungsintentionen, auch geschauspielerte, sogar »falsche« Signale, mit denen sie einen gewissen Zweck erreichen wollen (de Waal 1989; Sommer 1992). Wir dagegen können auf das ungeheuer reich differenzierte System der Wörter mit ihren Bedeutungsfeldern zurückgreifen, wenn wir Dinge mitteilen wollen. Sollte dann nicht, dieser Schluß liegt nahe, der Schimpanse die ausdrucksfähigere Mimik haben?

Doch so verhält es sich nicht. Wenn man, wie es der amerikanische Primatologe E. Huber (1931) getan hat, die Anatomie der mimischen Muskeln bei den Menschenaffen untersucht, wird klar, daß zwar eine große Ähnlichkeit mit der des *Homo sapiens* besteht, daß aber die Muskelbäuche etwas weniger zahlreich und weniger fein ziseliert sind als beim Menschen. Das überraschende Ergebnis dieses Vergleichs ist also, daß wir nicht nur mit der Fähigkeit zur Wortsprache, sondern obendrein auch noch mit der *leistungsfähigsten Mimik des Tierreichs* ausgestattet sind. Warum ist das so? Offenbar ist für uns Menschen die Übermittlung von Gefühlen und inneren Stimmungen (und dafür ist die Mimik ja vor allem zuständig) noch wichtiger als für unsere Primaten-Verwandten. Das läßt uns ahnen, wie sehr wir mit unserer Biologie und unserer Psyche für die Existenz als Gruppenwesen, als *animal sociale*, festgelegt sind. Einsiedler brauchen keine Mimik – Sprache allerdings auch nicht.

Historisch betrachtet ist die wissenschaftliche Befassung mit der Mimik recht alt. Um 1770 entwickelte sich die sogenannte Physiognomik, die Untersuchung der *dauerhaften* Formen menschlicher Gesichter, aus der man Rückschlüsse auf die Charaktereigenschaften eines Menschen zu ziehen hoffte. Daß sie bis weit ins 19. Jahrhundert im Vordergrund der wissenschaftlichen Betrachtung stand, erstaunt nicht, wenn man bedenkt, daß sich die *flüchtigen mimischen* Ereignisse ohne ausgefeilte technische Hilfsmittel schlecht konservieren lassen. Erst mit der Möglichkeit, bestimmte, allerdings meist schauspielerisch gestellte und zum Zweck scharfer Abbildung zeitlich »gefrorene« Gesichtsausdrücke auf fotografische Platten zu bannen, begann das Zeitalter der genauen Erfassung der Mimik.

Die Erfindung des Films und später der Videotechnik brachten dann einen zweiten Schub der Mimikforschung mit sich. Denn jetzt konnte man den mimischen Ausdruck erst richtig analysieren, insbesondere deshalb, weil die Bewegungs»konserve« es gestattete, den Film oder das Magnetband vor- und zurückzufahren und so einzelne Bilder genau zu betrachten. Noch fehlte aber eine Technik zur präzisen Beschreibung der bei der Filmanalyse gewonnenen Erkenntnisse; denn es war zu ungenau zu sagen: »Versuchsperson D schaut ›ängstlich‹, ›selbstsicher‹, ›traurig‹ oder ›wütend‹.« Ein anderer Forscher hätte möglicherweise eine abweichende Interpretation der Emotionen gegeben, die dem jeweiligen mimischen Ausdruck zugrunde lagen.

Ein schwedischer Anatom, Carl-Herman Hjortsjö (1970), entwikkelte in den sechziger Jahren eine genial einfache Methode. Er faßte die damals bereits in allen Einzelheiten bekannten Tatsachen über die mimische Muskulatur des menschlichen Gesichts zusammen und stellte anhand von Schemazeichnungen dar, welche Muskel (bzw. in etlichen Fällen welche Muskelbündel) welche genau definierten Veränderungen im Gesicht hervorrufen. Im Gesicht legte er als Bestimmungsmarken klar zu erkennende Punkte und Linien fest, darunter die Lippenlinien, die Mundwinkel, die schräg von der Nase zu den Mundwinkeln absteigende Falte (Nasolabialfalte) und die Augenbrauen. Zusätzlich beschrieb er die an den normalerweise mehr oder weniger glatten Flächen geschehenden Veränderungen, z. B. waagerechte Stirnfalten, senkrechte Falten über der Nasenwurzel, »Krähenfüßchen« usw. Diese Studien führte er zum Teil an sich selbst vor dem Spiegel durch. Dabei lernte er die kleinsten getrennt innervierbaren, also eigene Nervenimpulse erhaltenden Einheiten der Mimik genau kennen. Ihnen gab er Ziffern (Abb. 9). Der innere Teil des großen Stirnmuskels erhielt die Nummer »1«, der seitliche Teil desselben Muskels die Nummer »2« usw. Letzteren Muskel benutzen wir beispielsweise dann, wenn wir einem Partner oder einer Partnerin ein verstohlenes Zeichen geben, häufig mit erotischer Bedeutung. Dabei wird typischerweise nur der »2er« Muskel einer Stirnhälfte innerviert, so daß die betreffende äußere Augenbraue schnell angehoben wird.

Diese Einteilung der Effekte mimischer Gesichtsbewegungen nach dem Kriterium der kleinsten getrennt aktivierbaren Einheiten erlaubte nun das Erstellen einer sauberen Partitur der mimischen Vorgänge, und zwar in ihren zeitlichen Abläufen. Die methodischen Voraussetzungen dafür wurden von den US-amerikanischen Forschern Paul Ekman und Wallace Friesen (1978) geschaffen, die Hjortsjös Modell weitgehend übernahmen. Sie hatten mittels Elektroden, die sie in ihre eigene Gesichtshaut gepikst hatten, die Exaktheit von Hjortsjös Nerven-Muskel-Einheiten nachgewiesen, die sie in Aktionseinheiten (*action units*) umbenannten. Der Begriff »Aktionseinheit« soll im folgenden auch verwendet werden.

Ein weiterer Durchbruch zum Verständnis der Mimik als eines partiell unbewußt funktionierenden und von Lerneffekten weitgehend freien Systems der Kommunikation war schon 1973 mit der Filmdokumentation gelungen, die Irenäus Eibl-Eibesfeldt (1987) an Kindern vornahm, die nicht nur blind, sondern auch taub geboren worden waren. Diese Kinder, deren Mütter meist in einer bestimmten Phase der Schwangerschaft an Röteln erkrankt waren, leben ja in ständiger Nacht und Stille. Sie können das Gesicht der Eltern nicht sehen und ihre lobenden, ermunternden oder tadelnden Worte nicht hören. Das, was sie als mimischen Ausdruck auf ihren Gesichtern entstehen lassen, kann also nur von innen, von angeborenen Programmen kommen. Es ist eine Folge jener festen Verschaltungen der Gefühle und Stimmungen aus bestimmten Teilen des Gehirns mit spezifischen anderen Gehirnzentren, die Nervenimpulse zur mimischen Musku-

Abb. 9 Veränderung der Mimik durch die Hjortsjö-Aktionseinheiten 8 (»Nasenlöcher verengen«), 9 (»Naserümpfen«) und 10 (»Ekelgesicht«). ▶

8

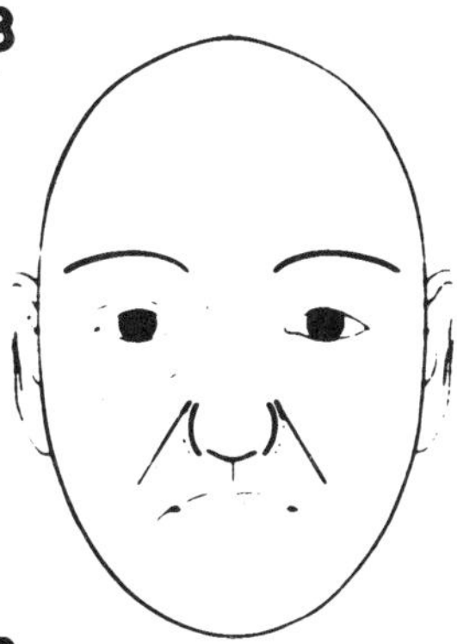

a

8

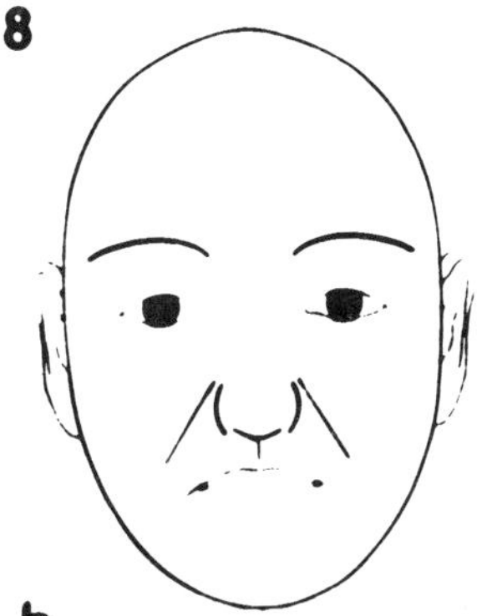

b

9

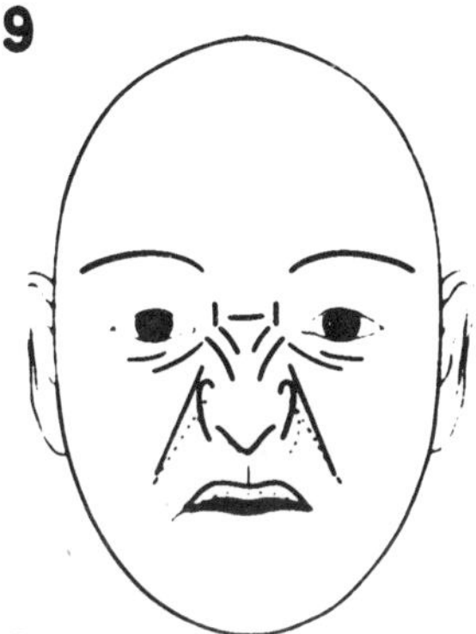

a

9

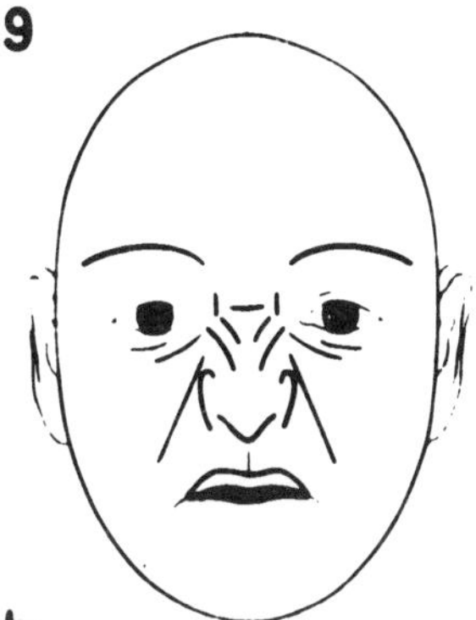

b

10

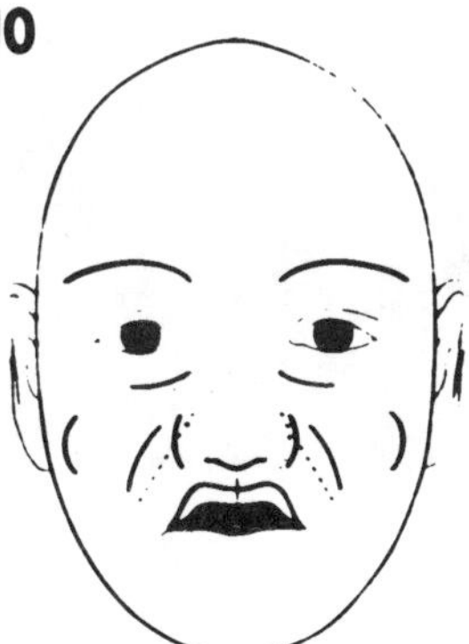

a

10

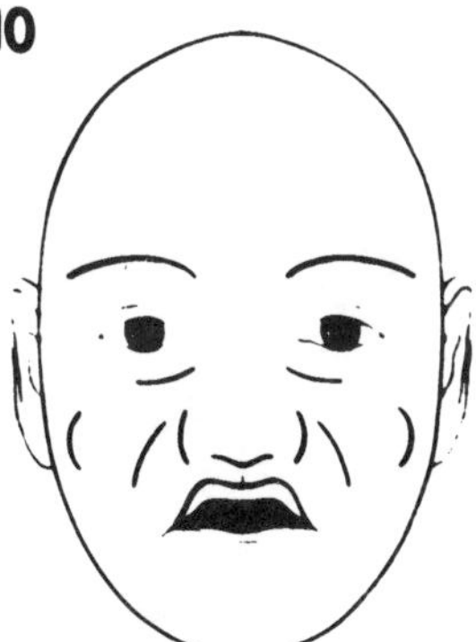

b

latur senden. So kommt es, daß die taubblind geborenen Kinder in derselben Weise Traurigkeit signalisieren wie sehende, nämlich durch Herunterziehen der Mundwinkel, und genauso lächeln, nämlich durch Anheben der Mundwinkel (vgl. Abb. 10).

Daß elementare Ausdrucksweisen der menschlichen Mimik tatsächlich auf biologischer Basis produziert und verstanden werden, ist inzwischen vor allem durch kulturvergleichende Studien vielfach erwiesen (Ekman et al. 1969; Eibl-Eibesfeldt 1986). Die so belegte Universalität wichtiger mimischer Muster wurde noch vor wenigen Jahrzehnten (Duffy 1962) heftig bestritten. Diese Kritiker betonen die hohe Varianz der Mimik in den verschiedenen Kulturen und stellen die Hypothese auf, daß alle Signale des Gesichts beliebig seien und auf kultureller Übereinkunft beruhten – in seltsamem Gegensatz zu der Erfahrung, die eigentlich jeder Reisende machen kann. Trotz mangelnder Beherrschung der Landessprache kann man sich in begrenztem Umfang nichtsprachlich verständlich machen und auch die

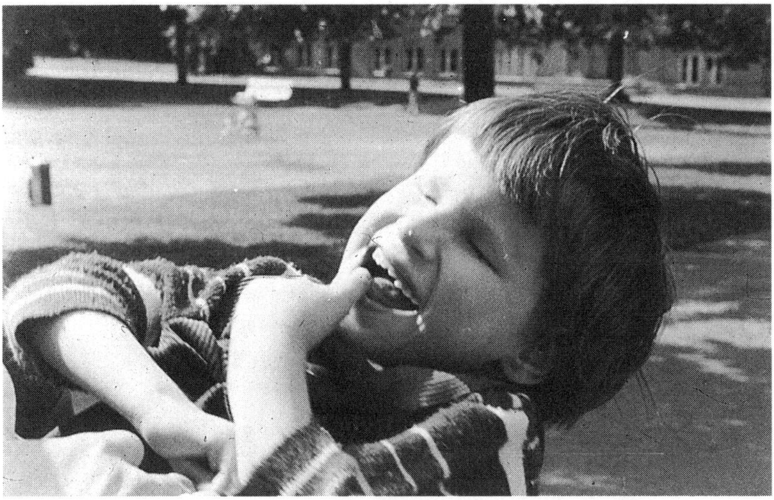

Abb. 10 Taubblind geborene Kinder erhalten keine Rückmeldung über den Ausdruck ihres Gesichts, weil sie die mimischen Signale im Gesicht ihrer Mitmenschen oder im Spiegel nicht sehen und auch keine positiven oder negativen Kommentare hören können. Trotzdem entwickeln sie, wie Irenäus Eibl-Eibesfeldt zeigen konnte, alle wichtigen Ausdruckmuster, hier jene der Freude. Daraus läßt sich ableiten, daß die entsprechende Verschaltung innerer Vorgänge (z. B. von Emotionen) mit spezifischen Muskelbewegungen auf genetischer Grundlage erfolgt.

Einheimischen recht gut verstehen. Denn der Austausch mimischer und anderer Signale funktioniert, zumindest für die Bereiche der basalen Kommunikation, erstaunlich gut.

Im folgenden werden vier der 43 Aktionseinheiten besprochen, nämlich die mimischen Ausdrucksmuster der Freude (Mundwinkel anheben), der Trauer/des Schmerzes (Mundwinkel senken, der leichten (Naserümpfen) sowie der vehementen (Ekelgesicht) sozialen Distanzierung. Die kommunikative, soziale Bedeutung dieser Signale ergibt sich, das ist die hier verfolgte Interpretationslinie, aus der biologischen Funktion, die diese Bewegungen im Gesicht haben.

Lächeln (Aktionseinheit 12) Der mimische Stellmotor des Lächelns ist der *Zygomatikus-Muskel*, der vom Mundwinkel zum Jochbein unterhalb der Augenhöhle zieht. Wenn er sich zusammenzieht, bewegt er dementsprechend den Mundwinkel nach oben außen und legt dabei die Zähne des Oberkiefers frei. Vor allem bei jüngeren Menschen »blitzt« unvermittelt das Weiß der Zähne auf – ein äußerst wirksames, vom Empfänger positiv empfundenes Signal (vgl. Abb. 11). Beim stärkeren Lächeln wird außerdem der große Ringmuskel um die Augen (Aktionseinheit 6) mitinnerviert. Er zieht sich zusammen, was dazu führt, daß sich der obere Teil der Wange nach oben schiebt. Dabei entstehen »Krähenfüßchen«. Die Veränderungen um das Auge verlegen Volksmund und Dichter in das Auge selbst: »Ihre Augen strahlten«, »Ein plötzlicher Glanz war in seinen Augen« usw. Das dürfte vor allem der Effekt des Ringmuskels, möglicherweise auch eine Vermehrung von Tränenflüssigkeit sein, die die Hornhaut benetzt und das »Glänzen« bewirkt.

Mimikforscher haben in den letzten Jahren festgestellt, daß diese Mitbewegung des Augenringmuskels nur dann erfolgt, wenn das Lächeln »aus dem Herzen kommt«. »Gekünsteltes« Lächeln als Element der Konvention, etwa bei einer Verkäuferin dem Kunden gegenüber, enthält den »Krähenfüßchen-Effekt« nicht und wird von uns dementsprechend intuitiv als nicht echtes, nicht herzliches Lächeln empfunden. Paul Ekman und seine Mitarbeiter haben die Kombination aus den Aktionseinheiten 12 plus 6 »felt smile«, also »gefühltes, erlebtes« Lächeln genannt.

Daß die Mundwinkel beim Lächeln nach oben gehen, ist sehr wahrscheinlich auf ein stammesgeschichtliches Erbe zurückzuführen. Bei vielen Säugetieren, etwa bei Hunden, zieht ein Muskel vom Kopf über die Ohren und das Jochbein zum Mundwinkel. Dieser Muskel wird unwillkürlich innerviert, wenn das Tier Furcht empfindet. Dann legen sich, entsprechend dem Zug der Muskulatur, die Ohren nach hinten, und die Oberlippe wird

Abb. 11 Eine junge Trobrianderin im Gespräch mit einem Gegenüber. Wenn die Mundwinkel durch die Aktivität des Jochbeinmuskels (Aktionseinheit 12) nach oben und nach außen gehoben werden, nennen wir das »Lächeln«. Die Trobriander sagen »egilikimwala« (sie lächelt), bisweilen auch »egilala« (sie lacht). Man erkennt, daß die beiden an sich unterschiedlichen Verhaltensweisen umgangssprachlich (wie im Deutschen) nicht ganz scharf auseinandergehalten werden.

nach oben außen gezogen. Dadurch werden die Zähne des Oberkiefers freigelegt. Der Mund befindet sich aber, der furchtsamen Stimmung gemäß, nicht in Beißstellung. Die Tierethologen nennen diesen mimischen Ausdruck, der auch bei unseren Primaten-Verwandten vorkommt, *Furchtgrinsen*. Daß sich ausgerechnet dieses mimische Muster in der Stammesgeschichte zum so freundlichen und so attraktiv machenden menschlichen Lächeln entwickelte, erscheint vielleicht auf den ersten Blick merkwürdig oder widersinnig. Auf den zweiten Blick werden uns aber die Zusammenhänge klarer: Einige Menschen »grinsen« (das ist der evolutionsbiologische Bruder des Lächelns), wenn sie in schwierigen Situationen sind.

Während das Grinsen durch die Kombination »Furcht – leichtes Drohen – leichte Submission (Unterwerfung)« bestimmt ist, ist das Lächeln durch die Kombination »defensive Entschuldigung – freundlicher Appell« charakterisiert. Beides ist so weit nicht voneinander entfernt. Daß sich das Furchtgrinsen der Tiere zum sozialen Lächeln wandelte, ist ein Zeichen für die *Homo sapiens* innewohnende Tendenz zu freundlicher, den Partner für sich einnehmender Kommunikation.

Weinen (Aktionseinheit 15) Abbildung 12 zeigt ein einjähriges Mädchen, das beim Spiel mit einem gleichaltrigen Orang-Utan-Kind plötzlich zu weinen begann. Normalerweise verstanden sich diese beiden im Haus einer Freundin, die mitten im Zoo Jakartas (Indonesien) wohnte, sehr gut. In dieser Situation hatte das Orang-Kind die menschliche Spielgefährtin aufgefordert, mit ihr an einem der Verandapfosten hochzuklettern. Ohne Erfolg. Der feste Griff des bereits ungeheuer kräftigen Orang-Kindes um seinen Unterarm und der wie zum Beißen geöffnete Mund waren dem Menschenmädchen aber zuviel. Es weinte bitterlich und rief auch mit dem visuellen Signal des Trauer-Schmerz-Gesichts Hilfe herbei.

Hätte das Mädchen Kenntnisse in vergleichender Anatomie und Ethologie gehabt, dann hätte es sich nicht fürchten müssen. Denn natürlich hat ein baumlebender Primat erstens enorme Kraft in den Händen, der Griff war also nicht bedrohlich, und zweitens ist ein rund geöffneter Mund mit nach leicht nach innen gebogenen Lippen, also verdeckten Reißzähnen, bei Tier und Mensch ein eindeutiges Zeichen freundlicher Gesinnung. Die Ethologen bezeichnen es als »Spielgesicht« (*open mouth display*), das auf das bei den Tieren weitverbreitete »Spielbeißen« zurückgeht und demnach mit guten Gründen als Vorläufer des Lachens zu betrachten ist (van Hooff 1971). In der Tat vokalisieren die beteiligten tierischen Spielgefährten häufig Laute, die fast wie »ha ha ha!« klingen.

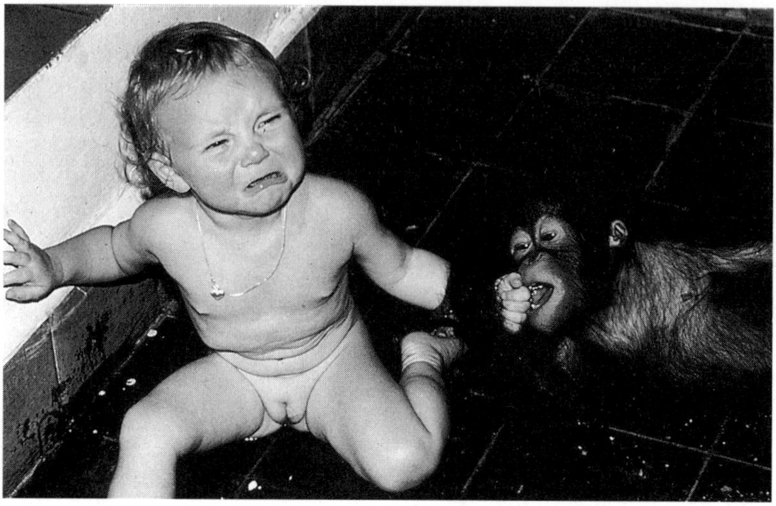

Abb. 12 Wenn die Mundwinkel nach unten (also dem Lächeln entgegengesetzt) gezogen werden, erkennen Angehörige aller Kulturen das als Signal des Schmerzes und der Trauer. Hier mißverstand ein einjähriges Mädchen im Zoo von Jakarta die Spielaufforderung (siehe den zum »Spielbeißen« geöffneten Mund) eines gleichaltrigen Orang-Utan-Kindes und alarmierte mit Mimik und Weinlauten die Eltern.

Bei genauer Betrachtung eines lächelnden und eines weinenden Menschen (Abb. 11 und 12) fällt auf, daß die beiden Bewegungsrichtungen der Mundwinkel – einmal nach oben, einmal nach unten – genau Gegensätzliches ausdrücken. Bereits Charles Darwin hat im 19. Jahrhundert dieses Prinzip der *»Antithese«* bei der Erklärung von mimischen Bewegungen beschrieben. Man kann sich kaum vorstellen, daß die Signale »andersherum« aussehen könnten: Trauer und Schmerz nach oben, Freude nach unten. Unsere biopsychologische Intuition sagt uns: nach oben bedeutet optimistisch, positiv, nach unten bedeutet pessimistisch, depressiv. Wir sehen also, daß die Kultur, selbst wenn sie es wollte, nicht beliebig mit den Elementen der Mimik spielen kann. Die Biologie, das heißt unsere Konstruktion als Tier, setzt ihr Grenzen. Oft sogar recht enge.

Das Naserümpfen (Aktionseinheiten 8 und 9) Eine ähnliche, wenn auch nicht so stark ausgeprägte Schutzfunktion, diesmal für das Innere der Nase, haben die Muskeln Nr. 8 (*Musculus nasalis*) und Nr. 9 mit dem schönen Namen *Musculus levator labii superioris alaeque nasi*, »der

Heber der Oberlippe und des Nasenflügels«. Deren Funktion ist es, den Luftstrom, der durch die beiden Nasenöffnungen zur Riechschleimhaut zieht, dann einzuengen, wenn ein unangenehmer Geruch wahrgenommen wird. Auch das geschieht ganz reflektorisch und unwillkürlich. Im Alltag sehen wir nun, wenn wir genau aufpassen, Menschen, insbesondere Frauen, ausgesprochen häufig den »9er« Muskel aktivieren. Haben sie alle einen schlechten Geruch in der Nase? Mitnichten. Hier riecht nichts.

> Vor einiger Zeit versuchte der gewiefte Talkmaster Joachim Fuchsberger, die Tagesschau-Sprecherin Dagmar Berghoff dazu zu bringen, etwas mehr von ihrem privaten Leben, von ihren Männern und dergleichen zu erzählen. »Nein, ich möchte doch lieber beim Beruflichen bleiben«, reagierte sie ... und rümpfte die hübsche Nase. Warum? Das Pflaster, auf das sie da geführt werden sollte, behagte ihr nicht. Der Vorschlag des Talkmasters war ihr etwas zu »anrüchig«. Und so lehnte sie mit dem relativ milden Zeichen des Naserümpfens ab. Dabei lächelte sie, wie es typischerweise in solchen Situationen zu beobachten ist. Auch durch diese Kombination 9 plus 12 wird klar, daß es keine ganz schlimme Abfuhr war, die sich Herr Fuchsberger da geholt hatte: Das Naserümpfen ist das Signal einer milden sozialen Mißbilligung, einer leichten Distanzierung. Die an sich freundliche Interaktion wird dadurch nicht gefährdet.

Das schöne Wort »anrüchig« zeigt uns, wie kreativ die Sprache ist. Ursprünglich hieß das Wort »anrüchtig« und bezeichnete einen schlechten Ruf; dieselbe etymologische Wurzel steckt auch in »berüchtigt«. Im 19. Jahrhundert hat sich dann, in Anlehnung an den Wortstamm »riechen«, »Geruch«, der Begriff »anrüchig« eingebürgert, der eigentlich genau das bezeichnet, was die humanethologische Beobachtung lehrt: Auf das, was wir von unserem Interaktionspartner zu hören oder sehen bekommen, reagieren wir in derselben Weise, als wäre es ein leicht unangenehmer Geruch, nämlich mit Rümpfen der Nase.

Das Ekelgesicht (Aktionseinheit 10) Während das Naserümpfen eine sehr gemäßigte soziale Reaktion darstellt, derentwegen niemand in Rage geraten muß, ist es mit dem Ekelgesicht ganz anders. Doch zunächst wieder zur Anatomie und Physiologie. Der verursachende Muskel liegt neben dem Muskel für Aktionseinheit 9, bewirkt jedoch ein ganz anderes mimisches Signal. Er trägt den Namen *Caput infraorbitale* des *Musculus levator labii superioris*, »unterhalb der Augenhöhle gelegener Kopf des Muskels, der die Oberlippe hebt«, und wird als Aktionseinheit Nr. 10 geführt.

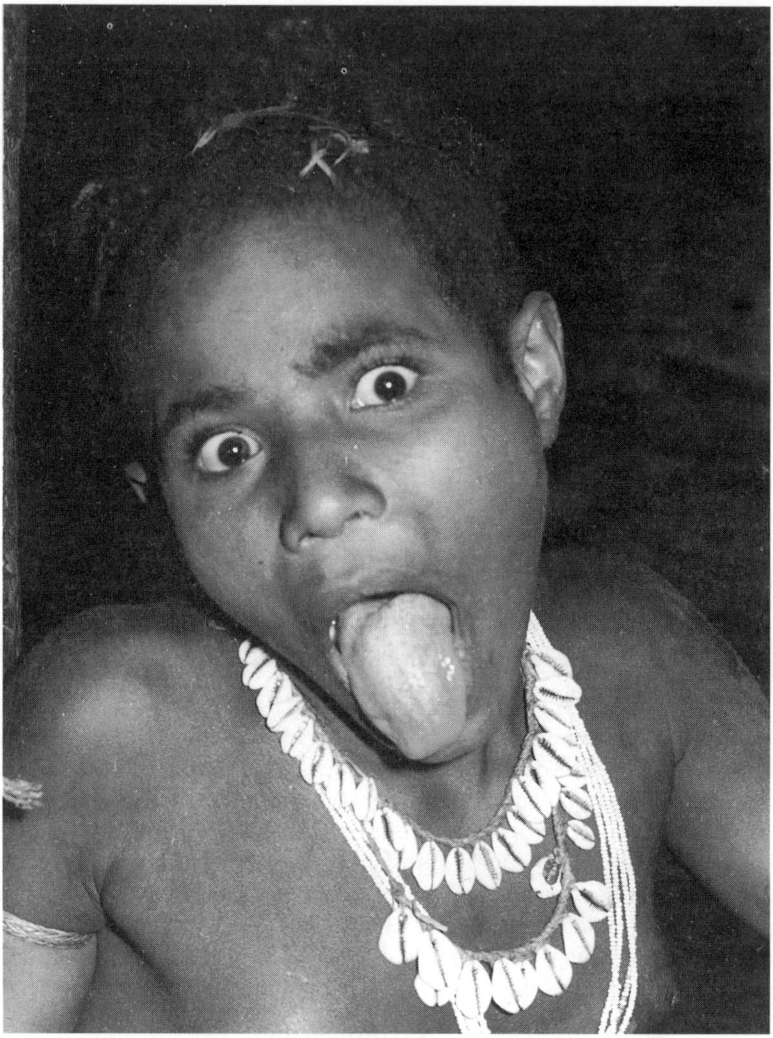

Abb. 13 Deutlich ausgeprägtes »Ekelgesicht« und Drohblick bei einer jungen Eipo-Frau, die aggressiv auf die Frage reagierte, warum sie nicht bei dem ihr zugedachten Ehemann bleiben wolle. Auch hier liegt kein physischer Auslöser vor (verdorbene Speisen, Körperausscheidungen usw.). Der Gesichtsausdruck ist ein ritualisierter Brechakt und übermittelt eine klare Botschaft, die wir im Deutschen etwa mit »Du bist für mich zum Kotzen!« ausdrücken. – Biologie und Bedeutung liegen also auch in diesem Fall eng beieinander.

Seine Wirkung auf das Relief des Gesichts produziert keine feinen Fältchen auf dem Nasenrücken wie der »9er«, sondern eine Vertiefung der Nasolabialfalte, die er außerdem in eine trogförmige Konfiguration, etwa einem umgekehrten U entsprechend, zieht (vgl. Abb. 9, unten). Dabei wird, gemäß der Zugrichtung, auch die Oberlippe angehoben und zwar in der Mitte. Oft öffnen die mit diesem Zeichen Reagierenden auch noch den Mund, strecken die Zunge heraus und stoßen eventuell zusätzlich einen »chchch«-Laut aus. Das ist ganz eindeutig das Gesicht, das wir auch beim Erbrechen machen (vgl. Abb. 13).

Das Ekelgesicht ist im Sinne der Ethologie eine Ritualisierung des Brechaktes: Reflektorischen Brechreiz bekommen wir etwa, wenn wir verdorbene Speisen, stinkende Ausscheidungen von Mensch und Tier riechen und/oder sehen. Oftmals ist aber gar nichts in der Nähe, was diese sehr heftige Schutzreaktion bei unseren Mitmenschen hervorrufen könnte, wenn sie sich in alltäglichen Interaktionen mit ihresgleichen befinden. Das Signal sagt dann unmißverständlich: »Du bist für mich zum Kotzen!« oder, in einer sprachlich eigentlich falschen Bildung: »Du kotzt mich an!«

Auch hier also folgt die kommunikative Bedeutung aus der Biologie, und es wird klar, daß eine solche Reaktion, im Gegensatz zum Naserümpfen, so ungefähr das Maximum an Ablehnung enthält, was man einem Gegenüber ohne Worte ausdrücken kann. Eine Steigerung ist allerdings noch möglich: Wenn man vor dem anderen oder gar auf ihn ausspuckt. Denn dann ist der Brechakt nicht nur angedroht, sondern symbolisch vollzogen. Daß man dafür in allen Kulturen mit sehr heftigen Gegenreaktionen rechnen muß, ergibt sich nach all dem von allein und sollte niemanden wundern.

Am Beispiel der vier mimischen Aktionseinheiten, die praktisch nie in der hier beschriebenen »reinen« Form, sondern fast stets in Kombination mit anderen auftreten (die Überlagerung verschiedener mimischer Botschaften ist im übrigen weitgehend die Regel), mag deutlich geworden sein, daß es sinnvoll sein kann, die Biologie zu befragen, wenn man etwas über die Semantik nichtsprachlicher Kommunikation wissen möchte. Die skizzierten Zusammenhänge zwischen der physiologischen Funktion (oft genug in der Form einer Art Schutz»reflexes« wie bei den Aktionseinheiten 9 und 10) und der Bedeutung des Signals für die Menschen in unserer Umgebung lassen sich allerdings, jedenfalls bisher, nicht für alle mimischen Muster belegen. Doch hier kam es darauf an zu zeigen, daß die jeweiligen Kulturen eben gerade nicht völlig frei darin sind, welche mimischen (und anderen nichtsprachlichen) Zeichen sie für spezifische Botschaften verwenden. Unsere Biologie und die daran geknüpften psychischen Vorgänge begrenzen die freie Programmierbarkeit der Signalmaschine Mensch: Uns sind Zügel angelegt – auch dort, wo wir sie nicht sofort bemerken.

Literatur

Ainsworth, M.D.S. (1972): Attachment and Dependency: A Comparison. In: Gewirtz, J.L. (Hrsg.): Attachment and Dependency. Washington D.C.

Beauchamps, G., Yamazaki, K., Boyse, E.A. (1985): The Chemosensory Recognition of Genetic Individuality. In: Scientific American 253, 1, S. 66–72.

de Waal, F. (1989): Wilde Diplomaten. Versöhnungs- und Entspannungspolitik bei Affen und Menschen. München.

Duffy, E. (1962): Activation and Behavior. New York.

Eibl-Eibesfeldt, I. (1986): Die Biologie des menschlichen Verhaltens. 2., überarbeitete Aufl. München, Zürich.

Eibl-Eibesfeldt, I. (1987): Grundriß der vergleichenden Verhaltensforschung. 7., überarbeitete und erweiterte Aufl. Zürich.

Ekman, P., Sorenson, E.R, Friesen, W. (1969): Pan-cultural Elements in Facial Displays of Emotion. In: Science 164: S. 86–88.

Ekman, P., Friesen, W. (1978): Facial Action Coding System. Palo Alto.

Erikson, E.H. (1953): Wachstum und Krisen der gesunden Persönlichkeit. Stuttgart.

Grossmann, K.E. (1987): Die natürlichen Grundlagen zwischenmenschlicher Bindung. Anthropologische und biologische Überlegungen. In: Niemitz, C. (Hrsg.): Erbe und Umwelt. Zur Natur von Anlage und Selbstbestimmung des Menschen. Frankfurt/M., S. 200–235.

Hall, E.T. (1973): The Silent Language. An Anthropologist Reveals how we Communicate by our Manners and Behavior. New York.

Hjortsjö, C.H. (1970): Man's Face and Mimic Language. Lund.

Huber, E. (1931): Evolution of Facial Musculature and Facial Expression. Baltimore.

Lorenz, K. (1977): Die Rückseite des Spiegels. Versuch einer Naturgeschichte menschlichen Erkennens. München.

Morris, D., Collet, P., Marsh, P., O'Shaughnessy, M. (1979): Gestures, Their Origin and Distribution. London.

Rein, H., Schneider, M. (1971): Einführung in die Physiologie des Menschen. Berlin, Heidelberg, New York.

Schleidt, M., Neumann, P., Morishita, H. (1988): Pleasure and Disgust: Memories and Associations of Pleasant and Unpleasant Odours in Germany and Japan. In: Chemical Senses 13, 2, S. 279–293.

Sebeok, T. (1985): Modern Man, Communication and Language. In: Thomson, C. (Hrsg.): The Phylogeny and Ontogeny of Communication Systems. Kingston, Ontario, S. 163–168.

Sommer, V. (1992): Lob der Lüge. Täuschung und Selbstbetrug bei Tier und Mensch. München.

Stoddart, D.M. (1990): The Scented Ape. The Biology and Culture of Human Odour. Cambridge, New York u. a.

Strecke, D. (1991): Psychophysiologische Effekte der Körperberührung bei Patienten auf einer Intensivstation. Diplomarbeit, Technische Universität München.
van Hooff, J.A.R.A.M. (1971): Aspecten van het sociale gedrag en de communication bij humane en hogere niet-humane primaten. Rotterdam.

Spiel und Humor

Volker Sommer

Wenn wir als naive Beobachter dem Treiben auf einem Affenfelsen im Zoo zusehen oder Kindern auf dem Pausenhof, können wir ohne Schwierigkeit entscheiden, ob gerade gespielt wird. Wissenschaftler haben jedoch geradezu notorische Schwierigkeiten mit der Frage, was Spielverhalten eigentlich ist: Spiel ist eine sehr variable Aktivität, die sich schwer definieren läßt. Wer sich nicht nur mit dem Spiel von Tieren, sondern mit dem von Menschen beschäftigt, sieht sich zudem mit zahlreichen kulturellen Schattierungen des Phänomens konfrontiert – mit Fußball und Bergsteigen, Kartenspiel und Roulette, Lächeln und Lachen, Witz und Humor ebenso wie mit darstellenden Künsten wie Schauspielerei, Tanz und Gesang, mit bildenden Künsten wie Malerei oder Bildhauerei, mit Phänomenen wie religiösen Ritualen, Orgien unter Drogenkonsum oder dem selbstvergessenen Burgenbauen eines Kindes am Strand.

Zahlreiche wissenschaftliche Disziplinen fühlen sich denn auch für das Spiel zuständig – die Psychologie ebenso wie Völkerkunde, Theaterwissenschaft, Pädagogik und Soziologie, die Musikwissenschaft und Philosophie ebenso wie Religionsgeschichte oder Geschichtswissenschaft. Im folgenden soll allerdings die *Perspektive der Evolutionsbiologie* eingenommen werden, jener Wissenschaft, die die lange Geschichte des Lebens und seiner vielfältigen Erscheinungsformen als das Resultat stammesgeschichtlicher Entwicklung begreift, der der Prozeß der natürlichen Auslese zugrunde liegt. Die Grundannahme ist dabei, daß sich nur solche Merkmale im Körperbau, im Verhalten und in der Psyche eines Organismus behaupten konnten, die vorteilhaft für das Überleben ihrer Träger waren: Sie haben die Wahrscheinlichkeit erhöht, daß sich das Erbgut des Trägerorganismus in einer Population ausbreitete, weil sie in Konkurrenzsituationen ihren Trägern gegenüber solchen Individuen, denen das Merkmal fehlte, einen Vorteil verschafft haben. Im offenkundigen Nachteil dieser Perspektive liegt auch ihre Stärke: Sie ist *reduktionistisch* und versucht, alles aus *einem* Ansatz heraus zu erklären. Das führt zwar zwangsläufig zu Vereinfachungen – unzulässigen Verallgemeinerungen, wie Kritiker einwenden werden. Doch erweist sich der Reduktionismus als hilfreiches Ordnungsprinzip.

Nicht weniger umstritten als die Frage, was Spiel eigentlich ist, ist die Frage nach dem Warum, nach seinen Ursachen und Funktionen. Wir wollen uns diesem Phänomen zunächst auf eher beschreibendem Wege nähern und wesentliche formale Eigenschaften von Spielverhalten betrachten. Im Vordergrund steht dabei der Vergleich des Spielverhaltens von Menschen mit dem von Tieren, insbesondere dem unserer stammesgeschichtlich nächsten Verwandten, der Primaten, zu denen die Halbaffen, Affen und Menschenaffen zählen. Denn über den Tier-Mensch-Vergleich können wir Hinweise auf den Werdegang einer Verhaltensweise erlangen, zumal das Verhalten von Tieren weniger stark kulturell überformt ist. Dabei sollen auch Merkmale Berücksichtigung finden, die wir offenbar mit nur wenigen anderen Spezies teilen: das Lächeln, das Lachen und der Humor.

Verhaltensbiologie des Spiels

Kategorien wachsender Komplexität

Spiel bildet keine einheitliche Verhaltenskategorie, sondern ist äußerst vielgestaltig. Bevor wir uns möglichen Definitionen zuwenden, sollen jene *groben Kategorien* vorgestellt werden, die in ihrer Gesamtheit als *ludisches Verhalten* (von lat. *ludere*, spielen) bezeichnet werden (vgl. Hassenstein 1980, S. 112–124; Immelmann 1982, S. 222). In der Reihenfolge wachsender Komplexität sind dies:

Erkunden Darunter werden ungerichtete Bewegungen im Raum verstanden, wobei verschiedenste Sinneseindrücke (chemisch, optisch, akustisch, taktil) eher zufällig in der Reihenfolge ihres Auftretens wahrgenommen werden. Dieses einem unregelmäßigen Suchen ähnliche Herumstreifen kann etwa von dem Bedürfnis zur Nahrungsaufnahme oder dem Sexualverhalten ausgelöst werden.

Neugier Mit Neugierverhalten wird ein stärker gerichtetes Aufsuchen und Untersuchen von Gegebenheiten bezeichnet, die auffällig und unbekannt sind. Neugier äußert sich typischerweise in Aktivitätsmustern wie Annähern – Entfernen, Manipulieren, Inspizieren mit dem Mund, der Nase, den Extremitäten. Voraussetzung dieses gezielten Erkundens ist, daß der in der bekannten Umgebung neu wahrgenommene Reiz nicht abschreckend wirkt. Erkunden und Neugierverhalten können fließend ins Spielen übergehen, speziell dann, wenn der Gegenstand der Neugierde irgendwie reagiert – sei es nun ein angestupster Ball oder ein Artgenosse.

Solitäres Bewegungsspiel Bewegungs- oder Lokomotionsspiele werden gewöhnlich allein (solitär) ausgeführt. In ihrer Ungerichtetheit ähneln sie strukturell dem Erkunden. Sämtliche Primatenarten geben sich der einen oder anderen Form des Lokomotionsspiels hin: Ästeschwingen, Rutschen, Springen, Hopsen, Purzelbäume-Schlagen, Pirouetten-Drehen, tastende Fortbewegung mit geschlossenen Augen. Als erste im Laufe der Individualentwicklung auftretende Form des Bewegungsspiels kann bei Primatenkindern das Weg-Krabbeln von den sie gerade hütenden Gruppenmitgliedern und das erneute Heran-Krabbeln gewertet werden. Dabei läßt sich ein interessanter Unterschied zwischen baum- und bodenlebenden Arten feststellen, der die Verletzungsgefahr in den unterschiedlichen Lebensräumen widerspiegeln dürfte: Die Kleinkinder baumlebender Affen – etwa der Diademmeerkatze oder der Mantelmangabe – beginnen mit ihren eigenständigen Erkundungsversuchen später als die der vorrangig bodenlebenden – wie die Grüne Meerkatze.

Solitäres Objektspiel Objektspiele mit unbelebten Gegenständen können allein ausgeführt werden. Strukturell ähnelt das Objektspiel in seiner Gerichtetheit dem Neugierverhalten: Beim Beutefangspiel beschäftigt sich eine junge Katze intensiv mit einem Wollknäuel. Schimpansenkinder spielen in der Wildnis mit allen möglichen Gegenständen, die sie später als Werkzeuge benutzen werden, wie etwa Grashalme, Zweige, Stöcke. Auch Objektspiele spiegeln unterschiedliche ökologische Bedingungen wider: Paviane, Rhesusaffen und andere »Allesfresser« zeigen ein größeres Interesse am Manipulieren von Gegenständen (drehen also beispielsweise Steine um oder inspizieren Vertiefungen in Baumstämmen) als Pflanzenfresser, zu denen etwa Stummelaffen und Languren zählen. Letztere ernähren sich überwiegend von Blättern, und die wachsen ihnen – salopp formuliert – ohnehin in den Mund.

Sozialspiel Unter Sozialspiel (mit seinen großen Kategorien Balg- oder Kampfspiel, Fluchtspiel, sexuelles Spiel) wird das Spiel mit Artgenossen verstanden. Je nach Sozialsystem und individueller Veranlagung sind erste Spielpartner eines Kleinkindes Mutter und/oder Vater, die Geschwister oder die Peer-Gruppe der Gleichaltrigen. Sozialspiel kann sich auch zwischen artfremden Spielgefährten entwickeln. So spielen im Freiland etwa Paviane mit Schimpansen (was die Schimpansen übrigens nicht daran hindert, ehemalige Spielgefährten später aufzufressen), Rhesusaffen mit Languren oder – uns weitaus vertrauter – Menschen mit Hunden.

Formale Kennzeichen des Spielverhaltens

Die zahlreichen Versuche, Spiel zu definieren, weisen, wie die jeweiligen Wissenschaftler in der Regel einräumen, sämtlich einen Mangel auf: Die Charakterisierungen haben stets nur beschränkte Geltung. Stellvertretend seien *drei Definitionsversuche* genannt, die sich durch relativ geringe sprachliche Gestelztheit auszeichnen:

1. Spielverhalten bezeichnet alle diejenigen Verhaltensweisen, »die keinen unmittelbaren ›Ernstbezug‹ innerhalb des Verhaltensbereiches besitzen, innerhalb dessen sie normalerweise ihre Funktion erfüllen.« (Immelmann 1982, S. 222)
2. »Spiel ist jede nach der Geburt ausgeführte motorische Aktivität, die keinen Zweck zu haben scheint und in der Bewegungsmuster aus anderen Kontexten, oft in abgewandelter Form und veränderter zeitlicher Reihenfolge, gebraucht werden.« (Bekoff, Byers 1981, S. 300, Übersetzung V.S.)
3. »Spiel ist ein für den Menschen charakteristisches Verhalten während aller Lebensalter, das durch angeborene Stimuli oder Neigungen ausgelöst wird und sich von anderem Verhalten dadurch unterscheidet, daß die Kombination seiner Merkmale frei wählbar ist, daß es in irgendeiner Weise vergnüglich ist, daß es von anderem Verhalten (zeitlich) abgesetzt ist und sich durch eine etwas vorgebende oder psychisch transzendierende Eigenschaft auszeichnet.« (Norbec, zit. nach Schultz, Lavenda 1990, S. 155, Übersetzung V.S.)

Da solche Definitionen nicht gerade eingängig sind, sollen die angesprochenen sowie weitere Merkmale der Reihe nach betrachtet werden, in der Hoffnung, daß sich die Einzelmerkmale zu jenem Ganzen zusammenfügen, das bekanntlich mehr ist als seine Teile.

Energieaufwendige und übertriebene Bewegungen Im Spiel laufen Verhaltenssequenzen mit größerer Geschwindigkeit ab als im Normalfall: Wer den Abhang heraufgetobt ist, tobt ihn ebenso rasch wieder hinunter – und zwar oft mit übertriebenen, unvollkommenen oder unbeholfenen Bewegungen, etwa im Purzelbaum, mit den Händen auf dem Rücken, mit geschlossenen Augen. Der einfache Weg wird verschmäht, es reizt der größte Kraftaufwand: Beim »Himmel- und Hölle«-Spiel auf den Platten eines Gehweges werden extreme Möglichkeiten, wie die schwierigste Sprungkombination, ausgelotet, während beim Klettern probiert wird, ob der dünnste und höchste Zweig noch trägt.

Wiederholung von Spielhandlungen Es dauert oft lange, bis ein Spiel langweilig wird: Habituation (Gewöhnung) und reizspezifische Ermüdung lassen länger als bei einer ernstgemeinten Handlung auf sich warten. Dies ist überraschend, weil gerade spielerische Verhaltensweisen oft über längere Zeiträume in unveränderter Form ausgeführt werden. Spielverhalten zeichnet sich mithin durch *Funktionslust* aus. Reaktionen der belebten oder unbelebten Umwelt wirken gleichsam als Belohnung: Wir spielen den Flohwalzer auf dem Klavier um so lieber noch ein weiteres Mal, je perfekter wir ihn bereits im vorhergehenden Versuch intoniert haben.

Variable Reihenfolge der Elemente Die Verhaltensforschung kennt eine ganze Reihe von Handlungen, die einem starren, angeborenen Schema folgen:

> Das Paarungsverhalten des dreistacheligen Stichlings etwa ist eine Handlungskette, deren Glieder einander zeitlich streng zugeordnet sind und bei der Weibchen (W) und Männchen (M) einander »Stichworte« geben, die in ihrer Reihenfolge nicht veränderbar sind: W erscheint, M vollführt Zickzacktanz, W präsentiert, M führt zum Nest, W folgt, M zeigt Nesteingang, W schwimmt ins Nest, M zeigt Schnauzentremolo, W laicht ab und schwimmt weg, M besamt.

Eine *Handlungskette* besteht aus einer weitgehend festgelegten Reihe aufeinanderfolgender Einzelhandlungen, bei der jeweils die vorangegangene Handlung des einen Partners die nächstfolgende des anderen auslöst. Eine Besonderheit des Spielverhaltens hingegen ist, daß die Einzelhandlungen frei kombinierbar sind: So können z.B. Flucht-, Angriffs- oder Beutefanghandlungen beliebig miteinander gemischt werden.

Abgewandelte innere Dynamik Beim Spiel fehlt jenen Verhaltenstendenzen die *gegenseitige Hemmung*, die »im Ernstfall« nicht miteinander vereinbar sind, da sie sich gegenseitig blockieren würden. Auch andere Bedingungen, welche das Verhalten steuern, verändern sich in Abhängigkeit von der Situation, also je nachdem, ob es sich um Ernstfall oder Spiel handelt. Beispielsweise kehrt sich das Vorzeichen der *Valenz* – der Eigenschaft eines Reizes, ein Lebewesen abzustoßen oder anzuziehen – im Spiel um:

> Bei einer ernsthaften Jagd versuchen die Verfolgten, ihrem Widersacher zu entkommen, doch erlischt die Fluchtbereitschaft, sobald sie in Sicherheit sind. Während eines Spiels hingegen rennen die Flüchtenden zwar, so schnell sie können, doch versuchen sie nicht

selten, ihre Verfolger zur Fortsetzung der Jagd zu bewegen, sobald diese aufgeben. Den Verfolgern wird also nicht ausgewichen, sondern ihre Nähe wird geradezu gesucht.

Rollenverteilung und Rollenwechsel Fast beliebig können beim Spiel auch die Rollen verteilt und gewechselt werden – sowohl unter Angehörigen des gleichen Alters, Geschlechts und sozialen Ranges als auch unter Individuen unterschiedlichen Geschlechts, verschiedener Lebensalter und verschiedener sozialer Ränge. Beim Verfolgungsspiel etwa können die Rollen des Jägers und des Gejagten von einem Moment zum anderen und mehrmals nacheinander wechseln.

Fehlen der Endhandlung Einer Spielhandlung fehlt, was die klassische Verhaltensforschung die *triebverzehrende Endhandlung* von angeborenen Verhaltensmustern nennt: beim Kampfspiel das absichtliche Verletzen, beim Spiel mit Elementen des Sexualverhaltens die Kopulation. Das Angriffs-oder Kampfverhalten ist beispielsweise so modifiziert, daß die Partner einander nicht verletzen können: Ein spielender Hund hat eine *Beißhemmung*, und der Prankenschlag eines spielenden Löwen ist nicht gefährlich, da er die Krallen dabei einzieht. Wenn ältere Individuen mit jüngeren spielen, setzen sie außerdem ihre Kräfte in nur begrenztem Umfange ein – sowohl Gorillamutter als auch Menschenvater würden ja sonst ihre Kleinen verletzen –, ein Aspekt, der als *Selbst-Behinderung* bezeichnet wird.

Spielsignale Der Übergang von der ernsthaften Welt des Alltags in den Bereich des Spiels ist nur möglich, wenn sich die Perspektive der Spielenden ändert – Spiel setzt damit eine besondere Ebene der Kommunikation voraus: die Verständigung über die *Beziehung zwischen den Kommunizierenden*. Der amerikanische Anthropologe Gregory Bateson (1972) prägte hierfür den Begriff der *Meta-Kommunikation*. Eine für das Spielen wichtige Art von Meta-Kommunikation ist das *Einrahmen* (engl. *framing*) von bestimmten Verhaltensweisen, die dadurch als dem Spiel oder Alltag zugehörig charakterisiert werden. Das Einrahmen einer spielerischen Situation kann durch mimische, gestische oder akustische Signale geschehen, welche die Bereitschaft zum sozialen Spiel andeuten. Viele Säugetiere setzen dazu das entspannte *Mund-offen-* oder *Spiel-Gesicht* auf, dessen Ursprung uns später noch beschäftigen wird. Wenn zwei Hunde das Spielgesicht zeigen, dann begeben sie sich in eine Welt, in der Beißen *nicht* Beißen bedeutet: Die Logik von »A ist A« ist zeitweise außer Kraft gesetzt.

Bei Affen wie beim Menschen wirken sich Gefühlszustände physikalisch meßbar auf das Sprechen aus. So ist etwa dann, wenn wir uns fürchten, auch bei uns die Stimme in ihrem zeitlichen Verlauf instabil (zittrig oder wacklig) und vor allem höher – als wollten wir andeuten: »An meiner hohen Stimme ist bereits zu erkennen, daß ich ein kleiner Organismus bin und deshalb keine Bedrohung von mir ausgeht.« Menschen markieren das Eintreten in einen spielerischen Rahmen auf unterschiedlichste Weise – *verbal* durch Phrasen wie: »Laß uns spielen«, *optisch* durch das Hochziehen eines Vorhanges zu Beginn einer Vorstellung, *akustisch* durch den Anpfiff eines Fußballspieles.

In diesem Zusammenhang ist der Hinweis wichtig, daß Sport in der Regel nicht mit Spiel gleichgesetzt werden kann, denn *Spiel* muß nicht unbedingt die zentralen Wertvorstellungen einer Kultur widerspiegeln – im Gegenteil: Oft werden im Spiel diese Werte kommentiert und Wege zu ihrer Veränderung aufgezeigt. In bestimmten Formen des Karnevals werden beispielsweise aus der Perspektive der verkehrten Welt in einem zuvor festgelegten Spiel-Rahmen die Autoritäten in Frage gestellt: Kinder auf dem Thron des Bischofs, eine Regierung aus Narren mit eigener Garde und Hofstaat, Frauen in Männerkleidern, Männer in Frauengewändern. Eine solche schöpferische Utopie ist beim sportlichen Wettstreit von vornherein ausgeschlossen. Institutionalisierter *Sport* repräsentiert vielmehr die gesellschaftliche Ordnung – schon durch die strikte Trennung der Geschlechter. In Rio de Janeiro unterstützen beispielsweise auch die verschiedenen sozialen Klassen (die alten reichen Clans, die neuere Mittelklasse, die Armen, die Schwarzen, die Portugiesen) jeweils eigene Fußballklubs und zementieren so die Identität ihrer Gruppe gegenüber anderen. Die Meta-Kommunikation der meisten Sportarten *reflektiert* also den Alltag, statt ihn zu *transzendieren* (Schultz, Lavenda 1990, S. 158–162).

Warum wird gespielt?

Bisher wurde Spielverhalten beschrieben. Aber natürlich interessiert nicht nur, *was* Spielverhalten ist, sondern die Frage, *warum* es existiert. Da diese Frage häufig Anlaß zu Mißverständnissen gibt, sollen zunächst die beiden Ebenen voneinander abgegrenzt werden, auf denen Evolutionsbiologen diese Frage stellen und zu beantworten versuchen.

Angenommen, zwei Personen diskutieren darüber, weshalb Menschen so gerne Süßigkeiten essen. Die eine Person meint, der süße Geschmack sei angenehm und deshalb hätten wir gelernt, Nahrung zu konsumieren, welche diese positive Erfahrung vermittelt. Die andere Person vertritt die Ansicht, diese Erklärung gehe am Kern der Sache vorbei: Wir würden zuckerhaltige Nahrung essen, um über die Aufnahme von Kalorien den Stoffwechsel in Gang und uns am Leben zu halten.

Wenn die jeweilige Argumentationsebene berücksichtigt wird, sind beide Meinungen durchaus miteinander vereinbar – sie konkurrieren nicht, sondern ergänzen einander: Die erste Hypothese erklärt die Vorliebe für Süßigkeiten über eine *Wirkursache*, da sie sich auf Vorgänge in Psyche und Körper bezieht, welche Menschen veranlassen, sich in einer bestimmten Weise zu verhalten. Die zweite Hypothese erklärt die Vorliebe für Süßigkeiten über eine *Zweckursache*, die die Ausbreitung des Verhaltens im Laufe der Evolution bewirkte.

Evolutionsbiologen bezeichnen die Wirkursachen als unmittelbar oder *proximat*, da sie sich auf die *Mechanismen* des Verhaltens beziehen: *Wie* sind die inneren Vorgänge und Strukturen eines Organismus beschaffen, die ein bestimmtes Merkmal ausprägen und das Verhalten steuern? Sie bezeichnen Zweckursachen als mittelbar oder *ultimat*, da sie sich auf *Funktionen* von Verhalten beziehen: *Wozu* dient ein bestimmtes Merkmal?

> Die Frage: »Warum blüht die Heckenrose?« findet also auf der proximaten Ebene folgende Erklärung: »Weil Tageslicht bestimmter Länge die Ausschüttung von Blüh-Hormonen bewirkt.«, während die Erklärung auf der ultimaten Ebene lautet: »Weil Blüten Insekten anlocken und so eine Bestäubung mit anschließender Fortpflanzung wahrscheinlich wird.«

Wenn wir die Frage nach der Existenz des Spielverhaltens mit: »Weil Spielen Spaß macht!« beantworten, hätten wir demnach allenfalls die Frage nach dem psychophysischen Mechanismus beantwortet, während seine Funktion ungeklärt bliebe. Im folgenden werden deshalb Wirk- und Zweckursachen des Spielverhaltens sorgsam unterschieden.

Biologische Mechanismen (Wirkursachen)

Wodurch wird Spielverhalten ausgelöst, welche Motivationslagen machen sein Auftreten wahrscheinlich (Baldwin 1986; Jolly 1985, S. 401–414; Walters 1987)? Bei der Beantwortung dieser Frage sollen die Ergebnisse einer Freilandstudie an indischen Schlankaffen, den Hanuman-Languren, den roten Faden abgeben. Diese auch »Graue Languren« genannten, sich vegetarisch ernährenden Primaten werden von Mitarbeitern des Instituts für Anthropologie der Universität Göttingen und von Zoologen der Universität Jodhpur seit 1977 systematisch untersucht.

Alter Jungtiere spielen mehr als Erwachsene. Diese Feststellung gilt wohl für alle Spezies, die Spielverhalten zeigen. Sie wird, was die Primaten betrifft, unter anderem durch Forschungsergebnisse gestützt, die aus Untersuchungen an Weißbüschelaffen, Steppenpavianen, Rhesusaffen, Schimpansen und Menschen stammen.

Bei Langurenkindern tritt Spielverhalten auf, sobald sie die ersten kurzen Ausflüge weg von den sie gerade hütenden Gruppenmitgliedern unternehmen. Während der ersten beiden Lebensjahre erreicht es einen Höhepunkt, um gegen Ende der Jugendzeit deutlich abzuklingen. Bei Männchen endet das Jugendstadium mit etwa vier Jahren, bei Weibchen mit dem Einsetzen der Monatsblutung im Alter von etwa 2,5 Jahren. Die Häufigkeit des Sozialspiels nimmt schlagartig ab, sobald die Weibchen das erste Mal schwanger sind, und Spiel ist nach der Geburt des ersten Kindes so gut wie nie mehr zu beobachten. Stirbt das erste Kind allerdings frühzeitig, erwacht bei den Weibchen nochmals für einige Zeit – bis zur erneuten Befruchtung – das Interesse am Sozialspiel. Dies zeigt, daß das Alter allein nicht für das Abklingen der Spielhäufigkeit verantwortlich ist, sondern daß auch andere Faktoren eine Rolle spielen – etwa, wenn mit dem ersten eigenen Kind »der Ernst des Lebens« beginnt.

Geschlecht Es existieren Belege dafür, daß die Geschlechter vieler Primatenarten einschließlich des Menschen sich hinsichtlich Qualität und Quantität des Spielverhaltens unterscheiden. Von einigen Ausnahmen abgesehen, spielen bei den meisten Arten die Männchen häufiger und heftiger als gleichaltrige Weibchen. Auch bei den Languren spielen die kleinen Männchen wilder und öfter als die gleichaltrigen Weibchen. Diese Feststellung muß allerdings eingeschränkt werden: Die für Männchen typischen rauhen Balgspiele sind recht auffällig, und es mag sein, daß subtilere Arten des Sozialspiels bei der Verhaltensbeobachtung eher übersehen werden.

Soziales Umfeld Ein weiterer Stimulus für Spiel ist die Gegenwart anderer zum Spielen motivierter Individuen.

In den Männchengruppen der Languren war die Dauer einer »Spielsession« deutlich mit der Anzahl der beteiligten Partner korreliert: Im Durchschnitt spielte ein einzelnes Männchen weniger als eine Minute. Bei zweien dauerte eine Spielphase schon 1,8 Minuten, und das Spiel währte bereits 3,2 Minuten, wenn zwei bis drei Tiere beteiligt waren. Drei Männchen spielten gar 5,8 Minuten, und eine Session dauerte 7,5 Minuten, wenn fünf Tiere im Spiel waren.

Der Einfluß des sozialen Umfeldes kann sogar größer sein als der des Alters: Junge weibliche Rhesusaffen, die als Föten mit männlichen Geschlechtshormonen behandelt worden waren, spielten zwar mehr und heftiger als gleichaltrige nichtbehandelte Weibchen. Nachdem letztere jedoch mit behandelten Weibchen zusammengebracht wurden, spielten auch sie mehr als gewöhnlich (Rosenblum, Bromley, zit. nach Walters 1987, S. 364). Bei Savannenpavianen wiederum spielen gleichaltrige Tiere mit recht unterschiedlicher Häufigkeit. Wird jedoch die Spielrate der einzelnen Tiere in jeweils bestimmten Monaten miteinander verglichen, dann fallen diese individuellen Unterschiede weitaus geringer aus. Das heißt, es ist weniger wichtig, wie alt ein Tier ist, sondern es kommt darauf an, wie oft überhaupt in einer Gruppe gespielt wird (Cheney 1978).

Entspanntes Feld Spiel ist an ein entspanntes Feld gebunden: Gespielt wird in der Regel nur dann, wenn die Motivation für andere, wichtigere Aktivitäten niedrig ist. Besonders gegenüber dem Fluchtverhalten hat das Spiel nur eine geringe Durchsetzungsfähigkeit: Nähert sich ein Rudel verwilderter Haushunde einer Langurengruppe, flüchten die gerade noch intensiv spielenden Kleinkinder zu ihren Müttern. Aber auch Hunger oder Durst können ein Spiel leicht beenden. Dies belegen Daten, die an zwei Männchengruppen von Languren erhoben wurden, in denen jeweils fünf bis sechs Jugendliche lebten.

> Die eine Gruppe bewohnte ein üppiges, grünes Habitat inmitten bewässerter Gärten und Felder, in dem große Bäume wuchsen. Hier war während des ganzen Jahres reichlich Wasser und Nahrung zu finden. Dazu suchten die Affen relativ regelmäßig einen innerhalb ihres Wohngebietes liegenden hinduistischen Tempel auf, wo sie von der Bevölkerung mit Getreidefladen gefüttert wurden. Die zweite Männchengruppe durchstreifte ein überaus karges Savannenhabitat, in dem nur vereinzelt kleine Bäume standen, in dem es keine permanente Wasserstelle gab und erst recht keine Zusatzfütterungen durch die Bevölkerung. Das Wohngebiet dieser Gruppe war, soweit das Auge reichte, braun in braun gefärbt. Die Jugendlichen des üppigen Habitats tobten regelmäßig während aller Monate des Jahres in ausgiebigen Spielphasen durchs Geäst der Bäume oder tollten auf dem Boden herum: Während 419 Beobachtungsstunden vergingen durchschnittlich 22 Minuten, bis eine Spielepisode registriert wurde. Die jugendlichen Bewohner des kargen Habitats – die im Durchschnitt sogar etwas jünger als die Jugendlichen des üppigen Habitats waren – spielten hingegen so gut wie nie: Während insgesamt 481 Beobach-

tungsstunden verstrichen durchschnittlich 323 Minuten, bis eine einzelne Spielepisode gesehen wurde. Dies änderte sich jedoch schlagartig, als – nach beinahe zehnmonatiger Dürre – Mitte Juli ein heftiger Monsunregen niederging. In wenigen Tagen sprossen Blätter und Blüten an den Bäumen, und die karge Savanne war von einem leichten Grün überzogen. Nach ebenfalls nur wenigen Tagen begannen die Jugendlichen mit ausgiebigem Sozialspiel. Gerade, als hätten sie etwas nachzuholen, überflügelte die Zahl ihrer Spielsequenzen sogar die im üppigen Habitat festgestellte, denn durchschnittlich wurde alle zehn Minuten eine Episode registriert. Die Freude war allerdings von kurzer Dauer: Weil weitere nennenswerte Regenfälle ausblieben, ging in den darauffolgenden Monaten die Spielhäufigkeit wieder dramatisch bis fast auf Null zurück.

Ein mit ausreichender Nahrungsaufnahme einhergehendes körperliches Wohlbefinden ist also eine wichtige Vorbedingung für das Auftreten von Spielverhalten. Spiel scheint daher eine Art »Verhaltensfett« zu sein, das durch dringendere Bedürfnisse aufgezehrt wird. Die Frage ist, ob dieser Vergleich auch in dem Sinne zutrifft, daß Spiel zuweilen die Überlebenschancen erhöht, wenn es dringende Erfordernisse gibt. Schafft Spiel Reserven, die in Notzeiten genutzt werden können? Das berührt die Frage der nunmehr zu behandelnden Zweckursachen von Spielverhalten.

Biologische Funktionen (Zweckursachen)

Noch immer heftig umstritten ist die Frage, ob Spiel eine biologische Funktion hat oder ob es eine Art Luxushandlung darstellt, also eigentlich überflüssig ist. Zunächst einmal muß in diesem Zusammenhang klargestellt werden, daß dem Spiel zwar die unmittelbare Ernsthaftigkeit fehlt, daß es aber keineswegs in einem »ernstfreien Raum« stattfindet. Denn Spiel verursacht Kosten in Form von Zeit und Energie, die für diese Aktivität aufgewendet werden: In freier Wildbahn entfallen zwischen ein und zehn Prozent der Wachzeit junger Primaten auf Spielaktivitäten, in Gefangenschaft sogar mehr. Zudem besteht ein erhebliches Risiko, zu stürzen, sich zu verletzen oder gar einem Raubfeind zum Opfer zu fallen, zumal spielende Jungtiere dazu neigen, sich in einiger Entfernung von Erwachsenen aufzuhalten. Da Spielverhalten gerade bei Spezies mit komplexen Verhaltensmustern (etwa Säugetieren und speziell Primaten) regelmäßig vorkommt, ist anzunehmen, daß diese Nachteile insgesamt gesehen durch erhebliche Vorteile aufgewogen werden. Was also mag der biologische Nutzen des Spiels sein, was – im Sinne einer Zweckursache – seine Funktion?

Die Antwort des Freiburger Verhaltensbiologen Bernhard Hassenstein (1980, S. 120) ist repräsentativ für die vorherrschende Lehrmeinung. Er begreift Spiel als »naturgegebenes Aktionsprogramm zum Kennenlernen der Umwelt, zum Entwickeln und Erhalten der motorischen Geschicklichkeit und zum Aneignen von Fähigkeiten älterer Artgenossen«.

Im ethologischen Schrifttum werden über dreißig verschiedene Einzelfunktionen des Spiels genannt, die sämtlich auf eine Art *Entwicklungsförderung* oder *-training* hinauslaufen. Diese Funktionen lassen sich *drei Hauptkategorien* zuordnen: physiologisches, kognitives und soziales Training. Dabei hat das physiologische Training eine eher kurzfristige, unmittelbare Wirkung auf den heranwachsenden Organismus, während dem kognitiven und sozialen Training eine eher mittelbare Bedeutung zugeschrieben wird, die längerfristig auch dem erwachsenen Organismus zugute kommt. Eine klare Trennung der beiden letzteren Kategorien ist allerdings nicht immer möglich.

1. **Physiologisches Training:** Zahlreiche Verhaltensforscher haben die Vermutung geäußert, daß das Spiel wegen der mit ihm verbundenen Muskelbewegungen und der Verarbeitung der beim Spiel aufgenommenen Sinneseindrücke der gesunden Entwicklung eines Organismus in der Wachstumsphase dienlich sei. Experimentelle Untersuchungen belegen, daß die sensorische Stimulation durch die sehr unterschiedlichen Reize in der Umgebung – wie sie beim Erkunden, beim Neugierverhalten und beim Spiel erfolgt – das Wachstum und die Differenzierung von Nervenzellen und deren Verknüpfung in Synapsen anregt.
2. **Kognitives Training:** In einem erweiterten Sinne könnte das Spiel einem Individuum helfen, die Gegebenheiten seiner Umwelt besser kennenzulernen, seine Wahrnehmungsfähigkeit zu erweitern und zu verbessern und zu lernen, wo bestimmte Dinge sind, aber auch, was aus ihrer Manipulation folgt – wenn sie beispielsweise gebissen oder geschüttelt werden.
   Insbesondere die Wiederholung von Verhalten läßt *gesetzmäßige Konsequenzen* erkennen, und durch vielmaliges Durchlaufen derselben motorischen Sequenz können wir lernen, wie eine Anforderung der Umwelt unter Kontrolle zu bringen ist – ob es sich nun um das rasche Besteigen eines Baumes oder um Klavierspielen handelt. Hassenstein betont, in diesem Funktionsprinzip sei eine

Verfahrensregel des naturwissenschaftlichen Experiments vorweggenommen: Allein das Wiederholen von Experimenten schaffe die Voraussetzung dafür, daß zufälliges Zusammentreffen von gesetzmäßigen Beziehungen unterschieden werden könne.
Eine weitere wichtige Funktion könnte darin liegen, daß Spielen *auf Extremsituationen vorbereitet*: Bewegungsspiele sind weitaus heftiger und wirken übertriebener als jede normale Fortbewegung. Aber es mag der Tag kommen, daß unter einem Languren der Ast bricht oder daß er den Nachstellungen eines Leoparden nur durch gewagteste Sprünge entkommen kann. Ganz ähnlich mögen Umhertoben und Balgen Vorbereitungen auf Rivalenkämpfe sein, auf überraschende Ausfälle oder unvorhersehbare Attacken des Gegners. Spiel stellt möglicherweise jene Flexibilität bereit, die gebraucht wird, um mit dem Unerwarteten fertigzuwerden.

3. **Soziales Training:** Während des sozialen Spiels besteht die Möglichkeit, Sozialpartner kennenzulernen, deren individuelle Reaktionen auf die eigenen Aktionen einschätzen zu lernen, die Kommunikation mit ihnen zu verbessern und soziale Rollen einzuüben.

Welche *spezielle* Fähigkeit bei einem Spiel geübt wird, ist im Einzelfall schwer zu entscheiden. Bezüglich der *Funktion des Balgspieles* (etwa in Affengruppen) gibt es etliche *konkurrierende Theorien:* Geht es um das Einüben eines bereits festgelegten Repertoires von Kampftricks, mittels derer Erwachsene sich auseinandersetzen? Fördern Balgspiele die Verbundenheit unter Männchen, die einmal gemeinsam ihre Geburtsgruppe verlassen werden? Kommt es darauf an, die Konkurrenzkraft eines Gegners bereits in frühen Jahren zu schwächen? Oder erlaubt der Ausgang von Kampfspielen dem Männchen einzuschätzen, welchen Sozialrang es anstreben soll?

Auf der karibischen Insel Cayo Santiago lebt seit mehreren Jahrzehnten eine Kolonie von Rhesusaffen. Eine ausführliche Studie (Symons 1978) kam zu dem Schluß, Balgspiele seien eine praktische Vorbereitung auf spätere Kämpfe. Allerdings gehe es nicht um das Erfinden neuer Kampftricks, sondern um das Einüben eines bereits festgelegten Repertoires, mittels dessen Erwachsene sich auseinandersetzen. Eine andere Studie an der gleichen Kolonie kam zu dem Ergebnis, Balgspiele förderten die Verbundenheit unter Männchen, was vorteilhaft sei, da die »Sparring-Partner« mit einiger Wahrscheinlichkeit gemeinsam aus ihrer Geburtsgruppe auswanderten.

Eine weitere Untersuchung kommt zu einem ganz anderen Ergebnis: Es gehe in Kampfspielen darum, den Gegner bereits in der Jugend zu erschöpfen und an Gesundheit und Wachstum so zu schädigen, daß seine Konkurrenzkraft in der Zukunft geschwächt sei (Geist, zit. nach Jolly 1985, S. 407). Wieder andere Autoren vertreten die Meinung, Kampfspiele erlaubten es einem Männchen, seine Chancen bei späteren Rangstreitigkeiten einzuschätzen zu können und herauszufinden, welchen Platz in der Hierarchie es realistischerweise anstreben sollte, ohne sich zu übernehmen (Hall, de Vore, zit. nach Jolly 1985, S. 408).

Daß sich, was die Häufigkeit von Balg- und Kampfspielen betrifft, Unterschiede zwischen den Geschlechtern zeigen, stützt die Annahme, daß das Spielen dem Einüben spezieller motorischer und kognitiver Fertigkeiten dient. Dies legen Zusammenhänge zwischen Spielmustern und Sozialsystemen nahe:

Paviane, Makaken und Meerkatzen sind nur einige der vielen Säugetierarten, bei denen die erwachsenen Männchen um Zugang zu fortpflanzungsfähigen Weibchen konkurrieren. Die Fortpflanzungssysteme dieser Arten zeigen mehr oder weniger deutliche Tendenzen zur Polygynie – die Männchen versuchen also, mehrere Weibchen durch den gewaltsamen Ausschluß von Geschlechtsgenossen zu monopolisieren. Erwartungsgemäß beteiligen sich bei diesen Spezies die nicht-erwachsenen Männchen wesentlich häufiger an Kampfspielen als gleichaltrige Weibchen. Die jungen Männchen trainieren also eine Fertigkeit, ohne die sie im Erwachsenenalter kaum Fortpflanzungschancen haben. Bei Spezies hingegen, die sich monogam fortpflanzen, ist die Konkurrenz unter den Männchen geringer, weil rein statistisch auf jedes Männchen ein Weibchen entfällt. Tatsächlich fehlen bei zumindest einigen solcher Arten – wie den kleinen südamerikanischen Weißbüschelaffen *Callithrix jacchus* – die Geschlechtsunterschiede im Spielverhalten (Box, zit. nach Walters 1987, S. 361).

Da sich Jungen wesentlich häufiger Kampfspiele liefern als Mädchen, liegt der Schluß nahe, daß auch bei *Homo sapiens* eine entsprechend starke intrasexuelle Konkurrenz der Männer um Reproduktionspartnerinnen besteht. Solche indirekten Schlüsse berühren die Frage, inwieweit Sozialverhaltensmuster, die wir bei heute lebenden und kulturell stark beeinflußten Menschen feststellen können, noch die Umweltgegebenheiten widerspiegeln, unter denen sie einst entstanden, und ob heute noch derselbe Selektionsdruck wirksam ist. Die Konkurrenz um Frauen wird bei einigen Ethnien wie etwa den Yanomami-Indianern Südamerikas in brachialer und wenig ritualisierter Form wie einem Axtkampf ausgetragen (Chagnon 1983).

Unter solchen Bedingungen könnten die Kampfspiele Jugendlicher durchaus die angedeutete positive Trainingsfunktion haben. In westlichen Gesellschaften dürfte sich die Konkurrenz jedoch eher in den Bereich des geschickten sozialen Taktierens verlagert haben, weshalb zu erwarten ist, daß der Selektionsdruck in Richtung auf körperliche Kampfstärke allmählich nachläßt.

In modernen Gesellschaften festgestellte Geschlechtsunterschiede im Spielverhalten werden allerdings gelegentlich mit biologisch begründeten Prädispositionen zur Rollenübernahme in Verbindung gebracht, die sich während des Überganges der frühen Hominiden zum Jäger-Sammler-Leben entwickelt haben könnten:

Harper und Sanders-Huie (1978) stellten in kalifornischen Vorschulen fest, daß Mädchen sich mehr in den Räumen aufhielten und stärker zum *parallelen Spielen* neigten (die Spielaktivität ist der eines anderen Kindes ähnlich, aber nicht unmittelbar durch dieses gesteuert), während Jungen sich eher im Freien aufhielten und eine stärkere Tendenz zum *interaktiven Spielen* zeigten (die Kinder agieren miteinander und reagieren aufeinander). Die Ergebnisse wurden dahingehend interpretiert, daß diese Verhaltensmuster das Leben in einer Jäger-Sammler-Gesellschaft widerspiegeln: Den Frauen fiel die Rolle des Sammelns und häuslicher Pflichten einschließlich der Kinderaufzucht zu, die wenig gegenseitige Abstimmung verlangt und zu großen Teilen in der Behausung erledigt werden kann. Männer hingegen mußten entsprechend der Jägerrolle ihre – meistens im Freien stattfindenden – Aktivitäten untereinander koordinieren.

Eine solche Interpretation ist keineswegs zwingend. Insbesondere muß betont werden, daß die geschilderten Geschlechtsunterschiede beim Spielverhalten keinesfalls geschlechts*spezifisch* sind, sondern lediglich geschlechts*typisch*, da sie nicht in jedem Einzelfall zutreffen, sondern nur als statistische Häufigkeiten auftreten. Die Neigungsunterschiede dürften – vermutlich durch den vorgeburtlichen Einfluß von Geschlechtshormonen – angeboren sein, doch führen erst nachgeburtliche Lernprozesse zu der beobachteten Polarisierung bei den Geschlechterrollen (Harper, Huie 1978; Lethmate 1985).

Zusätzlich muß die bei Säugetieren und insbesondere Primaten verbreitete Tendenz zur spielerischen Nachahmung des Verhaltens der Erwachsenen, vor allem der Eltern, erwähnt werden. Spielverhalten ist so der Weitergabe von Traditionen förderlich, etwa wenn es um das Erlernen besonders geeigneter Werkzeugtechniken geht: Die Kleinkinder wilder Schimpansen beobachten interessiert, wie Erwachsene Stöckchen zurichten, um damit nach Termiten zu angeln, einem wichtigen Bestandteil des Speisezettels.

Insgesamt läßt sich feststellen, daß Arten, die in einer abwechslungsreichen Umwelt leben und denen ein umfangreiches Nahrungsangebot zur Verfügung steht, mehr spielen als solche in einer eher eintönigen, kargen Umwelt. Bereits um die Jahrhundertwende stellte Karl Groos, ein Pionier der Spielforschung, fest:

> »Wenn die Intelligenz genügend entwickelt ist, um im Daseinskampf brauchbarer zu sein als der perfekteste Instinkt, dann wird die Selektion [...] jene Tiere begünstigen, die spielen. [...] Die Tiere spielen nicht, weil sie jung sind; sie sind jung, weil sie spielen müssen.« (Zit. nach Jolly 1985, S. 402, Übersetzung V.S.)

Nach der eben vorgetragenen Auffassung sind die im Spiel enthaltenen Verhaltensweisen also auf möglichen zukünftigen Nutzen zugeschnitten, und ihr biologischer Wert liegt damit nicht im jeweiligen Augenblick. Deshalb ist verständlich, warum das Spiel im Ernstfall anderen Verhaltenstendenzen gegenüber nur schwach hemmend wirkt und deshalb jedes Erkunden, Spielen und spielerische Nachahmen sofort unterdrückt wird, wenn Furcht aufkommt: Tritt etwa ein Wolf spielerisch auf einen Pilz, der dann stäubt, springt er zunächst erschreckt zurück. Biologisch macht das Sinn: Wer nicht flieht und deshalb in der Gefahr umkommt, kann auch nicht mehr spielen: »Zukunftsbezogenes Verhalten füllt nur die Pausen zwischen den Handlungen aus, die der aktuellen Lebensbewältigung dienen.« (Hassenstein 1980, S. 122)

So sehr es einleuchten mag, hinter dem Spiel eine biologische Funktion der Entwicklungsförderung zu vermuten – auch nach Jahrzehnten intensiver Forschung ist diese Theorie weit davon entfernt, als bewiesen zu gelten. Das Problem liegt vor allem darin, daß eigentlich nur post hoc, also aus der Rückschau geschlossen werden kann, ob eine spezielle Form des Spielens beziehungsweise Spielen ganz allgemein in der Kindheit und Jugend einem Individuum einen klar erkennbaren Vorteil im Erwachsenenalter erbrachte. Um die Frage sauber beantworten zu können, müßten Jungtiere der Möglichkeit beraubt werden, spielen zu können, und ihr Fortpflanzungserfolg anschließend mit dem solcher Individuen verglichen werden, die ungehindert spielen konnten. Praktisch durchführbar ist ein solches Experiment allerdings kaum. Nicht nur, daß ihm schwere ethische Bedenken entgegenstünden. Es dürfte auch nahezu unmöglich sein, lediglich das Spielverhalten zu unterdrücken, ohne zugleich andere lebensfördernde Aktivitäten zu beschneiden. Indirekte Hinweise lassen allerdings die Vermutung zu, daß Spielen für das Überleben nicht unbedingt notwendig ist: Ähnlich manchen Gruppen der Jodhpur-Languren spielen in Kenya grüne Meerkatzen nur während der Regenzeit, entwickeln sich aber trotzdem normal – soweit sich das einschätzen läßt (Lee, zit. nach Chalmers 1984, S. 137). Die Verhaltenswissenschaften werden sich auch in Zukunft intensiv mit Einwänden auseinandersetzen müssen, die gegen die *Funktionstheorie des Spielverhaltens* erhoben werden.

Lächeln – Lachen – Humor

Die mimische Ausdrucksfähigkeit vieler Spezies nicht-menschlicher Primaten ist der des Menschen sehr ähnlich. Diese Übereinstimmung ist nicht zufällig, sondern beruht auf gleicher stammesgeschichtlicher Herkunft. Es handelt sich dabei *nicht* um *Analogien*, also Parallelentwicklungen, zu denen etwa das bei Säugetieren und Vögeln unabhängig voneinander entstandene, jedoch formal recht ähnliche Futterbetteln gehört. Vielmehr sind die hier angesprochenen Ausdrucksformen aus dem weiteren Umfeld des Spielverhaltens – Lächeln und Lachen – *Homologien*, das heißt Varianten eines Verhaltens mit einem gemeinsamen Ursprung. Diese Homologie läßt sich ziemlich eindeutig nachweisen (Vogel, Eckensberger 1987), da in den recht unterschiedlich geformten Gesichtern verschiedener Primatenspezies noch immer die gleichen Muskeln zur Erzeugung des Gesichtsausdruckes benutzt werden, verbindende Übergänge existieren und die auslösenden Situationen jeweils ähnlich sind.

Dank überzeugender Studien des niederländischen Verhaltensforschers van Hooff (1969) gilt das *Lächeln* als ein mittlerweile klassisch zu nennendes Beispiel für eine homologe Verhaltensweise bei den Primaten. Bereits manche Insektenfresser – die als Urahnen der Primaten gelten und zu denen heute etwa die Igel zählen – ziehen die Mundwinkel zurück, wenn sie in etwas Schlechtschmeckendes gebissen haben oder einen unangenehmen Geruch wahrnehmen. Die unerwünschte Nahrung wird so wieder aus dem Mund entfernt. In einem nächsten Stadium konnte dieses stille Zähne-Zeigen vermutlich auch durch den Geruch eines ranghöheren, aggressiv gestimmten Artgenossen ausgelöst werden. Allmählich wechselten dann die Emotionen, die ein solches *Furchtgrinsen* begleiteten, in den Kontext eines beschwichtigenden Grüßens ranghöherer Artgenossen, wie wir es etwa bei den zu den Halbaffen zählenden Kattas finden. Verschiedene Spezies echter Affen – zu denen beispielsweise die Makaken der Alten Welt oder die Totenkopfaffen der Neuen Welt zählen – zeigen das Furchtgrinsen in beiden Situationen: Sowohl als Ausdruck von Furcht als auch als Signal der Beschwichtigung. Bei Pavianen und Schimpansen wird eine weitere Verfeinerung beobachtet, die schließlich auch in der nicht-verbalen Kommunikation unter Menschen zentrale Bedeutung hat: Hier beschwichtigt ein ranghöheres Individuum das furchtsam grinsende rangniedere durch Zurückgrinsen – sprich: Lächeln.

Beim Menschen ist Grinsen aus echter Furcht relativ selten. Ein von Zähneentblößen begleitetes glückliches Lächeln schlägt mit einiger Wahrscheinlichkeit in andere, entspanntere Gesichtsausdrücke um, namentlich in das *Spielgesicht* oder das *Lachen.* Das entspannte *Mund-offen-Gesicht* – wie das Spielgesicht formal umschrieben wird – leitet sich vermutlich aus einer Intentionsbewegung spielerischen Zubeißens ab.

Beim Balgen öffnen jugendliche Languren genauso wie Schimpansen oder auch Menschenkinder den Mund, wobei die oberen Schneidezähne in der Regel bedeckt sind und oft ein rhythmisch betontes, sanftes Keuchen zu hören ist. Erst wenn das Balgspiel intensiver wird, werden zumindest die oberen Schneidezähne entblößt und die Keuchlaute vernehmlicher: Aus dem Spielgesicht ist ein *Lachen* geworden, das bei Menschen in regelrechtes Gelächter ausarten kann, da sie über eine variantenreiche Lautsprache verfügen.

Die kulturvergleichenden Filmarbeiten von Irenäus Eibl-Eibesfeldt (1984, S. 169–176) belegen, daß das Lächeln und Lachen bei allen untersuchten ethnischen Gruppen zu beobachten ist, ob es sich nun um die Eipo in Irian-Jaya (West-Neuguinea), die Himba in Südwest-Afrika, die Yanomami in Südamerika oder die Trobriander der Südsee handelt. Diese universale Verbreitung macht es zusätzlich wahrscheinlich, daß Lächeln und Lacheln eine evolvierte Basis haben. Wäre dem nicht so, würden die Mitglieder verschiedener Kulturen wohl ein ganz unterschiedliches emotionales Ausdrucksverhalten benutzen, um ihre Erheiterung zu signalisieren. Zudem ist bereits seit vielen Jahrzehnten bekannt, daß taub-blind geborene Kinder erkennbar lachen, obgleich sie nichts auf dem Wege der optischen oder akustischen Kommunikation gelernt haben können. Mithin dürfte dieses Verhalten auf eine angeborene Disposition zurückgehen (Goodenough 1932).

Eines der verläßlichsten Anzeichen dafür, daß *Humor* im Spiel ist, ist das Lachen: Lachen ist die Sprache des Humors. Zwar mögen auch Triumph- oder Angstgefühle manchmal von Lachen begleitet sein, doch macht dann in der Regel der Situationskontext deutlich, daß es sich nicht um Humor handelt. Zudem können wir auch amüsiert sein, ohne zu lachen oder auch nur zu lächen, weshalb Lachen eher als hinreichendes denn als notwendiges Kriterium für Humor anzusehen ist. Genauso wie Spiel ist Humor außerordentlich schwer zu definieren, obschon wir alle die damit verbundene Stimmungslage intuitiv gut zu kennen meinen. Für unsere Zwecke soll zunächst die sehr einfache Definition genügen, die unter Humor einen *Affekt der Freude* versteht, *der oft von Lachen begleitet ist.*

In der Vergangenheit hat es nicht an Versuchen gemangelt, den Ursprung des Lachens zu erklären. Diese Theorien, von denen drei im folgenden beispielhaft und in aller Knappheit skizziert werden, erklären jeweils nur Teilaspekte des Phänomens.

- Der französische Philosoph Henri Bergson (1859–1941) stellt in seinem Essay »Le Rire« aus dem Jahre 1900 das Lachen in einen soziologischen Bezugsrahmen. Er, der vom Phänomen des Lebens als einem ständigen Strom fasziniert war, bemerkt etwa, daß wir beim Anblick eineiiger Zwillinge dazu neigen, zu lächeln. Wir würden nämlich eine solche quasi mechanische Verdoppelung im Lebensfluß eigentlich nicht erwarten. Solche »Mechanisierungen des Lebens« rufen Lachen hervor. In diesem Sinne ist für Bergson alles Starre humoristisch, und das Lachen versucht, es aufzulockern. Auch die soziale Erstarrung einer Gesellschaft sei humoristisch. Das Lachen bewirke jedoch nicht nur Entspannung und Elastizität. Es habe auch eine soziale Kontrollfunktion, indem es die Gesellschaftsmitglieder davon abhält, die Grenzen des Normalen allzusehr zu überschreiten, da sie in diesem Falle »ausgelacht« werden.
- Sigmund Freud (1856–1939), der Begründer der Psychoanalyse, interpretierte das Lachen in seiner 1905 erschienenen Abhandlung »Der Witz und seine Beziehung zum Unbewußten« als einen Mechanismus, der unterdrückte psychische Energie abführt: Nach Freud ist der typische Witz die erotisch-aggressive Zote, in welcher »verpönte Vorstellungen« zur Sprache gebracht werden, die man selbst vermutlich unterdrückt hätte. Der Hörer erkauft »die Lust des Witzes mit sehr geringem eigenem Aufwand«, und die für die Unterdrückung der »verpönten Vorstellungen« nicht mehr notwendige psychische Energie kann sich als Lachen entladen – was von Entspannung und Lustgefühlen begleitet ist.
- Der deutsche Kulturphilosoph Helmuth Plessner (1892–1985) bezieht sich in seiner Abhandlung »Lachen und Weinen« aus dem Jahre 1941 auf die »exzentrische Position des Menschen«, womit er die Tatsache umschreibt, daß der Mensch nicht nur ein Körper *ist*, sondern auch einen Körper *hat*. Lachen und Weinen werden von Plessner als Gleichgewichtsstörungen interpretiert, als »Verlust der Beherrschung, ein Zerbrechen der Ausgewogenheit zwi-

schen Mensch und psychischer Existenz«, da sie Ereignisse seien, in denen der »Körper-den-man-Hat« – gemeint ist das distanzierte Nachdenken des Individuums über sich selbst – über den »Körper-der-man-Ist« die Oberhand gewinnt. Dies passiere in Situationen, auf die der Mensch keine angemessene Antwort mehr wisse: »Sie sind außer allem Verhältnis geraten, und darum findet er [der Mensch] kein Verhältnis zu ihnen, kann sich nicht mehr zu ihnen und zu sich ›verhalten‹.« (Plessner 1970, S. 166)

Während die hier vorgestellten Theorien den Spielcharakter des Lachens bestenfalls blaß andeuten, sieht die *Evolutionsbiologie* in dieser Eigenschaft die entscheidende Klammer zwischen Lachen und Humor: Die Stärke des evolutionsbiologischen Konzeptes liegt in seinem integrierenden und umfassenden Zugang.

Es ist ein Verdienst des amerikanischen Psychologen Glenn Weisfeld (1993), daß seit kurzem verstärkt theoretische Ansätze ausgebaut werden, die sich um eine evolutionsbiologische Deutung der Verbindung des Lachens mit dem Humor bemühen. Weisfeld knüpfte bei seinen Überlegungen an den Vergleich des Menschen mit nicht-menschlichen Primaten an. Denn es existieren zumindest anekdotische Hinweise auf Parallelen zu diesem Phänomen – wenn nicht gar Entsprechungen – bei unseren stammesgeschichtlich nächsten Verwandten.

Seit Mitte der sechziger Jahre wurden in den USA etliche in Menschenobhut aufwachsende Schimpansen, Gorillas und Orang-Utans in einer ursprünglich für Gehörlose entwickelten Gebärdensprache (AMESLAN, American Sign Language) unterrichtet: Manchmal benutzen diese trainierten Menschenaffen unkorrekte Zeichenfolgen und brechen dabei in stummes Lachen aus, wobei das ausgeprägte Mund-offen-Gesicht von sanften Keuchlauten begleitet wird. Schimpansen scheinen sich offenbar daran zu ergötzen, Unrat auf Leute zu werfen oder auf sie zu urinieren, was sie anschließend mit dem Zeichen für »lustig« kommentieren. Menschenaffen verwenden dieses Zeichen auch in bezug auf menschliches Verhalten, das als lächerlich oder ungewöhnlich zu klassifizieren ist.

Wenn Lachen und Humor eine evolvierte Basis haben, steht zu vermuten, daß sie während der Stammesgeschichte eine bestimmte Funktion erfüllten, ihre Ausbildung also von der natürlichen Selektion gefördert wurde. Worin könnte diese Funktion bestehen? Welche Vorteile könnten Lachen und Humor den Ahnen von Menschenaffen und Menschen verschafft haben, so daß die Selektion die Ausbreitung und den Erhalt dieses Phänomens begünstigte?

Etliche Studien an Kindern und Erwachsenen (Bainum et al. 1984) belegen, daß der Mensch in mehr als 95 Prozent aller Fälle in einem sozialen Zusammenhang lacht. Im Unterschied zu Motivationslagen, die fundamental nicht sozial sind – wie sie etwa Hungergefühle bewirken –, werden für einen sozialen Kontext typische Motivationslagen oft von einem unverwechselbaren Ausdrucksverhalten begleitet. Sozialbezogenes, auffälliges Verhalten dient in der Regel dazu, andere Organismen zu beeinflussen – ob es sich nun um das Röhren eines Hirsches zur Einschüchterung eines Rivalen handelt oder um den Balzgesang eines Singvogels zum Anlocken einer Partnerin. Weder Tier noch Mensch verschwenden ohne Grund Energie auf Selbstdarstellung – denn sie könnte Raubfeinde anlocken und verbraucht Stoffwechselenergie, die über vermehrte Nahrungsaufnahme gedeckt werden muß. Da Lachen zu diesen typischen Formen auffälliger Selbstdarstellung gehört, dürfte wohl auch dieses akustisch-optische Signal der Manipulation von Artgenossen dienen.

Lachen wird oft als eine Art Musik beschrieben, da es hauptsächlich aus stimmhaften Vokalen besteht – eine Tatsache, die sich übrigens auch in der Etymologie des Wortes »amüsieren« widerspiegelt. Das Lachen des Signalempfängers scheint für den Signalsender eine Art Belohnung zu sein: Gelingt unser Vorhaben, andere Menschen zu belustigen, werden wir durch ihr Lachen belohnt. Lachen ist eine Art Kompliment, das uns darin bestärkt, mit unseren Scherzen, unserer komischen Selbstdarstellung fortzufahren. – Worin aber könnten für die Lachenden die Vorteile des wiederholten Austeilens lautstarker Belohnungen bestehen, und was haben die Witzerzähler davon, das Lachen ihres Publikums durch immer neue Pointen anzuheizen? Stellen wir uns eine typische Situation vor, in der Witze erzählt werden. Meist sitzt ein Grüppchen in relativ entspannter Atmosphäre beisammen – am Stammtisch etwa oder während der Kaffepause im Büro. Hat jemand einen Witz erzählt, der die Runde zum Lachen bringen konnte, meldet sich nicht selten jemand mit »Ich kenn' da auch einen« zu Wort: Humoristische Beiträge beruhen oft auf dem Prinzip der Gegenseitigkeit.

Der amerikanische Evolutionsbiologe Robert Trivers (1971) vermutet, daß sich die Fähigkeit, Dankbarkeit zu empfinden, im Lauf der Stammesgeschichte entwickelte. Sie bewirkt, daß wir von anderen empfangene Wohltaten mit größerer Wahrscheinlichkeit erwidern und sie damit anregen, uns in Zukunft erneut ihre Gunst zu schenken. Dieser Austausch, nach dem Prinzip des »Wie Du mir, so ich Dir« *reziproker Altruismus* genannt, setzt komplexe Hirnleistungen voraus. Nicht nur, daß sich die Mitglieder einer Gruppe individuell kennen müssen, sie müssen auch über ein gutes Gedächtnis verfügen, um zu wissen, wer wann wem welche Wohltat erwies, und sie müssen die empfangenen und zurückzuzahlenden Hilfeleistungen miteinander verrechnen können. Es verwundert daher nicht, daß nur Spezies mit einem überaus komplexen zentralen Nervensystem – möglicherweise nur Schimpansen und Menschen – hierzu in der Lage sind. Offenbar steht eine ganze Reihe psychisch-emotionaler Mechanismen im Dienste der Stabilisierung dieses reziproken Systems: Jemand, der eine Wohltat nicht zurückzahlt, wird durch den Ärger des Opfers und sein eigenes schlechtes Gewissen bestraft, während jemand, der Wohltaten erwidert, durch die Dankbarkeit des Empfängers und seinen eigenen Stolz belohnt wird. Der Zusammenhang zwischen Humor und Lachen läßt sich nach dieser Theorie also folgendermaßen interpretieren: Wir belohnen einen guten Witz durch unser Lachen, woraufhin sich der Humorist bestätigt fühlt und die Erwartung aufbaut, bei nächster Gelegenheit selbst durch ein Mitglied seines vormaligen Publikums amüsiert zu werden.

Da ein solcher »Austausch von Lachen« keinen unmittelbaren Vorteil für das Überleben und die Fortpflanzung bringt – also nur als Wirkursache begriffen werden kann – müssen wir nach der mittelbaren *Zweckursache des Humors* fragen. In diesem Zusammenhang ist es hilfreich, auf drei charakteristische Gemeinsamkeiten von Humor und Spiel hinzuweisen: In der Regel darf keine Gefahr drohen, es müssen Grundbedürfnisse wie Hunger oder Schlaf gestillt sein, und es erlahmt mit der Zeit – speziell bei Wiederholung – das Interesse: Wir können nur noch »müde lächeln«, wenn wir einen Witz zum wiederholten Male hören. Es liegt demnach nahe, auch im Humor eine Art Training zu sehen – und zwar ein kognitives –, das die Chancen eines Individuums erhöht, zu überleben und sich fortzupflanzen.

Die von Glenn Weisfeld ausgearbeitete Theorie greift hier auf ein dem Scherzen und Lachen ganz ähnliches System gegenseitiger Belohnung zurück: der Stimulation durch Kitzeln. Unter den *Hominoidea*, den Menschenartigen, sind es vor allem die Schimpansen und Menschen, bei denen das Gekitzeltwerden schon in den ersten Lebensmonaten Lachen auslöst. Die Aufregung, die wir beim Gekitzeltwerden empfinden, spiegelt vermutlich den Charakter der Interaktion als einer Scheinattacke auf verletzliche Körperteile wider. Nach Meinung von Verhaltensforschern helfen solche inszenierten Attacken, mögliche zukünftige, im Ernstfall eines Kampfes auftretende Aktionen eines Gegners richtig einschätzen und parieren zu können. Ein zentrales Element beim Kitzeln (wie beim Witzereißen) scheint der Überraschungseffekt zu sein – weshalb sich niemand selbst kitzeln (oder Witze erzählen) kann. Werden Kinder älter, sind sie in der Regel weniger kitzlig – und dies stützt jene Theorie, wonach spielerische Verhaltensweisen im Erwachsenenalter seltener werden, weil ein Organismus bis dahin ohnehin alles gelernt haben muß, was sich durch Spiel trainieren läßt.

Gerade *erwachsene* Menschen haben jedoch auch ihren Spaß am Humor. Dies weist auf den Umstand hin, daß *Homo sapiens* eine besonders umweltoffene Spezies ist, bei der die individuelle Entwicklung sehr wenig festgelegt und nie völlig vorhersehbar ist: Es macht Sinn, den Verstand bis ins hohe Alter hinein an den unerwarteten Pointen humoristischer Darbietungen zu schärfen.

Beim Kitzeln wird jemand körperlich aus dem Gleichgewicht geworfen – bei einer erfolgreichen humoristischen Darbietung sozial. Witze und komische Darbietungen konfrontieren uns mit fiktiven Situationen, deren realitätsverzerrte Perspektive wir durchschauen müssen, um lachen zu können: Humor ist Spielen mit den *Sinninhalten der Sprache* – was jeder Kalauer illustriert: »Charlotte beim Eheberater: ›Mein Mann ist hinter jedem Rock her. Was kann ich tun?‹ ›Ganz einfach: Schicken Sie ihn nach Schottland!‹« – Humor spielt auch mit den *logischen Sinninhalten*, etwa in der beliebten Variante des Nonsens-Rätsels: »Wie fängt man ein Kaninchen mit bloßer Hand? – Ganz einfach: Man versteckt sich auf einer Wiese und imitiert die Stimme eines Kohlkopfes.« – Humor spielt mit den Zusammenhängen zwischen *Ursache und Wirkung*: »Aufgeregt kommt der junge Dichter zum Theaterdirektor: ›Sagen Sie mal, haben Sie eigentlich was gegen mich?‹ ›Unsinn! Wie kommen sie denn darauf?‹ ›Na, immer wenn das Theater leer ist, spielen Sie eins meiner Stücke.‹« – Humor ist schließlich ein Spiel mit *emotionalen Sinninhalten* – insbesondere in der Form des sogenannten schwarzen Humors, der Grenzsituationen aufs Korn nimmt wie die Sexualität, das Sterben, Geborenwerden, Krankheiten oder andere mehr oder weniger tabuisierte Gefühlsbereiche: »In der Hochzeitsnacht zieht sich der Boxer aus, trommelt auf seinen mächtigen Brustkorb und sagt triumphierend: ›Schau her, das sind 180 Pfund Dynamit, mein Liebling!‹ ›Ja‹, sagt sie, ›so viel Dynamit und so wenig Zündschnur!‹«

Humoristen bedienen sich gerne der Paradoxie, sie präsentieren widersinnige, unverhältnismäßige oder gar surrealistische Perspektiven, die vom Publikum entlarvt werden müssen. Humor nährt sich oft aus dem Gefühl des plötzlichen Triumphes, da er uns das Versagen und Lächerlichwerden anderer vor Augen führt, welche die Aufgabe nicht meisterten und sich deshalb in Verlegenheit brachten – wobei an diesem Punkt das Lachen *über* etwas zum *Aus*lachen wird, das die Warnung beinhaltet: Paß auf, daß es dir nicht einmal genauso geht.

Wahrscheinlich können uns humoristische Darbietungen deshalb so erheitern, weil sie eine Art *»mentales Kitzeln«* sind. Es ist aufschlußreich, daß jüngere Kinder am meisten lachen, wenn die Reizung über den Tastsinn und das Gehör erfolgt, während bei älteren Kindern der größte Lacherfolg über optische und soziale Reize erzielt werden kann. Ein humoristischer Reiz muß also offenbar so gestaltet sein, daß seine Bewältigung für das Individuum zwar eine *Heraus*forderung darstellt, jedoch keine *Über*forderung. Ist der Witz zu einfach, können wir genausowenig lachen, wie wenn er zu kompliziert ist. Diese Tendenz zu gemäßigten Anforderungen maximiert vermutlich die Lernleistung und hält uns an, schrittweise immer komplexere geistige Herausforderungen zu suchen.

Der niederländische Soziologe Anton Zijderveld hat in seiner 1971 publizierten Abhandlung über »Humor und Gesellschaft« den Gedanken aufgegriffen, daß wir viele unserer Ängste durch Lachen sublimieren – was ja angesichts der stammesgeschichtlichen Herleitung des Lächelns aus dem Furchtgrinsen und der Theorie Plessners vom Lachen als Ausdruck einer Gleichwichtsstörung zumindest bedenkenswert ist. Wir fühlen uns wohler und sicherer, wenn wir das *Kontingente* – sprich: das Unerwartete, Unberechenbare, Zufällige – manipulieren können. Hierzu Zijderveld (1976, S. 44):

> »Es ist das Ziel der Wissenschaft, das Kontingente einzuschränken und die Welt kalkulierbar, voraussagbar und regulierbar zu machen. Humor dagegen versucht wie die Magie, mit der er viel gemein hat, das Kontingente auszunützen. Er treibt seinen Spott mit der Idee der Kausalität und versucht nicht, das Unerwartete einzuschränken, sondern es zu manipulieren. Der Narr, der Komödiant, der Clown, der Witzeerzähler – sie alle versetzen ihr Publikum in eine andere, skurrile Wirklichkeit, in der das Kontingente vorherrscht.«

Viele religiöse Äußerungen leben davon, das Unberechenbare zu einem metaphysischen Prinzip zu erheben und es anzubeten. Den wachsenden Einfluß von Technologie und Wissenschaft, der die moderne Welt in vielen Bereichen regulierbar und berechenbar macht, nannte der deutsche Soziologe Max Weber (1864–1920) deshalb zu Recht »die Entzauberung der Welt«. Und in gewissen Grenzen ist sicherlich auch einem von Zijderveld (1976, S. 45) zitierten Wort zuzustimmen: »Wenn die Götter aus dem Kosmos vertrieben werden, wird die Welt, die sie verlassen haben, langweilig.«

Literatur

Bainum, C.K., Lounsbury, K.R., Pollio, H.R. (1984): The Development of Laughing and Smiling in Nursery School Children. In: Child Development 55, S. 1946–1957.

Baldwin, J.D. (1986): Behavior in Infancy: Exploration and Play. In: Mitchell, G., Erwin, J. (Hrsg.): Behavior, Conservation, and Ecology. Comparative Primate Biology. Band 2, Teil A. New York, S. 295–326.

Bateson, G. (1972): Steps to an Ecology of Mind. New York.

Bekoff, M., Byers, J.A. (1981): A Critical Reanalysis of the Ontogeny and Phylogeny of Mammalian Social and Locomotoric Play: An Ethological Hornet's Nest. In: Immelmann, K., et al. (Hrsg.): Behavioral Development. The Bielefeld Interdisciplinary Project. Cambridge, S. 296–337.

Chagnon, N.A. (1983): Yanomamö: The Fierce People, 3. Aufl. New York.

Chalmers, N.R., Locke-Haydon, J. (1984): Correlations Among Measures of Playfulness and Skilfulness in Captive Common Marmosets *(Callithrix jacchus jacchus)*. In: Developmental Psychobiology 17, S. 191–208.

Cheney, D. (1978): The Play Partners of Immature Baboons. In: Animal Behaviour 26, S. 1038–1050.

Eibl-Eibesfeldt, I. (1984): Die Biologie des menschlichen Verhaltens. Grundriß der Humanethologie. München.

Goodenough, F.L. (1932): Expression of the Emotions in a Blind-Deaf Child. In: Journal of Abnormal and Social Psychology 27, S. 328–333.

Harper, L.V., Sanders-Huie, K. (1978): The Development of Sex Differences in Human Behavior: Cultural Impositions, or a Convergence of Evolved Response-Tendencies and Cultural Adaptations? In: Burghardt, G.M., Bekoff, M. (Hrsg.): The Development of Behavior: Comparative and Evolutionary Aspects. New York, S. 297–318.

Hassenstein, B. (1980): Instinkt, Lernen, Spielen, Einsicht. Einführung in die Verhaltensbiologie. München.

Immelmann, K. (1982): Wörterbuch der Verhaltensforschung. Berlin.

Jolly, A. (1985): The Evolution of Primate Behavior. New York.

Lethmate, J. (1985): Kinderspiel. Zur Entwicklung von Geschlechtsunterschieden. In: Unterricht Biologie 110, S. 34- 39.

Plessner, H. (1970): Lachen und Weinen. In: ders.: Philosophische Anthropologie. Frankfurt/M., S. 11–171.

Schultz, E., Lavenda, R. (1990): Cultural Anthropology. 2., überarb. Aufl. St. Paul.

Symons, D. (1978): Play and Aggression. A Study of Rhesus Monkeys. New York.

Trivers, R.L. (1971): The Evolution of Reciprocal Altruism. In: Quarterly Review of Biology 46, S. 35–57.

van Hooff, J.A.R.A.M. (1969): The Facial Display of the Catarrhine Monkeys and Apes. In: Morris, D. (Hrsg.): Primate Ethology. New York, S. 9–98.

Vogel, C., Eckensberger, L. (1987): Arten und Kulturen – Der vergleichende Ansatz. In: Immelmann, K., Scherer, K., Vogel, C. (Hrsg.): Funkkolleg Psychobiologie: Verhalten bei Mensch und Tier. Studienbegleitbrief 10. Weinheim, Basel, S. 11–66.

Walters, J.R. (1987): Transition to Adulthood. In: Smuts, B.B., u. a. (Hrsg.): Primate Societies. Chicago, S. 358–369.
Weisfeld, G.E. (1993): The Adaptive Value of Humor and Laughters. In: Ethology and Sociobiology.
Zijderveld, A.C. (1976): Humor und Gesellschaft. Eine Soziologie des Humors und des Lachens. Graz, Wien, Köln.

Behausung, Wohnen und urbanes Leben

Karl Grammer

Im Gegensatz zu vielen Tierarten baut der Mensch seine Behausung nicht nach einem festgelegten Programm, sondern wohnt in den unterschiedlichsten Weisen in den unterschiedlichsten Umgebungen. Deshalb könnte man annehmen, daß im Bereich menschlichen Bauens und Wohnens evolutive Prozesse keine Rolle spielen. Nahrungserwerb, Schutz vor klimatischen Einflüssen, Fortpflanzung und die sozialen Strukturen der Gemeinschaft erforderten jedoch nicht nur Verhaltensanpassungen, sondern auch bestimmte Wohnformen. Eine ethologische Betrachtung der Territorialität geht deshalb von der grundsätzlichen Überlegung aus, daß der Mensch, auch derjenige in urbanen Ballungszentren, eine Reihe gut definierbarer und evolutionsbiologisch begründeter Verhaltenstendenzen besitzt. Dazu gehören unter anderem die Identifikation mit der Wohnung, der Abschluß nach außen, das Bedürfnis nach sozialen Kontakten und nach Gemeinschaftsgefühl, wobei die Neigung feststellbar ist, sich in kleineren Einheiten zu organisieren. Solange diese Grundanforderungen befriedigt sind, spielt die Architektur des Gebäudes nur eine Nebenrolle.

In diesem Jahrhundert hat sich der Lebensraum des Menschen zunehmend vom Lande in die Stadt verlagert. Diese Entwicklung zeichnet sich in Industriestaaten, aber auch in den Entwicklungsländern ab. Zwischen 1950 bis 1978 verdoppelte sich die städtische Bevölkerung der Welt. Hält der augenblickliche Trend an, dann ist bis zum Jahre 2000 mit einer weiteren Verdoppelung zu rechnen. Bald darauf wird die Mehrheit der Weltbevölkerung in Städten leben. Die Stadt wird damit zu dem vom Menschen bevorzugten Lebensraum.

Die urbanen Zentren bieten dem Bewohner historisch gesehen ein einmaliges Ausmaß an individueller Gestaltungsfreiheit, können aber andererseits durch Anonymität, Struktur- und Orientierungslosigkeit – insbesondere in Großwohnanlagen – zu einer Minderung des sozialen Zusammenhalts und des Wohlbefindens der Bewohner führen. Solche Prozesse lassen sich allerdings nicht allein durch einfache Änderungen in der physischen Struktur der Umwelt aufhalten, da Territorialität eng mit sozioökonomischen Strukturen verknüpft ist, der Ressourcenwert eines Territoriums also von sozialen und ökonomischen Faktoren mitbedingt wird. In der modernen Wohnungs- und Städteplanung müssen deshalb verhaltensbiologische Erfordernisse berücksichtigt werden, die bisher bei der stadtplanerischen und architektonischen Gestaltung von Großwohnanlagen, aber auch von anderen Wohn-und Zweckbauten, nur unzureichend zum Tragen kamen.

Habitate und Wohnformen: Vom Windschirm zum Wolkenkratzer

Betrachtet man menschliche Behausungen, wird deutlich, daß der Mensch im Gegensatz zu vielen Tierarten kein angeborenes Programm zur Konstruktion und Errichtung seiner Wohnstatt besitzt. Seine Wohnverhältnisse sind von Kultur zu Kultur und sogar innerhalb einer Kultur sehr unterschiedlich, wobei diese Unterschiede nicht nur die äußere Form, sondern auch die Funktion betreffen. Dies läßt sich an einigen Beispielen verdeutlichen:

Die Buschleute in der Trockensavanne der zentralen Kalahari leben in halbmobilen Gruppen als Jäger und Sammler. Ihre Nahrung besteht aus Insekten, Raupen und anderem Kleingetier, aber auch aus Springhasen und Antilopen sowie aus den Feldfrüchten und Wurzeln, die sie sammeln. Für die Jagd und für das Sammeln besitzen sie Reviere. Jede aus zehn bis fünfzehn Familien bestehende Horde mit ihrem Häuptling hat ihr eigenes Territorium (Heinz 1972; 1979), in dem gejagt und gesammelt wird. Jagt jemand in einem fremden Revier, so hat er sein Leben verwirkt. Die Gruppe ist dem Häuptling nicht untergeordnet, es besteht keine ausgeprägte Hierarchie. Im Ablauf der Jahreszeiten löst sich die Horde auf, und die einzelnen Familien wandern zu ihren angestammten Sammelplätzen. In normalen Jahren ist genügend Nahrung vorhanden, in trockenen Jahren kann die Feldkost dürftig werden. Zwischen den Familien besteht ein auf Wechselseitigkeit beruhendes Austauschsystem, das eine Art Sozialversicherung für schlechte Zeiten darstellt.

Die Wohnhütten der Buschleute sind um einen zentralen Platz angeordnet, häufig gibt es lediglich Windschirme. Mann und Frau leben in Eheverbindung mit ihren Kindern in einer Hütte; hat ein Mann mehrere Frauen, dann hat jede Frau eine eigene Hütte. Die Sitzordnung in der Hütte ist streng festgelegt. Die Hütten der Familien stehen in Gruppen beieinander, sind jedoch so angeordnet, daß die Eltern nicht in die Hütten ihrer verheirateten Kinder blicken können. Unverheiratete Männer und Witwer schlafen im Freien unter einem Schlafbaum. Besucher werden in die Hütten nicht eingelassen. Die relativ einfach konstruierten Hütten lassen sich aus dem spärlich vorhandenen Baumaterial schnell errichten: Äste werden in einem Rund von zwei Metern Durchmesser so in den Boden eingegraben, daß sie sich oben kuppelartig gegeneinanderneigen, und mit Gras bedeckt, während der Hüttenboden mit Antilopenhäuten ausgelegt wird. Sie sollen vor allem vor Wind und Sonne schützen und als Sichtschutz vor den anderen Gruppenmitgliedern dienen. Ihre einfache Konstruktion ist an die halbmobile Lebensweise der Gruppe angepaßt, die wiederum durch die Ressourcenverteilung in ihrem Territorium erzwungen wird.

Seßhaftigkeit dagegen erlaubt ganz andere Konstruktionen. Als Pflanzer und Schweinezüchter, die gelegentlich Jagd treiben, bewohnen die *Eipo* das Hochland von West-Neuguinea. Ihre Dörfer liegen in etwa 1600 bis 2100 Meter Höhe und bestehen aus kleinen Familienhäusern, die eng geschachtelte Dörfer bilden (Eibl-Eibesfeldt 1991). Zu ihrer Lebenserhaltung können sich die Eipo auf das verlassen, was sie in ihren Gärten anpflanzen und ernten. Diese Art der Produktion ermöglicht die Bildung größerer Gemeinschaften auf weniger Fläche.

Der frühe Vormittag ist oft sonnig, gegen drei Uhr nachmittags bilden sich Nebel und Wolken und es regnet heftig. Die Hütten sind deshalb luftig: Sie bestehen aus einer Plattform, die in einem halben Meter Höhe an in den Boden gerammten Pfählen eingeflochten ist. Ihr Durchmesser beträgt etwa drei Meter. Das Dach bildet ein einfaches mit Pandanusblättern bedecktes Stangengerüst. Diese Hütten bewohnen die verheirateten Paare mit ihren Kindern, Hunden und Schweinen. Dort findet auch das rege Familienleben statt. Besucher dürfen nach Aufforderung eintreten. Sobald eine Kultur seßhaft wird, werden Häuser für spezielle Aufgaben gebaut. So gibt es bei den Eipo den Geschlechtern vorbehaltene Männer- und Frauenhäuser. Auffällig ist die strenge Trennung der beiden Geschlechter: Den Frauen ist es, außer bei Festen, verboten, den Tanzplatz zu betreten. Sie müssen sich zudem während ihrer Periode im Frauenhaus aufhalten und dort auf ihre Niederkunft warten, wenn sie hochschwanger sind. Im Männerhaus, das sakrale Gegenstände enthält, die in »heiligen« Netzen verwahrt werden, wird Politik gemacht. Dort übernachten auch die männlichen Besucher. Das öffentliche soziale Leben findet hauptsächlich am Morgen, bevor die Eipo zur Arbeit in ihre Gärten ziehen, auf dem Platz vor dem Männerhaus statt, während die initiierten Männer am Spätnachmittag im Männerhaus zusammenkommen.

Seßhaftigkeit führt nicht zwangsläufig zur Konstruktion von Familienhäusern für Kernfamilien. Die Kaluli am Mount Bosavi in Neuguinea

Abb. 14 Die seßhaften Eipo in Irian-Jaya (West-Neuguinea) bauen ihre Einzelhäuser dicht aneinandergedrängt auf Bergrücken, um anrückende Feinde aus Nachbardörfern frühzeitig erkennen zu können.

leben zwar als seßhafte Pflanzer, bauen jedoch Langhäuser, die bis zu 100 Personen beherbergen (Loupis 1983). In diesen Langhäusern leben Kernfamilien aus mehreren Clans. Es gibt eine strikte Trennung der Wohnbereiche von Frauen und Männern, die durch 130 Zentimeter hohe geflochtene Wände getrennt sind. Das soziale Leben findet auf der Veranda statt, auf der sich alle Bewohner ungezwungen treffen können.

Sucht man die *Gemeinsamkeiten dieser Wohnformen*, dann sind es, erstens, vor allem der *Schutz vor Witterung und Umwelteinflüssen*, wie z. B.

Sonne in der Kalahari, Kälte bei den Eipo, Schutz vor stechenden Insekten bei den Kaluli. Zweitens scheint in allen Kulturen ein *Bedürfnis nach Privatheit*, einem eigenen Platz, vorhanden zu sein. Drittens wird gleichzeitig *ein Platz für soziales Leben* benötigt, ob man sich nun wie bei den Buschleuten unter einem Baum, wie bei den Eipo auf einem Platz oder in speziellen Häusern trifft, oder wie bei den Kaluli in größeren Gruppen zusammenlebt.

Komplex vernetzte ökologische und soziale Faktoren, die kaum voneinander trennbar sind, da sie sich teilweise gegenseitig bedingen und außerdem in den verschiedensten Kombinationen auftreten können, haben zu unterschiedlichen Hauskonstruktionen geführt. Zu den *ökologischen Faktoren* gehören klimatische Bedingungen, die Art der Nahrungsressourcen, deren räumliche Verteilung und die jeweiligen Strategien des Nahrungserwerbs. *Soziale Faktoren* sind unter anderem Gruppengröße, Verteilungssysteme von Ressourcen, Verheiratungssysteme, aber auch Verhaltenstendenzen und Entscheidungsprozesse beim einzelnen Individuum.

Die Wohnformen und Hauskonstruktionen der hier vorgestellten Kulturen werden allerdings über kurz oder lang der Vergangenheit angehören: Die Welt wird in einem unaufhaltsamen Prozeß zur Stadt. Neue Wohnformen werden entwickelt, und dabei ergeben sich neue Probleme. Die Urbanisation erreicht vielleicht bald ihre möglichen Grenzen. Genau dort aber liegt eine einmalige Chance für die Untersuchung des menschlichen Wohnens; denn wenn ein System an seine Grenzen gerät, zeigt es unter den dort vorhandenen Extrembedingungen auch oft seine verborgenen Mechanismen.

In diesem Jahrhundert hat sich das Leben des Menschen in zunehmendem Maße vom Lande in die Stadt verlagert. In Deutschland ging der Anteil der Landbevölkerung zwischen 1800 und 1925 von 75 auf 23 Prozent zurück, 1982 betrug ihr Anteil sogar nur noch 15 Prozent. Ähnliche Entwicklungen zeichnen in sich anderen Industriestaaten, aber auch in den Entwicklungsländern ab.

> Von den 1950 insgesamt 2,5 Milliarden auf der Erde lebenden Menschen wohnten 29 Prozent in städtischen Gebieten, während 1980 von inzwischen 4,4 Milliarden Erdenbürgern bereits 41 Prozent Stadtbewohner waren. Hält der augenblickliche Trend an, dann kommt es nach den Berechnungen der Vereinten Nationen bis zum Jahre 2000 zu einer weiteren Verdoppelung, und im Jahre 2025 wird die Mehrheit der Weltbevölkerung in Städten leben (United Nations 1982).

Am schnellsten wachsen die Städte der Dritten Welt. Dieser Wachstumsprozeß führt zu einer ganzen Reihe sehr unterschiedlicher Entwicklungen. Um durch geplante Umgebungen der Menschenmassen Herr zu werden, baut man unter anderem Großwohnanlagen. In den Randbereichen vieler Städte entstehen wilde Siedlungen armer Zuwanderer, die zwar dicht gedrängt unter schlechten hygienischen Bedingungen leben, aber im eigenen winzigen Häuschen aus Pappe oder Wellblech und mit Nachbarn, die sie kennen (Eibl-Eibesfeldt 1986). Die Stadt wird damit zu dem vom Menschen bevorzugten Lebensraum und das Habitat (Wohnplatz), in dem er am häufigsten anzutreffen ist. Daraus ergibt sich zwar eine ganze Reihe von neuen Problemen, aber die Funktionen, die eine Wohnung für uns haben soll, sind die gleichen geblieben.

Die anonyme Massengesellschaft mit ihren urbanen Ballungszentren führt zu einer ganzen Reihe von Beeinträchtigungen: hohe Wohndichte, Anonymität, Kriminalität, aber auch Lärm, Abgase und Streß durch die vielen fremden Menschen. Die Auswirkungen solcher Dichtephänomene sind allerdings umstritten:

> Lepore et al. (1992) untersuchten in indischen und amerikanischen Großstädten den Zusammenhang zwischen Dichte – berechnet aus der Anzahl der zum Haushalt gehörenden Personen bezogen auf die zur Verfügung stehende Wohnfläche – und Streß. Sie fanden zwei Hauptkomponenten: *sozialen Streß* in Form von Auseinandersetzungen in der Familie und *Umweltstreß*, der aus ungünstigen Bedingungen in gebauten oder natürlichen Umgebungen entsteht. Zwischen beiden Faktoren zeigte sich eine ausgeprägte Interaktion. In Haushalten mit hoher Dichte (also vielen Personen und auf geringer Wohnfläche) wirkten sich soziale Stressoren ungünstiger aus als in Haushalten mit geringer Dichte. Hohe Wohndichte vermindert offenbar die Fähigkeit, sich anpassen zu können, und führt zu erhöhter Verletzlichkeit im sozialen Bereich. Dies gilt für indische Populationen genauso wie für amerikanische.

Ein Hauptstressor ist der *Verlust der Kontrolle über die Umgebung* (Cohen et al. 1985): In einer Umgebung mit hoher Dichte sind soziale Probleme im näheren Umfeld nur schwer kontrollierbar, und sie werden auch als sehr schwerwiegend empfunden. Sobald Probleme – auf welchem Gebiet auch immer – vorliegen, werden sie durch Umweltstressoren extrem verschärft. Ein weiteres Phänomen in modernen urbanen Gesellschaften sind *hohe Mobilitätsraten*: Häufiges Umziehen führt zum Verlust des sozialen Netzes. Bindungen an Familienmitglieder, Freunde und Nachbarn müssen aufgegeben und bei jedem Umzug erneuert werden. Die daraus entstehende Anonymität kann letztlich zur Vereinsamung des einzelnen führen. Ein *hoher Grad von Anonymität* in einer Gesellschaft hat Auswirkungen auf altruistisches Verhalten und Kooperation, denn für das Auftreten solcher Verhaltenstendenzen spielt die Wahrscheinlichkeit der zukünftigen Interaktionshäufigkeit eine wichtige Rolle (Hamilton 1964; Axelrod, Hamilton 1981): Hohe Wahrscheinlichkeiten, mit der gleichen Person noch einmal zu tun zu haben, begünstigen Kooperation, geringe Wahrscheinlichkeiten hingegen fördern Betrug.

Spieltheoretische Ansätze lassen demnach erwarten, daß in anonymen Massenverbänden Betrug und Kriminalität allgemein häufiger auftreten (Grammer, Atzwanger 1992). Dies ist auch tatsächlich der Fall. Die Kriminalitätsraten sind in der Regel in der Stadt höher als auf dem Land (Bundeskriminalamt 1990).

Paradoxerweise ist es vielfach die Anonymität, die die Menschen in die Großstadt lockt. In offenen Interviews mit Studentinnen und Studenten (Grammer 1993), die vor einem Jahr vom Land in die Stadt gezogen waren, wurde dies besonders deutlich. Jede(r) der 15 Befragten gab an, den Wegfall des sozialen Normierungsdrucks, wie er in kleinen Gemeinschaften vorkommt, als äußerst positiv zu empfinden: Der *Wegfall sozialer Kontrolle* ist einer der Hauptgründe, die Stadt aufzusuchen, macht aber auch gleichzeitig ihren Nachteil aus. (Daneben gibt es natürlich auch andere Gründe, in die Stadt zu ziehen: die *kulturelle Vielfalt*, ein *breites Freizeitangebot* und *sozioökonomische Vorteile*.)

Fazit: Die urbanen Zentren bieten ihren Bewohnern mit ihrer Massierung an ökonomischen, sozialen, kulturellen, technologischen und anderen Möglichkeiten ein bisher einmaliges Ausmaß an individueller Gestaltungsfreiheit. Andererseits führen Anonymität, Struktur- und Orientierungslosigkeit insbesondere in Großwohnanlagen zu einer Minderung der sozialen Kohärenz und des Wohlbefindens der dort Wohnenden.

Die Evolution der Territorialität

Die Konstruktion seiner Behausungen zeigt zwei Grundtendenzen des Menschen: Einerseits genießt er die Abgrenzung von anderen, andererseits benötigt er Kontakt und Geselligkeit. Bei den meisten Naturvölkern wird dies beim Bau der Dörfer und Behausungen berücksichtigt: gemeinsam zu nutzende Flächen stehen einer privat zu nutzenden Fläche gegenüber

(Eibl-Eibesfeldt 1986). Unabhängig von Wohnform und Hauskonstruktion gilt in allen Kulturen, daß man den privaten Bereich ohne Einladung nicht betritt.

Nach Fuhrer und Kaiser (1992) kommt es zu einer emotionalen Bindung an den Ort, den man als *»Zuhause«* betrachtet: Da Orte und Dinge in erster Linie emotional wahrgenommen würden, käme der Umwelt und damit auch der Wohnumwelt im wesentlichen eine soziale Bedeutung zu. Ein Raum wird nicht nur besetzt und von einem bestimmten Personenkreis häufiger als von anderen benutzt, er bedeutet für diese Personen auch Sicherheit und wird von ihnen als exklusiver Besitz betrachtet, und es gibt starke Tendenzen zur Verteidigung solcher Räume. Damit kommt das *Konzept der Territorialität* ins Spiel, das einen Ansatzpunkt für *evolutionstheoretische Betrachtungen der menschlichen Wohnformen* bietet.

Bei den meisten Tierarten hängt der Reproduktionserfolg auch von den Qualitäten ihres Habitats ab. Deshalb sind Verhaltenstendenzen im Zusammenhang mit Territorialität mit Sicherheit auch ein Ergebnis von evolutiven Prozessen. Die primäre Funktion eines Territoriums kann durchaus die Monopolisierung von Ressourcen sein. Oft ist die Anzahl vorhandener Territorien begrenzt, und nicht alle Individuen einer Population können ein Territorium besetzen. Die Fähigkeit, ein Territorium zu besetzen und zu halten, beeinflußt deshalb direkt oder auch indirekt die Fitneß eines Individuums. Territorialität kann deshalb als Selektionsmechanismus gesehen werden: Nur wer sein Territorium erfolgreich verteidigt, kann seine Gene an zukünftige Generationen weitergeben. Voraussetzung ist allerdings, daß das Individuum, das ein Territorium besetzt hält, dadurch einen Vorteil vor denen hat, die über keines verfügen. Kurz gesagt: Das Territorum muß dazu beitragen, daß ein Individuum pro Zeiteinheit mehr Nachwuchs großzieht als ein Individuum der gleichen Art, das kein Territorium besetzt hält. Durch diesen Mechanismus wird Territorialität als Verhaltensstrategie im Genom fixiert (Hopp, Rasa 1990).

Eine evolutionstheoretische Annäherung an die Bedeutung des Habitats für den Menschen setzt damit auch eine Bindung der Habitatqualität an den menschlichen Reproduktionserfolg voraus. Die Frage danach, welche Funktion das menschliche Habitat und seine besondere Gestaltung haben, muß deshalb unter zwei Gesichtspunkten gestellt werden: Welche Vorteile erbringen dem Individuum das *Besetzen und das Verteidigen von Raum*? Und: Welche Vorteile erbringt die *Strukturierung des Raums* durch Errichten und Ausgestalten von Bauten?

Die biologische Definition des Begriffes »**Territorialität**« lautet nach Wittenberger (1981): Territoriales Verhalten tritt auf, wenn ein Tier seine Aktivitäten auf eine bestimmte, abgegrenzte Fläche beschränkt, seine Anwesenheit dort deutlich macht und diese Fläche nach außen verteidigt. Dabei hängt die Größe eines Territoriums einerseits von dem daraus gezogenen Nutzen (die Erreichbarkeit von Ressourcen und die Sicherheit, die es bietet) und andererseits von den Kosten seiner Verteidigung ab.

Nach dieser pragmatischen Sichtweise ist es auch möglich, daß ein Territorium nicht besetzt oder verlassen wird – nämlich dann, wenn die Kosten dafür zu hoch sind oder der Nutzen zu gering ist. Da in der Regel die physische Kontrolle vom Zentrum aus zu den Grenzen des Territoriums hin abnimmt, benötigen größere Territorien mehr Verteidigungsaufwand: Sie haben längere Grenzen, die kontrolliert werden müssen, wobei die Wahrscheinlichkeit von Grenzverletzungen steigt. Während mit der Größe des Territoriums die Kosten steigen, nimmt der Ressourcenwert eines Territoriums mit seiner Größe nicht gleichmäßig zu, da irgendwann die Ressourcen so zahlreich sind, daß aus zusätzlichen Ressourcen kein weiterer Nutzen mehr gezogen werden kann. Territorialität hängt demnach auch von der Dichte der Ressourcenverteilung ab.

Die *Evolution der menschlichen Territorialität* könnte nach Taylor (1988) wie folgt begründet sein: Die ausgedehnte Hilflosigkeit der Kleinkinder erfordert viel und intensive Brutpflege. Um das Überleben des Nachwuchses zu sichern, ist es deshalb am besten, ihn an einem geschützten Ort aufzuziehen. Dadurch läßt sich insbesondere auch die Kindersterblichkeit herabsetzen. Eine solche Strategie, die aber noch nicht notwendigerweise territorial sein muß, kann die Fitneß für das Individuum erhöhen. Territorialität kommt erst dann ins Spiel, wenn der Zugang zu seltenen Ressourcen und ihre Ausbeutung an Orte gebunden ist (Jagdgründe, Schutz vor Konkurrenten). Erst mit diesem Effekt wird Territorialität für ein Individuum zu einer nützlichen Überlebensstrategie. Doch beschränken sich territoriale Verhaltensstrategien nicht auf Individuen und Familiengruppen.

Nach Taylor (1988) stand am Anfang der Evolution der menschlichen Territorialität das Heim, gefolgt vom Nahrungsterritorium, das zum Jagen und Sammeln benutzt wurde. Der nötige Verteidigungsaufwand hing dabei in erster Linie von den vorhandenen Ressourcen und ihrer Verteilung ab: Ressourcenverteilungen mit hoher Dichte benötigen nur geringen Aufwand; sind dagegen die Ressourcen sehr dünn gesät, muß sehr stark verteidigt werden. Eine territoriale Verhaltensstrategie ist eine typisch ökologische Strategie, die einen direkten Vorteil für das Individuum erbringen und sehr flexibel angelegt sein muß. Ändern sich z. B. durch Lernen oder klimatische Bedingungen die bevorzugten Nahrungsgrundlagen – wird etwa weniger Wert auf Großwild gelegt oder verschwindet es –, dann müssen neue Strategien entwickelt werden.

Wie alle angeborenen Verhaltensweisen sind auch die territorialen Tendenzen des Menschen der kulturellen Evolution und damit Anpassungsvorgängen ausgesetzt. Mit der Domestikation von Tieren und Pflanzen wurde ein exklusives Territorium zur Notwendigkeit. Beim Übergang vom Jäger und Sammler zum seßhaften Bauern wurde Territorialität zur ökonomischen Strategie. Die dabei entstehenden größeren Ansiedlungen erlaubten Arbeitsteilung, und mit der Arbeitsteilung innerhalb von Gesellschaften entstanden neben dem familieneigenen Zuhause funktional bedingte (die Schmiede, der Tempel, der Königspalast usw.) und/oder öffentliche (wie Badehäuser, Plätze usw.) rollenspezifische Territorien. Die Verteidigungsaufgaben wurden an politische Institutionen übertragen.

Die weitere Ausdehnung der Territorialität vom Familienverband auf größere Gruppen kann mit Hilfe des Modells von Boyd und Richerson (1985) beschrieben werden, das die biologischen Mechanismen Mutation und Selektion auf die *kulturelle Übertragung von Wissen* anwendet. Dabei entsprechen Übertragungsfehler den Mutationen und Informationssammelfehler der genetischen Drift. Zusätzlich gibt es gerichtete Variation durch soziales Lernen. Dabei werden drei Mechanismen wirksam:

1. *Lernpräferenzen* führen dazu, daß aus einer beliebigen Anzahl von vorhandenen Verhaltensalternativen nur einige wenige gelernt werden, was die Verbreitungsgeschwindigkeit von neuen Verhaltensstrategien erhöht.
2. Die *Frequenzabhängigkeit des Lernens* bewirkt, daß wir dazu neigen, das zu lernen, was am häufigsten in unserer Umgebung an Information vorkommt, also populär ist. Dadurch werden in Populationen vor allem lokal bevorzugte Verhaltensalternativen zementiert.
3. *Indirekte Lernpräferenzen* bewirken, daß die Verhaltensstrategien eines anderen Individuums imitiert werden, weil dieses sehr erfolgreich ist, sich aber nicht feststellen läßt, welche der einzelnen Verhaltensstrategien den Erfolg ausmacht.

Menschen probieren ständig neue Dinge aus. Neben dieser Fähigkeit zur Innovation gibt es die generelle Präferenz, das zu lernen, was am besten dem eigenen Interesse dient (Irons 1979). In mathematischen Modellen untersuchten Boyd und Richerson (1989) die Bedeutung des sozialen Lernens und fanden zwei Grundbedingungen für optimalen Informationserwerb: Soziales Lernen, also das Imitieren von anderen, ist dann vorteilhaft, wenn individuelles Lernen teuer ist und die Umwelt zwischen aufeinander folgenden Generationen stabil bleibt. Die natürliche Selektion beeinflußt, welche kulturellen Varianten weitergegeben werden, da sich bestimmte Verhaltensstrategien entweder positiv oder negativ auf den Reproduktionserfolg auswirken.

Auf dem Weg in der modernen Massengesellschaft hat sich der direkte ökonomische Vorteil des eigenen Territoriums weitgehend fast von selbst erledigt: Ein direkt an den Nahrungserwerb gekoppeltes Großterritorium ist kaum mehr nötig, die *ökologische Funktion* des Territoriums ist in den Hintergrund getreten. Kleinterritorien, die zumindest das Heim abdecken, sind auch in Massenwohnungen möglich. Interessant daran ist, daß sich die Funktion territorialer Strategien im Verlaufe der kulturellen Evolution ändert. Mit den Ernährungsgewohnheiten, der Ökologie und der Entwicklung unterschiedlichster Sozialstrukturen hat sich auch der Anspruch des Menschen an seine Territorien verändert. Territoriale Strategien wurden im Laufe der kulturellen Evolution an bestimmte lokale Bedingungen und Situationen angepaßt.

Der gleiche theoretische Ansatz, der sich auf die kulturelle Entwicklung des Territorialbegriffs anwenden läßt, erklärt auch die **Gestaltung unserer Territorien**. Maßgeblich ist auch hier der Reproduktionserfolg dessen, der das gestaltete Territorium besitzt. Erscheinungsbild und Funktion müssen aber nicht identisch sein. Von vergleichbaren Ausgangspunkten her entwickelt die kulturelle Evolution sehr unterschiedliche Erscheinungsbilder.

Für die Gestaltung von Territorien spielen mehrere Faktoren eine Rolle: Zunächst einmal benötigen wir *Schutz vor Umwelteinflüssen*. Die Art und der Aufbau dieses Schutzes hängt jedoch von einer ganzen Reihe von Faktoren ab. Dabei stehen das Klima und die vorhandenen Baumaterialien im Vordergrund. Unterschiedliche klimatische Bedingungen erlauben und/oder erfordern unterschiedliche Konstruktionen. Ein Eskimo baut keine Veranda, weil es in seinen Breiten keine warmen Sommerabende gibt, an denen er auf ihr sitzen kann. Weitere Bedingungen sind sozialen Ursprungs. Bestimmte, in der kulturellen Evolution entstandene Gesellschaftssysteme können unterschiedliche Bauweisen und die Spezialisierung von Gebäuden bedingen. So finden wir Männerhäuser und Frauenhäuser bei den Eipo, die das generelle Verhältnis der Geschlechter in dieser Kultur widerspiegeln.

In unserer Kultur haben sich die *sozialen Strukturen* in anderer Weise auf Bauformen ausgewirkt. In den im letzten Jahrhundert entstandenen Industriezentren wurden viele Arbeitskräfte gebraucht, die anfänglich unter den erniedrigendsten Umständen untergebracht wurden. Mit wachsender Unzufriedenheit unter den Arbeitern versuchte man, ihre Situation zu verbessern, indem man sie in Arbeitersiedlungen (Einzelhäusern oder größeren Wohnanlagen) unterbrachte, die den Firmen gehörten. Der zwischen 1927 und 1930 erbaute Karl-Marx-Hof in Wien ist eines der ersten positiven Beispiele dieser Entwicklung, dort war sogar eine Mindestquadratmeterzahl für eine Familie vorgegeben. Wohnhöfe wie dieser – und in seiner Folge das Massenappartementhaus – sind direkte Auswirkungen der sozialen Veränderungen im industriellen und postindustriellen Zeitalter. Mit dem Übergang zum Informationszeitalter sind in den Wirtschaftszentren hochmobile Singles gefragt, deren Wohnansprüchen das Appartementhaus entgegenkommt.

Soziale und kulturelle Gegebenheiten schlagen sich in Bauformen nieder. Im Gegenzug können aber auch die architektonischen Möglichkeiten Voraussetzungen zur Veränderung sozialer Formen schaffen und damit die kulturelle Evolution beeinflussen. Wir befinden uns hier in einem Bereich, in dem Ursache und Wirkung nicht immer zu trennen sind.

Neben ihrer Schutzfunktion können Bauten *individuelle*, aber auch *nachbarschaftliche Identität signalisieren* (Altman, Gauvain 1981). Das Verwenden ähnlicher Materialen und ähnlichen Designs drückt Zugehörigkeit zur Nachbarschaft aus – die Qualität des Materials, die Details und die Ornamentierung dagegen dokumentieren Individualität. Mit der Darstellung von Individualität läßt sich auch der eigene Status herauskehren. Ein Beispiel aus unseren Breitengraden ist die regionale Verteilung der unterschiedlichen Formen von Bauernhöfen. Ein Hof in Hessen ist anders gebaut als ein Hof in Oberbayern, obwohl die gleichen Funktionen zu erfüllen sind.

Gestaltung, die sich in einer Population als erfolgreich erweist, wird sehr schnell übertragen und nachgeahmt – der Statusvorteil des Innovators fällt weg. Um seinen Statusvorteil wieder zu erreichen, ist dieser gezwungen, neue Formen und Techniken zu entwickeln. So entsteht ein ständiger Druck zur Änderung des Erscheinungsbildes und damit der Formgebung.

Die Form, die wir unserer Umwelt geben, ist ein Produkt der Interaktion biologischer und kultureller Evolution. Die Auswirkung der Schutz- und Selbstdarstellungsfunktionen auf den reproduktiven Erfolg des einzelnen schafft die Verbindung. Das gilt jedoch nur für hoch variable Umwelten. Sobald eine Umwelt von Generation zu Generation nur wenig variiert, werden auch Formen möglich, die nicht mehr an reproduktiven Erfolg gebunden sind.

Wenn sich *territoriale Verhaltensstrategien als evolutive Anpassungen* herausgebildet haben, dann müssen sie sich auch im Verhalten des Menschen in der modernen Massengesellschaft nachweisen lassen. Territoriales Verhalten ist stark an physische Strukturen gebunden, wie der anfangs durchgeführte Vergleich von Wohnformen in verschiedenen Kulturen zeigt. Die verschiedenen Siedlungsformen weisen räumliche Strukturierungen auf, die territorialen Strategien entsprechen: Wohnen und Heim, Nachbarschaft und öffentliche Plätze. Territorien besitzen also räumlich und zeitlich definierte Grenzen. Die Räume, auf die sich territoriale Strategien beziehen, umschließen sich jeweils wie die Häute einer Zwiebel: Im Zentrum das Heim, umgeben von der Nachbarschaft, bis hin zu Städten und Nationen. Im weiteren soll nun aufgezeigt werden, welche Konsequenzen das Besetzen und Gestalten eines Territoriums für das einzelne Individuum haben.

Die Ebenen der Territorialität

Minimalterritorien Wir besetzen fortwährend Räume und geben sie auch wieder auf: in unserer Wohnung und an öffentlichen Plätzen wie im Bus, in Zügen, Bibliotheken, Restaurants und sogar am Strand. Diese Minimalterritorien werden im privaten Bereich wie auch in der Öffentlichkeit zeitlich und räumlich begrenzt beansprucht. Unter Minimalterritorium ist also das persönliche Territorium zu verstehen, das wir mit uns herumtragen, der persönliche Raum, den wir beanspruchen.

Um diese Räume zu sichern, werden persönliche Gegenstände als Barrieren eingesetzt, z. B. wird ein Schal über einen Stuhl gelegt. Diese Markierungen sind sozusagen Warnschilder für andere. Untersuchungen von Shaffer und Sadowski (1975) in Bars und von Griffith (1921) und Haber (1980) in Klassenzimmern zeigen, daß dort die Plätze in der Mitte die begehrtesten sind und am stärksten verteidigt werden, Markierungen dort jedoch auch am ineffektivsten sind. In der Bar sind die zentralen Plätze deshalb am beliebtesten, weil dort die besten Kommunikationsmöglichkeiten bestehen. Im Klassenzimmer ist es ähnlich, dennoch scheinen den Plätzen in der Mitte andere Funktionen zuzukommen: Kinder, die zentral sitzen, haben die besten Schulnoten. Setzt sich jemand trotz Markierung auf einen

Platz, so werden 55 Prozent der zentralen Plätze, aber nur 19 Prozent der Plätze an der Peripherie vom Erstbesitzer zurückverlangt.

Für Minimalterritorien gilt also, daß es für sie *Markierungen* gibt, die anscheinend sehr gut von anderen Individuen als solche verstanden werden, daß sie *situationsabhängig* sind (im Klassenzimmer werden sie anders verteidigt als in der Bar), daß sie vor allem *rein zeitlich definiert* sind und daß sie nur unter extremen Umständen auch körperlich verteidigt werden. Das ermöglicht unter anderem auch den Aufbau von Massengesellschaften: Minimalterritorien erlauben es, einen Platz nur zeitweise zu belegen. So kann er effektiver genutzt werden.

Das Heim Die Grenzen des Heims sind fester als die von Minimalterritorien, und der Zugang wird kontrolliert: Nicht jeder kann einfach eine Wohnung betreten. Das Management der Wohnumwelt durch den Eigentümer ist hoch, er richtet seine Wohnung ein, wie es ihm gefällt. Der Wohnungsinhaber ist in der Regel dominant über den Nicht-Besitzer. Hat eine Wohnung mehrere Bewohner, wird die Wohnfläche aufgeteilt, um den einzelnen Personen sowohl Privatsphäre als auch soziale Interaktionen zu ermöglichen: Wohnungen enthalten üblicherweise Zonen, die für spezifisches Verhalten reserviert sind.

Spezifische Nutzungsmuster in Wohnräumen reduzieren Konflikte und damit auch Spannungen zwischen den Gruppen- oder Familienmitgliedern. Die Gruppenstruktur einer Familie oder einer beliebigen Wohngruppe wird deshalb auch durch die räumliche Verteilung der Personen repräsentiert. Dominante haben mehr Zugangsmöglichkeiten und festere Territorien. Territorialität in Wohnungen erleichtert das tägliche Funktionieren einer Gruppe. Eine optimale Wohnung erfordert deshalb je nach ihren Bewohnern auch einen bestimmten Grundriß.

Territoriales Eigentum wird auch *markiert*. Markierungen dokumentieren Besitzansprüche und signalisieren, wer der Wohnungsinhaber ist und welchen Status er hat. Die Möglichkeit zur Markierung trägt letztendlich auch zur Wohnzufriedenheit bei. Vinsel et al. (1980) sowie Hansen und Altman (1976) fanden, daß in Studentenwohnheimen mit der Dauer der Wohnzeit persönliche Markierungen zunehmen, die die Persönlichkeit, die Interessen und die Wertvorstellungen des Markierenden widerspiegeln und zudem ein Zeichen für die Bindung an den Ort sind. Unter anderem werden Poster aufgehängt und Sprüche auf der Tür angebracht.

Häuser und Wohnungen stehen für die persönlichen Werte und den Lebensstil ihrer Besitzer, sie sind Statussymbol. Dieser Symbolcharakter ist in regionalen Populationen sowohl weitgehend bekannt als auch anerkannt. Rosch (1978) spricht von einer *kulturellen Prototypisierung von Hausstilen*. Welche Protoypen was kommunizieren, wird durch Umwelterfahrungen gelernt: Ein Holzhaus kann z. B. das Umweltbewußtsein seines Besitzers demonstrieren, während kubistische Betonhäuser die modernistische Lebensauffassung ihrer Besitzer widerspiegeln. Nach Nasar (1988) gibt es für solche Einstufungsvorgänge eine ganze Reihe allgemein geteilter ästhetischer Werte, die sich vor allem in den Proportionen der Gebäude ausdrükken. Die Höhe eines Hauses wird dabei mit dem Dominanzstreben seines Besitzers in Verbindung gebracht, Breite mit Freundlichkeit.

In der Bevorzugung von Haustypen gibt es sowohl *Geschlechtsunterschiede* – Frauen in den USA bevorzugen Farmhäuser –, als auch *Statusunterschiede*: Personen mit hohem Einkommen lieben dort Häuser im Kolonialstil. Dieser eindeutige Zusammenhang zwischen Status und Wohnform ist nicht nur in der Wahrnehmung, sondern auch im tatsächlichen Verhalten vorhanden. Läßt man die Persönlichkeit von Personen nach der Einrichtung ihrer Wohnung einschätzen, so zeigt es sich, daß die Versuchspersonen das sehr gut können (Sadalla 1987) und daß diese Einschätzungen mit den Selbsteinschätzungen der Bewohner übereinstimmen. Das heißt: Personen kommunizieren ihre Persönlichkeit und ihren Status durch die Dinge, mit denen sie sich umgeben. Diese Möglichkeit der Gestaltung einer Wohnung oder eines Hauses führt zu Moden und Trends.

Der *Eingangsbereich* ist nach Altman und Gauvain (1981) im übertragenen Sinn die Schwelle, die ein Wohnungsbesitzer durch Dekoration höher oder niedriger gestalten kann, er ist eine halbdurchlässige Zone, in der Zeichen gesetzt werden. Brown und Werner (1985) zeigten, daß das gleiche Signal unterschiedliche Bedeutungen annehmen kann: Während eine persönliche Dekoration einem Freund »Willkommen!« signalisiert, kann sie einem möglichen Dieb anzeigen, daß es sich hier um eine gut verteidigte »Festung« handelt.

Außendekoration demonstriert nicht nur Status, sondern auch Identifikation mit der Nachbarschaft. Sie löst Besuche aus, und Besuche fördern den sozialen Zusammenhalt. Ein Verbot solcher Dekoration in Großwohnanlagen ist deshalb mehr als unsinnig.

In einer neueren Studie legten Werner et al. (1989) Versuchspersonen Fotos von sowohl weihnachtlich dekorierten als auch nicht dekorierten Wohnungseingängen von Familien mit vielen Kontakten und solchen mit wenigen Kontakten vor. Danach wird Dekoration tatsächlich als Zeichen von Geselligkeit angesehen. Die Versuchspersonen waren auch in der Lage, undekorierte Eingänge von Familien mit vielen Sozialkontakten und Familien mit wenigen Sozialkontakten zu unterscheiden. Sobald eine unfreundliche Familie ihren Eingang dekorierte, wurde sie sogar als besonders sozial bewertet. Anscheinend sticht eine Dekoration an einem sonst unfreundlichen Eingang so hervor, daß ihre Wirkung überhöht wird. Feiertagsdekoration dient demnach dazu, soziale Zugehörigkeit zu demonstrieren, und ist ein Kommunikationsangebot.

Ein offenes, freundliches Haus zeichnet sich durch viele Fenster, lebhafte Farben, eine hell gestrichene Eingangstür und Vorhänge aus. Benutzerspuren spielen für die Beurteilung eine fast ebenso wesentliche Rolle: Schneeräumen, Allgemeinzustand, die Abwesenheit von Abfall und Gerümpel, offene Vorhänge, sichtbare persönliche Objekte, sichtbar abgestellte Autos und Fußabdrücke im Schnee ums Haus zeichnen das Haus kontaktfreudiger Bewohner aus.

Nachbarschaften In vielen modernen Wohnanlagen wurde versäumt, mögliche Grenzen von Nachbarschaften (Gruppenterritorien) baulich vorzugeben. Aus diesem Grund können sich keine Gruppen bilden, und es kommt zu keiner Gruppenidentifikation. Die dadurch eintretende Anonymisierung in Großwohnanlagen verhindert kooperatives Verhalten. Identifikation über gemeinsame Territorien kann Anonymisierung verhindern.

Außenräume müssen *Schauplätze* enthalten, die es erlauben, zwanglos Kontakt aufzunehmen, und dabei jeweils spezifisches Verhalten fördern. Solche interaktiven Plätze sind praktisch Bühnen des öffentlichen Verhaltens und damit »halbprivate« Pufferzonen, die den Zugang regeln, man trifft sich dort zum Reden, zum Spielen, zum Einkaufen. Kinderspielplätze in Großwohnanlagen fungieren als soziale Katalysatoren für isolierte Mütter (Schiefenhövel, Grammer 1988). Kinder spielen zwar überall in Wohnanlagen, aber nur auf den Spielplätzen findet man interagierende Mütter.

Für die Gestaltung von Nachbarschaften spielt das *interaktive Setting* die Hauptrolle; das sind Gemeinschaftsanlagen, die der Architekt oder Erbauer einer Anlage den Bewohnern zur Verfügung stellt. Sie müssen von vielen Bewohnern zwanglos aufgesucht werden können. In Wiener Wohnbauprojekten wurden mit Erfolg Übungsräume, Schwimmbäder und Saunen eingebaut. Solche interaktiven Settings helfen, den Bekanntheitsgrad unter den Bewohnern einer Wohnanlage zu fördern und die Anonymität herabzusetzen. Dabei ist allerdings zu beachten, daß sie nie verlassen wirken und (wie öffentliche Plätze und Einkaufsstraßen) zum Niemandsland werden dürfen. Dies geschieht vor allem dann, wenn die Benutzerfrequenzen zu gering sind, weil die Einrichtung nicht zentral liegt und nur schwer erreichbar ist.

Wohnanlagen sollten auch nach außen abgegrenzt werden: Hekken, sogar symbolische Tore (ohne eigentliche Funktion, die lediglich den Eingang markieren) können die Identifikation ihrer Bewohner mit der Anlage erhöhen, Kriminalität und Vandalismus senken.

Taylor et al. (1984) fanden aufgrund ihrer Erhebungen in 63 Wohnanlagen in Baltimore, daß die Art der Nachbarschaft großen Einfluß auf die Gestaltung des alltäglichen Lebens hat. Je leichter der Raum zu verteidigen ist, desto höher ist der Bekanntheitsgrad der Menschen; entsprechend gering sind die Angst und die Verbrechensrate. Wenn die Bewohner einer Wohnanlage eine gemeinsame Identität besitzen, ist die soziale Kontrolle der Umwelt durch die Bewohner größer und ein potentielles Verbrechen wird eher entdeckt. Dies bestätigt die Annahmen der *Defensible-Space-Theorie* von Jacobs (1961): Großstadtterritorien müssen von ihren Bewohnern »verteidigt« werden können, um als Territorien akzeptiert zu werden. Dazu gehört auch eine klare Abgrenzung nach außen.

Bei der Betrachtung von Nachbarschaften ist eine Grundfrage: Was nehmen Personen als Nachbarschaft wahr? In der Literatur scheint diese Frage für die USA beantwortet. Viele Untersuchungen deuten darauf hin, daß es sich in der Regel um die Bewohner eines Straßenblocks handelt (Suttles 1972). Nach Greenberg et al. (1981) fühlen sich Personen bis in zwei Blocks Entfernung von der eigenen Wohnung am sichersten.

Nachbarschaften sind territorial strukturiert und werden von ihren Bewohnern kontrolliert. Dadurch entstehen *»Dörfer« in der Stadt*. Die Mega-Stadt Tokio mit über 20 Millionen Einwohnern bewahrt die Lebensqualität für den einzelnen Bewohner durch eine dörfliche Strukturierung (Abb. 15). Obwohl in Tokio sehr schlechte Wohnbedingungen herrschen (nur die Hälfte aller Wohnungen hat z. B. eine eigene Toilette), sind die Kriminalitätsraten fast verschwindend gering. Vor allem ist das auf den sozialen Zusammenhalt durch die Nachbarschaften zurückzuführen, von denen fast jede ein Komitee (*chokai* oder *jichikai*) besitzt, das freiwillig bei Verwaltungsaufgaben hilft und die Bedürfnisse der Bewohner gegenüber den Behörden vertritt. Diese Komitees arbeiten zudem eng mit Feuerwehr und Polizei zusammen. Sie beobachten aufmerksam die Vorgänge in der Nachbarschaft und versuchen, eine soziale Zerplitterung zu verhindern. Diese Komitees haben nicht unwesentlich dazu beigetragen, Tokio zur sichersten Großstadt der Welt zu machen (Nakamura, White 1988).

Öffentliche Räume Öffentliche Plätze außerhalb von Nachbarschaften sind nicht territorial strukturiert. Fehlende Territorialität macht Umwelten jedoch schwer vorhersagbar, weil niemand sie kontrolliert. An Streß gebundene Dichtephänomene, Aggression und Kriminalität sind dort am häufigsten zu finden. Um solche Räume für den einzelnen erträglich zu machen, ist eine ganze Reihe von Verhaltensregeln notwendig. Das ist der Preis, den wir für die fehlende soziale Kontrolle durch Nachbarn bezahlen.

In kleinen Einkaufspassagen fühlt man sich unsicher, weil man nicht weiß, auf wen man dort trifft – und meidet schließlich solche Plätze (Suttles 1968). Ähnliches gilt für kleine öffentliche Parks, die durch Zäune, Hecken, intensive Begrünung zu unübersichtlichen, unkontrollierbaren Flächen geworden sind. Aufgrund solcher Beobachtungen geht die bereits erwähnte *Defensible-Space-Theorie* von Jacobs (1961) davon aus, daß z.B. öffentliche Plätze nicht von Wohnanlagen abgetrennt werden sollten. Wer

Abb. 15 Dorfstrukturen in der Großstadt Tokio (Vordergrund). Die Zersiedlung dieser Strukturen durch Großwohnanlagen und Bürohäuser beginnt allmählich und bringt die typischen Großstadtprobleme mit sich.

allerdings glaubt, daß solche Plätze allein durch bauliche Maßnahmen bewohnbar und dann von den Anwohnern auch angenommen werden, unterschätzt die Verbindung zwischen Umgebungsgestaltung und Territorialität. Versuche in dieser Richtung sind in der Regel nur dann erfolgreich, wenn die Änderungen von den Bewohnern selbst ausgehen (Taylor 1988).

Damit schließt sich auch der Kreis zu den Minimalterritorien, deren Existenz allein für das Vorhandensein solcher öffentlichen Plätze verantwortlich ist, die nur zeitlich genutzt werden.

Menschliche Territorialität und das Wohnen in städtischen Ballungszentren

Die ethologische Betrachtung der Territorialität zeigt, daß der Mensch, auch derjenige in städtischen Ballungszentren, eine Reihe gut definierbarer evolutionsbiologisch begründeter Verhaltensstrategien besitzt. Da wir es aber im Bereich urbaner Forschung mit einem schwer integrierbaren Sammelsurium von Befunden zu tun haben (Krupat 1985), erscheint es am vielversprechendsten, über eine eher biologische Betrachtungsweise auf der Grundlage des Territorialitätskonzeptes eine Annäherung an die notwendige Integration zu versuchen.

Der Mensch – auch der in der modernen Massengesellschaft – verfügt über *territoriale Strategien:* Er besetzt Territorien, schirmt sie nach außen ab und kennzeichnet sie durch Markierung. Diese territorialen Tendenzen und vor allem deren Gestaltung wurden im Laufe der kulturellen Evolution durch sozioökonomische Faktoren modifiziert. Hier zeigt sich der Hauptgrund für den evolutiven Erfolg des Menschen: eine ungeheure Flexibilität in der Anpassung an die unterschiedlichsten Umwelten.

In diesem Bereich sind die Grenzen unserer Überlebensfähigkeit von dem, was wir heute an Urbanisation erreicht haben, noch weit entfernt. Solange der Mensch in der Lage ist, wenige einfache territoriale Verhaltensstrategien zu verfolgen, und die notwendigen Ressourcen zur Verfügung stehen, kann er sich an die unterschiedlichsten urbanen Umwelten anpassen.

Ein durchschnittliches urbanes Territorium mit seinen Ressourcen (Möglichkeiten zum Schlafen, Essen, Arbeiten und Fortpflanzung) wird von seinem Besitzer verteidigt. Hiermit sind allerdings höchstens die Minimalbedingungen definiert; Maximalbedingungen sind bisher nicht zu erkennen.

Aufgrund unserer menschlichen Grundausstattung sind wir in der Lage, in den komplexen Massenansammlungen unserer Städte zu überleben. Gibt man dem Menschen aber die Möglichkeit, auch in der Stadt seinen territorialen Tendenzen zu folgen, wozu unter anderem die Identifikation mit der Wohnung (Territorialität), der Abschluß nach außen, die Möglichkeit zu sozialen Kontakten und die Entwicklung von Gemeinschaftsgefühl, das den Menschen dazu tendieren läßt, sich in kleineren Einheiten zu organisieren, gehören, erhöht dies seine Identifikation mit dem Territorium Stadt, und das wirkt sich auf das soziale Klima positiv aus.

Werden diese Anforderungen nicht erfüllt, kann es zu negativen Auswirkungen kommen: hoher Mobilität, Vernachlässigung des Innen- und Außenbereichs, Kriminalität und Vandalismus. Solche Prozesse lassen sich durch rein architektonische und stadtplanerische Maßnahmen nicht auf-

Abb. 16 Die Zukunft unserer Wohnumwelt bewegt sich zunehmend in Bereiche höchster Verdichtung. Davon sind nicht nur Bürozentren, wie hier La Defense in Paris, sondern immer stärker auch Wohnsiedlungen betroffen. Deshalb ist die Erforschung urbaner Zusammenhänge eine Herausforderung für die Zukunft.

halten. Territorialität ist eng mit sozioökonomischen Strukturen verknüpft, soziale und ökonomische Faktoren bedingen den Ressourcenwert eines Territoriums mit. Territoriale Tendenzen werden deshalb wichtig, wenn sie als begrenzende Faktoren zu schlechten sozioökonomischen Bedingungen hinzukommen. Dieses Problem wird sich den explodierenden Mega-Städten der Dritten Welt mit Sicherheit stellen.

Weder beeinflußt Territorialität als angeborener Instinkt auf jeder Ebene unser alltägliches Verhalten, noch sagt uns ein angeborenes Kommando: »Besetze und verteidige ein Territorium um jeden Preis!«. Was wir besitzen, ist die komplexe Fähigkeit, unter bestimmten Bedingungen territoriale Tendenzen zu entwickeln und diese wieder aufzugeben, wenn sich die Bedingungen entsprechend verändern. Prinzipiell liegen diesem Verhalten *Kosten-Nutzen-Überlegungen* zu Grunde: Wird ein Territorium für unser Überleben wichtig, dann sind wir bereit, mehr in unsere territorialen Tendenzen zu investieren. Wird ein Territorium unwichtig, dann können wir auch darauf verzichten. Territorialität wird demnach in weiten Bereichen kognitiv gesteuert, lediglich unterstützt durch emotionale Bindungen an Räume.

Als Antwort auf die im letzten Jahrhundert durch die Industrialisierung erzeugten Massenansammlungen von Menschen entstand aus der Fusion von Gesundheitskontrollen und dem Glauben, daß sich dadurch auch soziale Probleme lösen ließen, die Stadtplanung. Durch Trennung von Wohn- und Arbeitsbereichen wurden in erster Linie Lärm- und Schutzprobleme angegangen – mit dem Effekt, daß lange Transportwege für die Menschen nötig wurden und zwangsläufig jeweils eigene Produktions- und Reproduktionszonen entstanden (England 1991). Mit der Zunahme der Frauen im Berufsleben, der Anzahl alleinerziehender Frauen und der Einpersonenhaushalte allgemein werden in der Stadtplanung neue Strukturen notwendig – Wohnungen sind nicht mehr ein Territorium der traditionellen Kernfamilie. Ein Beispiel für *kulturelle Evolution*, die durch soziale Veränderungen und damit auch durch Angebot und Nachfrage im ökonomischen Bereich vorangetrieben wird.

Die Planungseuphorie der sechziger Jahre hat mehr zerstört als der Zweite Weltkrieg und im Gegenzug einen Baukonservativismus hervorgerufen, der heute unsere Städte prägt. Es gibt zwar *keine biologisch begründbare optimale Form der Stadt- und Wohnplanung*, aber die moderne Wohnungs- und Städteplanung sollte eine Reihe von verhaltensbiologischen Erkenntnissen berücksichtigen, die bei der stadtplanerischen und architektonischen Gestaltung von Großwohnanlagen, aber auch von anderen Wohn-

und Zweckbauten bisher nur unzureichend zum Tragen gekommen sind. Nach Zeisel (1981) sind dabei vor allem *sechs Punkte* wichtig, die spezifische Verhaltenseigenschaften des Menschen zur Grundlage haben:

1. *Sicherheit:* Das Bedürfnis, sich in seinem Lebensraum sicher zu fühlen, ist wohl allen Menschen eigen. Erst wenn Sicherheit vorhanden ist, können sich die Bewohner um andere Dinge kümmern und damit die Städte lebendig machen.
2. *Klarheit:* Man sollte in seinem Wohnumfeld die Wege und Orte einfach finden können. Ist dies nicht der Fall, werden die Bewohner entmutigt, ihren Lebensraum Stadt zu erforschen. Dies führt letztlich auch zu einem hohen Grad an Anonymität.
3. *Privatheit:* Wohnungen und Wohnanlagen sollten so gestaltet sein, daß sie als privates Territorium genutzt werden können. Jeder soll sich in seiner Wohnung sein privates Reich schaffen können.
4. *Soziale Interaktion:* Neben der Privatheit sollten gleichzeitig Möglichkeiten zur sozialen Interaktion vorhanden sein. Dadurch wird Anonymisierung verhindert, und die Bewohner erhalten die Möglichkeit zum Aufbau sozialer Netze.
5. *Bequemlichkeit:* Städtische Umgebungen sollten den Alltag so leicht wie möglich machen. Das gilt für die Anordnung von Arbeitsplätzen im Wohnbereich bis hin zu Transportsystemen.
6. *Identifikation:* Man sollte den Bewohnern die Möglichkeit geben, ihr Lebensumfeld selbst zu gestalten und zu markieren, damit sie sich mit dem Ort, an dem sie leben, identifizieren können.

Literatur

Altman, I., Gauvain, M.A. (1981): A Cross Cultural and Dialectic Analysis of Homes. In: Liben, L., Patterson, A., Newcombe, N. (Hrsg.): Spatial Representation and Behavior Across the Life Span. New York, S. 283–283.

Axelrod, R., Hamilton, W.D. (1981): The Evolution of Cooperation. In: Science 211, S. 1390–1396.

Boyd, A., Richerson, P.J. (1985): Culture and the Evolutionary Process. Chicago.

Boyd, A., Richerson, P.J. (1989): The Evolution of Indirect Reciprocity. In: Social Networks 11, S. 213–236.

Brown, B.B., Werner, C.M. (1985): Social Cohesiveness, Territoriality, and Holiday Decorations: The Influence of Cul-de-Sacs. In: Environment and Behavior 17, S. 539–561.

Bundeskriminalamt (1991): Polizeiliche Kriminalstatistik 1990. Wiesbaden.

Cohen, S., Gary, W.E., Stokols, D., Krantz, D.S. (1985): Stress, Social Support and the Buffering Hypotheses. In: Psychological Bulletin 88, S. 82–108.

Eibl-Eibesfeldt, I. (1986): Die Biologie des menschlichen Verhaltens. Grundriß der Humanethologie. 2., überarb. Aufl. München.

Eibl-Eibesfeldt, I. (1991): Das verbindende Erbe. Köln.
England, K.V.L. (1991): Gender Relations and the Spatial Structure of the City. In: Geoforum 2 (22), S. 135- 147.
Fuhrer, U., Kaiser, F.G. (1992): Bindung an das Zuhause: die emotionalen Ursachen. In: Zeitschrift für Sozialpsychologie, 2 (23), S. 105–118.
Grammer, K. (1993): Die Evolution der Liebe. Was Paare zusammenbringt: Signale, Taktiken, Strategien. Hamburg.
Grammer, K., Atzwanger, K. (1992): Wie du mir, so ich dir: Freundschaften, Verhaltensstrategien und soziale Reziprozität. In: Krebs, U., Adig, W. (Hrsg.): Facetten des evolutiven Denkens in der Pädagogik.
Greenberg, S., Rohe, W., Williams, J. (1981): Safe and Secure Neighbourhoods. Research Triangle Park, NC: RTI. Final Report.
Griffith, C.R. (1921): A Comment on the Psychology of the Audience. In: Psychological Monographs 30, S. 36–47.
Haber, G.M. (1980): Territorial Invasion in the Classroom: Invadee Response. In: Environment and Behavior 12, S. 17–31.
Hamilton, W.D. (1964): The Genetical Evolution of Social Behavior. In: Journal of Theoretical Biology 7, S. 1- 52.
Hansen, W., Altman, I. (1976): Decorating Personal Places: Descriptive Analysis. In: Environment and Behavior 8, S. 491–504.
Heinz, H.J. (1972): Territoriality Among the Bushmen in General and the !Ko in Particular. In: Anthropos 67, S. 405- 416.
Heinz, H.J. (1979): The Nexus Complex Among the !Ko-Bushmen of Botswana. In: Anthropos 74, S. 405–416.
Hopp, M., Rasa, O.A.E. (1990): Territoriality and Threat Perceptions in Urban Humans. In: van der Dennen, J., Falger, V. (Hrsg.): Sociobiology and Conflict. Chapman and Hall, London.
Irons, W. (1979): Natural Selection, Adaptation and Human Social Behaviour. In: Chagnon, N.A., Irons, W. (Hrsg.): Evolutionary Biology and Human Social Behavior: An Anthropological Perspective. North Scituate.
Jacobs, J. (1961): The Death and Life of Great American Cities. New York.
Krupat, E. (1985): People in Cities. Cambridge.
Lepore, S.J., Evans, G.W., Palsane, M.N. (1992): Social Hassles and Psychological Health in the Context of Chronic Crowding. In: Journal of Health and Social Behavior 4 (32), S. 357ff.
Loupis, G. (1983): The Kaluli Longhouses. In: Oceania 53, S. 358–383.
Nakamura, H., White, J.W. (1988): Tokio. In: Dogan, M., Kasarda, J.D. (Hrsg.): The Metropolis-Era. Bd. 2. Mega-Cities. Beverly Hills.
Nasar, J.L. (1988): Environmental Aesthetics: Theory, Research and Applications. New York.
Rosch, E.H. (1978): Principles of Categorization. In: Rosch, E., Lloyd, D. (Hrsg.): Cognition and Categorization. Hillsdale, S. 27ff.
Sadalla, E.K. (1987): Identity Symbolism in Housing. In: Environment and Behavior 19, S. 587–599.
Schiefenhövel, W., Grammer, K. (1988): Sozialverhalten als Maß für Wohlbefinden und Wohnzufriedenheit. In: Institut für Stadtforschung (Hrsg.): Interdisziplinäre Methoden und Vergleichsgrundlagen zur Erfassung der Wohnzufriedenheit. Wien, S. 215ff.
Shaffer, D.R., Sadowski, S. (1975): This Table is Mine. Respect for Marked Barroomtables as a Function of Gender of Spatial Marker and Desirability of Locale. In: Sociometry 38, S. 408–419.

Suttles, G.D. (1968): The Social Order of the Slum. Chicago.
Suttles, G.D. (1972): The Social Construction of Communities. Chicago.
Taylor, R.B. (1988): Human Territorial Functioning. Cambridge.
Taylor, R.B., Gottfredson, S.D., Brower, S. (1984): Block Crime and Fear. In: Journal of Research in Crime and Delinquency 21, S. 303–331.
United Nations (1982): Percentage of World Population Living in Urban Areas, Medium Variant, 1950, 1980, and 2000. In: U.N. Department of International Economic Affairs (Hrsg.): Demographic Indicators of Countries. Estimates and Projections as Assessed in 1980. New York.
Vinsel, A., Brown, B.B., Altman, I. (1980): Privacy Regulation, Territorial Displays and Effectiveness in Individual Functioning. In: Journal of Personality and Social Psychology 39, S. 1104–1115.
Werner, C.M., Peterson-Lewis, S., Brown, B.B. (1989): Inferences About Homeowners Sociability: Impact of Christmas Decorations and Other Cues. In: Journal of Environmental Psychology 9, S. 279.
Wittenberger, J.F. (1981): Animal Social Behavior. Belmont, CA.
Zeisel, J. (1981): Inquiry by Design: Tools for Environmental Research. Monterey, CA.

Aggression und Krieg. Zur Naturgeschichte der Aggression

Irenäus Eibl-Eibesfeldt

Die überraschende Auflösung des sogenannten Ostblocks mit seiner gewaltigen militärischen Macht und die beginnende Reduzierung von Waffen, insbesondere von Atomwaffen, im Westen ist eine äußerst erfreuliche Entwicklung, die dazu beigetragen hat, daß das Damoklesschwert eines unvorstellbar zerstörerischen Dritten Weltkriegs derzeit an einem etwas festeren Faden hängt. Gleichzeitig jedoch werden wir Zeitzeugen der für die meisten von uns unverständlichen, bewaffneten Auseinandersetzungen in verschiedenen alten und neuen Krisenherden. Zumeist handelt es sich dabei um Konflikte zwischen Ethnien (Menschengruppen mit einheitlicher Kultur), also eine recht archaische Form der feindseligen Auseinandersetzung.

In diesem Beitrag werden die evolutionsbiologischen Grundlagen der menschlichen Aggressivität behandelt, mit der wir ausgestattet sind, weil sie für unsere Vorfahren von Vorteil, oft genug sicher von Überlebensvorteil war. Es werden zudem die kulturellen Mechanismen aufgezeigt, die aus aggressiven Handlungen von einzelnen und Gruppen den erbitterten, psychologisch und propagandistisch untermauerten Krieg machen, der bei dem immer noch vorhandenen Zerstörungspotential auf der Erde nach wie vor eine der schlimmsten Bedrohungen der Menschheit ist.

Hierbei kann uns eine Ethnie im unzugänglichen Bergland von West-Neuguinea einen Spiegel unseres Selbst vorhalten: Die Eipo, typische Vertreter der Bergpapua, repräsentierten im Jahre 1975 eine steinzeitliche Kultur von Gartenbauern. Holz bearbeiteten sie mit Steinbeilen, ihre Taro-Wurzeln säuberten und schnitten sie mit Schiefermessern, und ihre Kriege führten sie mit Pfeil und Bogen. Sie verzehrten auch gelegentlich ihre Feinde, zeigten also eine Reihe von sehr archaischen Verhaltenszügen. Als eine Forschungsgruppe eine kleine Landebahn angelegt hatte und das erste Flugzeug landete, fragte man die Eipo-Männer, ob sie nicht auch ihr Land einmal von oben aus der Luft betrachten wollten. Einige nahmen die Einladung an. Allerdings meinten sie, man solle die Türen aushängen. Sie wußten, daß dies geht, denn bis zur Errichtung des

Landestreifens wurde die Forschergruppe durch Abwürfe aus niedrig und langsam fliegenden Cessnas versorgt. Sie gaben vor, dann besser sehen zu können. Als es schließlich zum Start kam, schleppten sie in ihren Armen Felsbrocken herbei. Befragt wozu, meinten sie: »Die wollen wir jetzt, wenn wir über das Fa-Tal fliegen, unseren Feinden aufs Dorf werfen!« Da haben Menschen, die bis dahin Metalle nicht kannten, die Flugzeuge für Boten aus einer anderen Welt und die Forscher zum Teil als Geister betrachtet hatten, nun zum ersten Mal Gelegenheit, diese Wunderwerke der Technik zu benutzen und ihre Welt aus einer neuen Perspektive zu betrachten – und was kommt ihnen in den Sinn? Wie praktisch doch diese Instrumente gegen ihre Feinde einzusetzen wären! Denken die Eipo also modern, oder denken wir gar archaisch?

Die Geschichte der Menschheit ist unter anderem eine Geschichte der Kriege. Durch Kriege haben Völker Länder erobert und dabei andere Völker unterjocht, vertrieben oder so gründlich vernichtet, daß allenfalls noch rauchgeschwärzte Ruinen von ihrer einstigen Existenz zeugen. Selbst für die zivilisierten Nationen gilt der Krieg als die Fortsetzung der Politik mit anderen Mitteln, und daran hat sich bis heute nichts geändert, sieht man einmal davon ab, daß man Kriege heute nicht als Angriffskriege, sondern stets als Verteidigungskriege erklärt. Der Aggressor ist immer der Feind, den man bekämpft. Griff man selbst an, dann war es eben, um einem erwarteten Angriff zuvorzukommen.

Wir bezeichnen den Krieg heute als böse und demonstrieren gegen dieses Übel, aber das hat ihn bis heute nicht verhindert. Ist der Krieg unvermeidbar? Wurzelt das Böse in uns? Wir wollen diese Frage aus der Sicht der biologischen Verhaltensforschung erörtern, denn der Krieg ist ja ein Spezialfall aggressiven Verhaltens, und wenn wir ihn ursächlich verstehen und damit auch unter Kontrolle bringen wollen, dann ist es sicher zweckmäßig, sich zunächst auch mit dem im Tierreich ebenfalls weit verbreiteten Phänomen der innerartlichen Aggression zu befassen und sich erst danach dem Spezialfall Krieg zuzuwenden.

Die innerartliche Aggression

Wir werden uns bei dieser Untersuchung ausschließlich mit dem Phänomen der innerartlichen Aggression befassen, mit der zunächst einmal befremdlichen Tatsache, daß Tiere und Menschen sehr häufig und oft ausschließlich gegen ihresgleichen aggressiv handeln. Diese innerartliche Aggression stellt uns vor die uns Menschen bewegenden moralischen Konflikte. Die zwischenartliche Aggression dagegen stellt für uns kein weiteres Problem dar. Daß Raubtiere Beute schlagen, berührt die meisten von uns ebensowenig wie die Tatsache, daß wir Tiere essen, die wir natürlich zuvor töten müssen. Überdies handelt es sich bei der innerartlichen und zwischenartlichen Aggression sehr häufig um Verschiedenes, und zwar sowohl nach Verhaltensablauf als auch nach Motivation. So ist ein Raubtier bestrebt, seine Beute rasch und ohne langen Kampf zu töten, während Konflikte mit den Artgenossen oft von langem Drohen eingeleitet werden und dann häufig den Charakter von Turnierkämpfen tragen.

Wir werden uns die Frage stellen, wozu aggressives Verhalten wohl gut sei, eine Frage, die manchem absurd erscheinen mag, denn wie kann das, was wir für böse halten, gut sein? Aber wenn wir aus der Sicht der Biologie ein weit verbreitetes Verhalten beobachten, dann drängt sich uns stets die Frage auf, ob dieses Verhalten nicht eine bestimmte Funktion im Dienste des Überlebens für ein Individuum bzw. eine Art erfüllt, die dieses Merkmal zeigt.

Der Biologe will wissen, wie ein Verhalten in die Welt kam. Er will verstehen, welche Selektionsdrucke – wie Auslese und Ausmerze – seine Ausbildung bewirkten. Dazu muß er zunächst verstehen, welche Funktionen ein Verhalten erfüllt, das heißt, worin sein Beitrag zur Förderung des Überlebens besteht. Die Frage kann man grundsätzlich für jede Art von Verhalten stellen, auch für kulturell entwickelte und tradierte Verhaltensmuster. Der biologische Verhaltensforscher versucht zudem herauszufinden, was am Verhalten der von ihm untersuchten Arten als stammesgeschichtliche Anpassung gewissermaßen vorprogrammiert ist und was dazugelernt wird. Er stellt dabei keineswegs in vereinfachender Weise die Frage: Ist die innerartliche Aggression einer Tierart bzw. dem Menschen angeboren, also genetisch determiniert, oder nicht? Er fragt vielmehr gezielt, ob stammesgeschichtliche Anpassungen in der Wahrnehmung, in der Motorik, in den motivierenden Systemen oder den das Lernen kanalisierenden Programmen eine Rolle spielen und wie sie mit tradiertem oder individuell erworbenem Wissen zu einem funktionellen Ganzen integriert werden (Eibl-Eibesfeldt 1975; 1986; 1987).

Definitionen:

– Als *aggressiv* bezeichnet man alle Verhaltensweisen, mit Hilfe derer ein Individuum oder eine Gruppe sein oder ihr Interesse gegen den Widerstand anderer durchsetzt. Das kann durch Drohen geschehen oder auch durch den Einsatz physischer Gewalt im Kampfe. Dabei kann der Gegner getötet, vertrieben oder unterjocht werden. In jedem Falle erwirkt der Sieger eine Dominanzposition, die ihm unter anderem auch bevorzugten Zugang zu beschränkten Ressourcen sichert.

- Als *Aggressivität* bezeichnet man die Bereitschaft zu aggressivem Handeln. Sie wird sowohl durch äußere als auch durch im Organismus selbst ablaufende Prozesse bewirkt. Aggression wird instrumental in sehr verschiedenen *Funktionszusammenhängen* eingesetzt, um Hindernisse zu überwinden und den Zutritt zu knappen Ressourcen zu erzwingen, Rivalen abzuschlagen und Dominanzpositionen zu erreichen.
- Den aggressiven Verhaltensweisen sind jene der *Defensive*, *Unterwerfung* und *Flucht* zugeordnet. Sie bilden mit diesen ein funktionell zusammengehöriges System. Man spricht von einem *agonalen System* und dementsprechend von einem agonalen Verhalten. Der Begriff ist vom griech. *agon*, Wettstreit, abgeleitet. Man trifft auch häufig auf die latinisierte Form *agonistisch*.

Das aggressive Verhalten des Menschen

Wie bei den Tieren, so hat auch das aggressive Verhalten des Menschen sehr verschiedene Aufgaben. Dabei sind Aggressionen zwischen Gruppenmitgliedern in der Regel auf vielfältige Weise so geregelt, daß ernsthafte Beschädigungen eines Gruppenmitgliedes oder gar Mord vermieden werden. Im Gegensatz dazu zielen Gruppenaggressionen des Menschen vielfach auf die Zerstörung des Gegners. Unter Gruppenaggression verstehen wir Aggressionen zwischen verschiedenen menschlichen Gruppen, wir werden sie daher gesondert betrachten.

Jede Form innerartlicher Aggression hat Dominanz des Aggressors zum Ziel. Wie bei anderen höheren Wirbeltieren auch geht es um die Sicherung begrenzter Ressourcen, um Rivalität um den Sexualpartner, um Rangpositionen und um die Verteidigung der Familie und Nachkommenschaft. Grundsätzlich wird beim Menschen Aggression instrumental immer dann eingesetzt, wenn sich einer zielstrebigen Handlung andere Menschen als Widersacher oder Konkurrenten entgegenstellen. Wir »verbeißen« uns ferner und »greifen ein Problem an«, was auf die aggressive Motivation zur Überwindung von Hindernissen allgemeiner Art hinweist.

Aggressives Verhalten wird im allgemeinen negativ bewertet, und das hat unnötigerweise die Auseinandersetzung um Genese und Ursachen dieses Verhaltens belastet. Der Hinweis der Biologen, daß stammesgeschichtliches Erbe als »Angeborenes« das Verhalten *mit* beeinflußt, und daß ferner auch angeborene motivierende Systeme die aggressive Handlungsbereitschaft *beeinflussen*, wurde vielfach als Versuch interpretiert, Aggressionen zu entschuldigen und als unvermeidlich hinzustellen, und das, obgleich viele Biologen sich ausdrücklich gegen eine solche Interpretation aussprachen. So schrieb Konrad Lorenz (1963, S. 47):

> »Wir haben guten Grund, die intraspezifische [innerartliche] Aggression in der gegenwärtigen kulturhistorischen und technologischen Situation der Menschheit für die schwerste aller Gefahren zu halten. Aber wir werden unsere Aussichten, ihr zu begegnen, gewiß nicht dadurch verbessern, daß wir sie als etwas Metaphysisches und Unabwendbares hinnehmen, vielleicht aber dadurch, daß wir die Kette ihrer natürlichen Verursachung verfolgen. Wo immer der Mensch die Macht erlangt hat, ein Naturgeschehen willkürlich in bestimmter Richtung zu lenken, verdankt er sie seiner Einsicht in die Verkettung der Ursachen, die es bewirken. Die Lehre vom normalen, seine arterhaltende Leistung erfüllenden Lebensvorgang, die sogenannte Physiologie, bildet die unentbehrliche Grundlage für die Lehre von seiner Störung, für die Pathologie«.

Dennoch wurde Lorenz vorgeworfen, mit seinem Hinweis auf das Angeborene einem Fatalismus Vorschub zu leisten. Aus diesem Grunde werden lernpsychologische Modelle dem Modell der Biologen entgegengestellt. Damit konstruiert man allerdings einen künstlichen Gegensatz, denn ich kenne keinen Biologen, der die Ansicht vertritt, aggressives Verhalten wäre gänzlich angeboren und durch Lernen nicht beeinflußbar und damit ein unabwendbares Schicksal. Im Gegenteil! Biologische Verhaltensforscher haben wiederholt und ausdrücklich und schon seit vielen Jahren darauf hingewiesen, daß das biologische Modell als Interaktionsmodell die Befunde der lernpsychologischen Richtungen durchaus akzeptiert und nur deren Ausschließlichkeitsanspruch zurückweist.

All die unser Verhalten als »Vorprogrammierungen« mitbestimmenden stammesgeschichtlichen Anpassungen entwickelten sich in jener langen Zeit, in der unsere Vorfahren als altsteinzeitliche Jäger und Sammler in Kleinverbänden und mit einer primitiven Technologie lebten. Wir haben uns biologisch in den letzten zehntausend Jahren nicht entscheidend verändert. Wohl aber schufen wir uns kulturell mit der technischen Zivilisation, der städtischen Umwelt und der anonymen Großgesellschaft einen Lebensraum, auf den unsere angeborenen Wahrnehmungs-, Aktions- und Reaktionsweisen nicht immer passen. Wir müssen uns darüber im klaren sein, daß moderne Menschen mit steinzeitlicher Emotionalität als Präsidenten Supermächte leiten und über die technischen Massenvernichtungsmittel der modernen Kriegführung bestimmen. Uns mangelt es nicht an der Fähigkeit, die Natur zu beherrschen, wohl aber daran, uns selbst zu zügeln. Ein Grund ist mangelndes Wissen um uns selbst. Man gewinnt oft den Eindruck, als hätte der Mensch eine gewisse Berührungsscheu vor sich selbst, als würde er mehr dazu neigen, Hoffnung und Halt im Glauben an Ideologien zu suchen als in einer kritischen Selbsterforschung.

Aggression zwischen Gruppenmitgliedern

Die Aggression zwischen Gruppenmitgliedern erfährt in den verschiedenen Formen verbaler und ritueller Aggression bis zu den mannigfaltigen Formen des Duellierens eine reiche kulturelle Ausgestaltung. Darüber hinaus gibt es jedoch einige universale Grundmuster, die als gemeinsames biologisches Erbe gedeutet werden können.

Das gilt beispielsweise für die menschliche Drohmimik. Verärgerung und Wut wird in aller Welt durch die gleichen Gesichtsbewegungen und Körperhaltungen ausgedrückt: Man springt auf, stampft mit dem Fuß auf – eine ritualisierte Gebärde aggressiven Entgegenschreitens. Man starrt den Gegner an, beißt häufig die Zähne aufeinander, die man zugleich entblößt, indem die Oberlippen an- und die Unterlippen herabgezogen werden. Bei starker Wut werden Mundwinkel in besonders auffälliger Weise herabgezogen. Die Bewegung kennen wir auch bei nichtmenschlichen Primaten. Durch sie wird dort der lange obere Eckzahn in seiner ganzen Länge entblößt. Wir Menschen besitzen keine langen Eckzähne mehr, zeigen aber noch ein offenbar homologes Verhalten (Abb. 17). Jemanden anzustarren gilt vielfach bereits als Herausforderung, und wir wissen aus verschiedenen Untersuchungen, daß uns Anstarren erregt. Beim Drohstarren werden die Augen oft weit aufgerissen und die Brauen gehoben. Auf der Stirn bilden sich senkrechte Unmutsfalten.

Wir Menschen reagieren also deutlich auf Beziehungsmerkmale. Daß uns *Augen* erregen und furchtsam stimmen, basiert wohl auf altem Erbe. Wirbeltiere pflegen ihre Beute zu fixieren, bevor sie diese angreifen. Wenn man vor einem Affenkäfig Rhesusaffen visuell fixiert, dann geraten diese in große Erregung. Bei den Wirbellosen werden Augendarstellungen auch oft als Attrappen benutzt, um potentielle Freßfeinde abzuschrecken, wie beispielsweise Augenflecken auf den hinteren, normalerweise verdeck-

Abb. 17 *links:* Wut mimender japanischer Kabukischauspieler; *rechts:* drohender Mandrill (Tieraffe). Durch das Öffnen und Herabziehen der Mundwinkel werden die oberen Eckzähne in ihrer ganzen Länge demonstriert.

ten Flügeln vieler Falter (z. B. beim Pfauenauge). Wir Menschen verwenden Augensymbole auf Amuletten und in Ornamenten, um Übel zu bannen, das heißt böse Geister und andere Übelbringer abzuweisen.

Angeboren ist uns Menschen ferner das *Lachen*, das im Kontext des *Auslachens* ein aggressiver Akt ist. Stammesgeschichtlich leitet sich diese Reaktion von einem *Gruppendrohen* (»Hassen« – engl. *mobbing*) ab, das sich gegen Freßfeinde, gruppenfremde oder auffällig normabweichende Artgenossen richtet und das bereits bei nichtmenschlichen Primaten durch rhythmische Lautäußerungen und Zähnezeigen gekennzeichnet ist.

Verhaltensmuster der Aggressionsabblockung

Wie viele Tiere verfügt auch der Mensch über ein Repertoire von Verhaltensweisen, über die er Aggressionen eines Mitmenschen neutralisieren und abblocken kann. Ein stammesgeschichtlich altes Prinzip besteht darin, Verhaltensweisen aufzugeben, die die Aggressionen im Partner anstacheln, gewissermaßen Triggersignale der Aggression abzuschalten. Das geschieht nach dem Prinzip, indem sich der Unterlegene kleiner macht. Diese Unterwerfung kann kulturell verschiedene Ausgestaltungen erfahren und durch besondere kulturelle Verhaltensmuster ergänzt werden, wie das demonstrative Ablegen von Waffen, das unmißverständlich die Bereitschaft kundgibt, den Kampf einzustellen. Der Mensch verfügt darüber hinaus über angeborene Verhaltensweisen, mit deren Hilfe er einen Angreifer oder den Sieger im Zweikampf auch umzustimmen vermag. Ein aggressives Verhalten kann auf diese Weise sogar auf freundlich umgeschaltet werden. Diese Fähigkeit entstand bei den Wirbeltieren erst mit der Entwicklung der individualisierten Brutpflege (Eibl-Eibesfeldt 1970).

Ein stark umstimmendes Signal ist das *Weinen*. Es löst Mitleid und Mitempfindung aus. Es handelt sich um einen Fall von »Stimmungsübertragung«. Versuche mit Neugeborenen ergaben, daß sich bereits in diesem frühen Alter, im dem noch keine Erfahrung stattgefunden haben kann, eine solche Wirkung des Weinens nachweisen läßt. Spielt man Neugeborenen Tonbänder von Weinen vor, dann löst dies Mit-Weinen aus. Tonbänder gleicher Lautstärke, jedoch anderen Inhalts bleiben wirkungslos. Natürlich weiß man nicht, was Säuglinge bei diesem Weinen empfinden. Aber der Versuch zeigt, daß wir geradezu reflektorisch bereits vor individueller Erfahrung auf dieses Signal so ansprechen, als würden wir mitempfinden (Sagi, Hoffmann 1978). Ein weiteres aggressionsabblockendes Signal ist das *Lächeln*, das sehr stark umstimmend wirkt. In gleicher Weise wirken in infantiler Sprechweise vorgetragene Appelle um Betreuung.

Schließlich kann der Mensch durch *Androhung eines Kontaktabbruchs* beschwichtigen. Wir Menschen werden ja von sozialen Bindungen getragen, ohne die wir verloren sind. Droht uns daher ein Mitmensch an, daß er diese Bindungen kappen wolle, dann alarmiert uns das aufs höchste, und wir bemühen uns, die Störung der Beziehung zu reparieren. Wenn also im Rahmen einer Auseinandersetzung der Angegriffene dem Partner sagt: »Ich spiele nicht mehr mit dir – ich rede nicht mehr mit dir – ich gehe fort und komme nie mehr wieder«, dann blockt das normalerweise sehr wirksam eine Aggression eines Gruppenmitglieds ab. Bereits kleine Kinder verfügen über diese Strategie der Aggressionsabblockung. Sie agieren dabei nicht verbal, sondern senken den Blick, wenden sich abrupt ab und schmollen. Dies geschieht in aller Welt auf die gleiche Weise. Experimente haben gezeigt, daß bereits Säuglinge im Alter von sechs Monaten die Androhung des Kontaktabbruchs beherrschen.

Zustandekommen von Rangbeziehungen

Bei den Auseinandersetzungen innerhalb einer Gruppe geht es in erster Linie darum, den familialen Intimbezirk zu wahren, Rivalen im Wettstreit um den Sexualpartner auszustechen und schließlich Rangbeziehungen herzustellen und zu festigen. Um Dominanzpositionen herzustellen, ist der Mensch gerne bereit, Schwächen eines Partners auszunutzen. Daher treten Menschen in der Öffentlichkeit immer mit der Fassade der Selbstsicherheit und Kompetenz auf. Schwächen lassen sie sich nicht anmerken, und in der rituellen freundlichen Begegnung verbinden sie aggressive Selbstdarstellung, also *Imponieren*, mit freundlichen, bandstiftenden Appellen. Das Imponieren dient dem Zweck, etwaige Dominanzbestrebungen des Grußpartners von vornherein abzublocken und gewissermaßen eine Begegnung auf gleicher Ebene zu sichern. Der freundliche Appell drückt darüber hinaus aus, daß man freundlich und friedlich gestimmt ist.

Wir sind für das Rangstreben auch mit besonderen physiologischen Mechanismen ausgestattet: Bei Sieg und Erfolg kommt es beim Mann zu einer Ausschüttung von männlichen Geschlechtshormonen. Gewinnt ein Tennisspieler sein Match, dann steigt innerhalb von 24 Stunden der Bluttestosteronspiegel steil an, verliert er, dann sinkt der Hormonspiegel steil ab. Gleiches gilt für geistige Leistungen: Medizinstudenten, die eine Prüfung erfolgreich bestanden, erlebten innerhalb von 24 Stunden einen Anstieg des Bluttestosteronspiegels und einen Abfall, wenn sie durchfielen. Mit dem Ansteigen des Hormonspiegels steigt auch die Vitalität und das Selbstwertgefühl (Mazur, Lamb 1980). Unabhängig von ihrem Alter weisen auch Frauen in spezialisierten Berufen oder leitenden Positionen höhere Testosteronwerte auf als Büroangestellte oder reine Hausfrauen (Harris 1991, S. 251).

Ranghohe erkennt man beim Menschen ebenso wie bei den in Gruppen lebenden nichtmenschlichen Primaten daran, daß sie im Zentrum der Aufmerksamkeit stehen. Man braucht nur auszuzählen, wer von den Mitgliedern einer Gruppe am häufigsten angesehen wird (Chance 1967). Daß Ansehen auch bei uns Menschen ein zentrales Anliegen des einzelnen ist, drückt sich bereits in dem Wort aus: Wir bemühen uns, »Ansehen« zu erlangen. Ranghohe plazieren sich in der Sitzordnung so, daß sie im Brennpunkt der Aufmerksamkeit stehen, und alle unsere sozialen Interaktionsstrategien, auch jene freundlicher Art, sind davon bestimmt, daß wir unser Ansehen wahren (Eibl-Eibesfeldt 1986). Verlust des Ansehens bedeutet Verlust der Rangstellung und damit auch Einschränkung der Freiheit selbstbestimmenden Handelns. Die von uns so erstrebte Freiheit bedeutet ja im-

Abb. 18 Antithetische Kombination von Selbstdarstellung und Beschwichtigung in Gruppenritualen: Begrüßungstanz eines Yanomami. Der Besucher verbindet die aggressive Selbstdarstellung durch Kriegstanz mit einem freundlichen Appell über ein Kind, das, grüne Wedel schwenkend, mittanzt.

mer Freiheit von Dominanz. Wir wollen nach eigenem Entschluß handeln und nicht unter dem Zwang der Fremdbestimmung. Und je höher wir im Rang steigen, desto weniger sind wir eingeschränkt.

Das *Rangstreben* selbst ist uns angeboren. Rangordnungen bilden sich in Kindergruppen verschiedener Kulturen und in Europa in Kindergärten verschiedenen Erziehungsstils. Ranghohe Kinder zeichnen sich dadurch aus, daß sie Spiele organisieren, Initiative zeigen, Streit schlichten, teilen und notfalls ihre Position auch verteidigen können. Sie werden von Rangniederen um Rat gefragt, man zeigt ihnen Dinge, man bemüht sich um ihre Freundschaft, und sie stehen im Zentrum der Aufmerksamkeit.

Es sind also keineswegs nur agonale Eigenschaften, die eine ranghohe Persönlichkeit auszeichnen. Im Gegenteil, das affiliative Vermögen zählt höher. In diesem Punkt unterscheiden sich die Rangordnungsverhältnisse höherer Primaten deutlich von jenen der niederen Wirbeltiere, die rein agonale Dominanzbeziehungen darstellen. Die Hackordnung der Hühner ist das klassische Beispiel dafür. Bei der Diskussion des Phänomens Rangordnung muß man also zwischen repressiven Dominanz- und prosozialen Führungsbeziehungen unterscheiden. Repressive *Dominanz* wird durch Gewalt erzwungen, zur *Führungsposition* gehört die Anerkennung durch die Gefährten, um deren Gunst die Führenden werben müssen. Dabei kommen fürsorglich-freundliche Verhaltensweisen zum Tragen. Sicher muß man auch vor der Führungsperson Respekt haben, sie muß also in der Lage sein, ihre Rangposition zu verteidigen. Der Begriff *Ehrfurcht* drückt dies recht treffend aus. Gegen rein auf Gewalt sich stützende Dominanz jedoch rebellieren Menschen früher oder später, denn sie entspricht nicht unserer stammesgeschichtlichen Anpassung. Der Mensch lebte ja ursprünglich in kleinen individualisierten Verbänden, in denen jeder jeden kannte. Dort mußte derjenige, der Ansehen gewinnen wollte, sich durch besondere Leistungen, Freundlichkeit und sicheres Auftreten auszeichnen, dann folgten ihm die anderen. Verlor er die fachliche oder soziale Kompetenz, dann wurde er abgewählt, das heißt, man verweigerte ihm die Aufmerksamkeit. Da aber jeder jeden in der Gruppe kannte, konnte sich ein »Blender« nicht leicht etablieren. Das ist in der anonymen Großgesellschaft ganz anders: Da braucht man weder fachliche noch wirkliche soziale Kompetenz, es genügen schauspielerisches Talent und ein ansprechendes Auftreten, um unter Umständen hoch aufzusteigen (z. B. Ronald Reagan).

Eine Kleingruppenethik programmiert uns auf Beistand, Fürsorglichkeit und dementsprechend auf prosoziale Führung. Ranghohe sind in der Regel Personen, die neben ihrer fachlichen Kompetenz als Sprecher,

Heiler und dergleichen freundlich auftreten, Streit schlichten, Schwachen beistehen, kurz, die sozialintegrativ zur Harmonisierung des Gruppenlebens beitragen. Sicherlich stecken auch in der prosozialen Dominanz Elemente der Repression. Die Motivationen mischen sich, und ich nehme an, daß hier auch verschiedene hormonale Einflüsse bei der Motivation (Oxytocin, Testosteron) eine Rolle spielen, die dann nach Mischungsverhältnissen und äußeren Umständen gleitende Übergänge von prosozialer zu repressiver Dominanz schaffen.

Um die Entwicklung repressiver Dominanzbeziehungen innerhalb der individualisierten Kleingruppe zu verhindern, übt die Gruppe in solchen Gesellschaften einen starken egalisierenden Normierungsdruck auf jeden einzelnen aus. Das repressive Dominanzstreben wird dabei nach außen gegen Gruppenfremde umgeleitet. Zwar sind die Mitglieder verschiedener Kleingruppen durchaus bereit, Bündnisse einzugehen, Heiratspartner auszutauschen und Handel zu treiben, doch sind die Beziehungen oft fragil, und es besteht die deutliche Bereitschaft, Schwächen des Nachbarn zur Herstellung repressiver Dominanzbestrebungen auszunützen, um ihnen etwa ihre Gärten oder Jagdgebiete gewaltsam wegzunehmen, sie zu vertreiben oder zu unterjochen. Aus dieser Einstellung Fremden gegenüber erwachsen uns in der anonymen Großgesellschaft Schwierigkeiten. Da uns unsere Mitbürger nicht vertraut sind, sind wir auch eher bereit, deren Schwächen auszunützen, um repressive Dominanzbeziehungen herzustellen. Im Wettstreit um begrenzte Ressourcen gebrauchen wir unsere Ellbogen oft recht rücksichtslos. Wir sind daher voreinander auf der Hut und vermeiden es, Anzeichen von Schwäche zu zeigen, die andere ausnützen könnten – kurz, wir leben in einer »Mißtrauensgesellschaft« (Eibl-Eibesfeldt 1994), die es zu humanisieren gilt.

Das Rangstreben gehört zu jenen Antrieben, die nicht abgesättigt werden. Während Hunger, Durst und Sexualität durch abschaltende und absättigende physiologische Mechanismen gegen Mißbrauch und eine Ausbeutung der Lustmechanismen abgesichert sind, so daß keine Selbstschädigung erfolgt, fehlt eine solche Absicherung für das Streben nach Macht. Im Gegenteil, der schon erwähnte Hormonreflex stachelt den Organismus von Erfolg zu Erfolg an. Es bestand offenbar für den Menschen der Steinzeit, der in kleinen Gesellschaften mit einer einfachen Technologie lebte, kein Selektionsdruck, der hier Absicherungen angezüchtet hätte. Die positive Rückkoppelung über den Hormonreflex führt dazu, daß das Streben nach Ansehen zur Eskalation neigt. Mit jedem Erfolg wird das Streben angeheizt. Dies mag einer der Gründe sein, weshalb erfolgreiche Feldherrn verhältnismäßig oft nicht aufhören können und sich schließlich zu Tode siegen. Sie erliegen in gewisser Weise dem »Größenwahn« (z. B. Napoleon, Hitler). Daraus erwachsen uns in der anonymen Großgesellschaft der technisch-zivilisierten Welt große Gefahren. Den Politikern stehen ja heute ungeheure technische Machtmittel zur Verfügung, die bestimmte Charaktere zum Machtmißbrauch verlocken, der durchaus menschheitsgefährdende Ausmaße annehmen könnte. Da die Wähler den Mann oder die Frau, den oder die sie heute in hohe Rangpositionen wählen, nicht wirklich beurteilen können, ist die Gefahr, daß sie einen machtsüchtigen Blender in hohe Positionen katapultieren, sehr groß. Das lehrt uns die Geschichte des 20. Jahrhunderts zur Genüge.

Rangordnungen können sich nur ausbilden, wenn auch die Bereitschaft besteht, die Führungsrolle Ranghöherer anzuerkennen. Menschen haben ein breites Repertoire an Demuts- und Beschwichtigungsgesten Ranghöheren gegenüber entwickelt: zögernde Annäherung an eine ranghöhere Person, Verbeugung und Kniefall, leicht gebeugte Körperhaltung, Abnehmen der Kopfbedeckung, Vermeidung intensiven Fixierens mit den Augen, Hinstrecken der offenen Hand. Kurz: Die Bereitschaft zum Gefolgsgehorsam ist beim Menschen sehr stark ausgeprägt.

Außenseiterreaktion und Fremdenfeindlichkeit

In Menschengruppen herrscht ein starker Normierungsdruck. In der Kleingruppe war es sicherlich vorteilhaft, wenn Menschen sich an die für die Gruppe üblichen Umgangsformen hielten. Abweichungen von der Norm machten das Verhalten für die übrigen Gruppenmitglieder unvoraussagbar. Damit wurde der sich abweichend Verhaltende auch potentiell gefährlich. Dies war wohl einer der entscheidenden Selektionsdrucke, die eine Aggression im Dienst der Normerhaltung bewirkten. Sie äußert sich beim Menschen darin, daß sich abweichend Verhaltende zunächst Zielscheibe des Spotts werden. Man lacht sie aus, hänselt sie, indem man durch Nachahmen das Verhalten, an dem man Anstoß nimmt, herausstellt und den Außenseitern mit Spottgebärden gegenübertritt. Die Verhaltensmuster der normerhaltenden Aggression sind universell. Durch sie wird ein Druck auf den Außenseiter ausgeübt, der ihn zwingt, sich anzupassen. Gelingt ihm dies nicht, kann Ausstoßreaktion die Folge sein. Diese Reaktion gehört zu unseren entwicklungsgeschichtlichen Belastungen, denn wie wir alle wissen, sind in unserer pluralistischen Gesellschaft Außenseiter oft Menschen mit besonderen, etwa künstlerischen oder wissenschaftlichen Begabungen. Wir erziehen daher gegen das Auslachen und Spotten; es bedarf aber eines starken erzieherischen Drucks, um der Neigung entgegenzuwirken, der bereits Kindergartenkinder folgen. Die Neigung zum Auslachen ist lustvoll, wie die Witzseiten in Zeitschriften lehren.

In der anonymen Gesellschaft ist es für den einzelnen leichter, dem Normierungsdruck zu entgehen, vor allem dann, wenn er sich äußerlich angleicht – wie man das in der Alltagskleidung auch zu tun pflegt. Sich auffällig anders Verhaltende sind jedoch auch hier Zielscheibe des Spotts und anderer normierender Aggressionen bis hin zur Ausstoßreaktion. Mit der Ausstoßreaktion schlägt das Verhalten um: Die Person gilt nicht mehr als Gruppenmitglied, sondern wird zum Fremden erklärt. Fremdenfurcht (Xenophobie) setzt ein.

Zwischengruppenaggression und Krieg

Im Unterschied zu den individualisierten Aggressionsformen ist der *Krieg* eine destruktive Gruppenaggression, die strategisch geplant und mit Waffen ausgetragen wird und oft auf die Zerstörung oder Vertreibung des Gegners abzielt. Er ist auf dieser Ebene ein Produkt der kulturellen Entwicklung. Diese nutzt jedoch vorhandene agonale Dispositionen wie das Wir-Gruppen-Verhalten und die Fremdenfurcht. Andere, ebenfalls angeborene Dispositionen, die über die Erweckung von Mitleid und Sympathie Aggressionen abblocken, werden ausgeschaltet.

Ausschalten von Aggressionshemmnissen

Angeborene Dispositionen, die Aggressionen abblocken, können durch verschiedene Maßnahmen ausgeschaltet werden. Diese geschieht etwa durch *Indoktrination*, indem Menschen einander einreden oder eingeredet bekommen, daß die Mitglieder der Feindgruppe keine richtigen Menschen seien. Das gilt für die technisch zivilisierten Nationen, die ihre Feinde als »Untermenschen« und ähnliches bezeichnen ebenso wie für Naturvölker.

Die Mundurucu-Indianer des brasilianischen Regenwaldes bezeichnen die Mitglieder benachbarter Stämme mit dem gleichen Begriff, mit dem sie ihre Hauptjagdbeute, die Wasserschweine und Tapire, belegen. Als Menschen gelten nur die Mitglieder des eigenen Stammes. Die Auseinandersetzung wird so gewissermaßen auf ein zwischen*artliches* Niveau verschoben, für das die Gesetze zwischen*menschlichen* Umgangs ausgeschaltet sind.

Insbesondere das Mitleid soll auf diese Weise ausgeschaltet werden. Der Einsatz von Waffen, die auf Distanz und oft schnell töten, erleichtert dies. Durch sie wird der Gegner ausgeschaltet, bevor er beschwichtigende Appelle senden kann. Unsere Tötungshemmungen sind auf Gesicht-zu-Gesicht-Interaktionen abgestimmt und auf länger andauernde Auseinandersetzungen, in deren Verlauf einer Zeit hat, aufzugeben. Schon mit der Verwendung des ersten Faustkeils muß es, wie Konrad Lorenz einmal sagte, Probleme gegeben haben: Die uns angeborenen Hemmungen rechnen nicht damit, daß ein Hieb mit der Faust tödlich sein kann, weil sie eine Waffe hält. Interessanterweise entwickeln dann Menschen selbst für den Umgang mit Feinden mit jeder neuen Waffe auch neue Konventionen, die auf eine Entschärfung hinwirken und damit das Risiko für die Kampfteilnehmer mindern. Aber diese Entwicklungen hinken der Entwicklung der Waffentechnik nach, und sie lassen selbst in unserer aufgeklärten Zeit noch sehr zu wünschen übrig. Nach wie vor zielt der Krieg auf die Vernichtung des Feindes. Die Bemühungen, das Mitleid auszuschalten, gelingen allerdings nicht ganz. Wir beobachten – und darauf hat Sigmund Freud hingewiesen –, daß Krieger, die einen Feind getötet haben, zwar als Helden gelobt werden, zugleich aber sehr oft als unrein gelten und sich Ritualen der Reinigung unterziehen müssen, die an Sühnerituale erinnern. Sie müssen sich mit Nesseln abreiben, dürfen bestimmte Speisen nicht zu sich nehmen, müssen sich längere Zeit des Beischlafs enthalten und dergleichen mehr.

Durch Erziehung werden nicht nur die Reaktionen des Mitleids gemindert, das Töten des Feindes wird zur Tugend erklärt. Dem biologischen Normenfilter, der zu töten *ver*bietet, wird gewissermaßen ein kultureller überlagert, der *ge*bietet, Menschen der Feindkategorie zu töten, ja dies geradezu zur Tugend erhebt. Dabei wird die Bereitschaft zur Familienverteidigung auch in den modernen Staaten propagandistisch genützt. Es ist immer der Feind, der angriff, und die große Familie der Nation muß sich natürlich verteidigen. Selbst klare Angriffskriege werden so zu Verteidigungskriegen umgedeutet.

In den kriegerischen Neigungen der Völker gibt es deutliche Unterschiede, die durchaus als Anpassungen zu verstehen sind. Völker, denen aus irgendwelchen Gründen Wanderbewegungen aufgezwungen wurden, werden oft zu Eroberern, die kriegerisch in neue Gebiete vordringen. Kriegerisch sind auch Rinderhirtenvölker wie die Nilotohamiten und Hereros Afrikas. Auch hier ist ein ökologischer Zusammenhang offensichtlich: Rinder sind begehrter Besitz, und wer ihn nicht zu verteidigen vermag, verliert schnell seine Überlebensbasis. In solchen Kulturen werden kriegerische Tugenden im Alltag bekräftigt. Die Himba-Rinderhirten im Nordwesten Namibias besingen beim geselligen Beisammensein mit Gästen die Heldentaten ihrer Ahnen in Preisliedern. Als Heldentaten werden Rinderraub und die Verteidigung der eigenen Rinder besungen.

In den kriegerischen Kulturen werden die Kinder früh den heroischen Idealen ihrer Kultur gemäß erzogen. Eine Zeitlang bestand in der Literatur die Vorstellung, daß erst lieblose Erziehung den Menschen aggressiv und kriegerisch mache. Margret Mead (1939) schrieb, die Mundugumur Neuguineas würden ihre Kinder lieblos und ohne Gewährung körperlicher Nähe aufziehen, sie nur zum Stillen kurz zu sich nehmen, nicht zärtlich sein und körperlichen Kontakt auf das Nötigste beschränken. Das würde die kriegerisch-aggressive Grundhaltung dieser Menschen erklären. Die Arapesh Neuguineas dagegen würden ihren Kindern viel Zuwendung und körperliche Wärme bieten – und die wären ganz friedlich. Nachprüfung ergab, daß dies nicht stimmt. Ich selbst filmte Väter und Mütter bei den kriegerischen Yanomami, Himba und Eipo und dokumentierte in allen diesen Kulturen zärtliche Mütter und Väter, die ihren Kindern viel Zuwendung und Wärme gaben. Das bewirkt, daß die Kinder bereit sind, sich mit den von ihnen geliebten Eltern zu identifizieren und deren Rollenvorbild zu übernehmen. Lieblose Erziehung mag lieblose, aggressive Menschen schaffen, aber wohl kaum besonders kriegerische, denn der Kampf mit Feinden setzt eine Einsatzbereitschaft für die Gruppe bis zur Selbstaufopferung voraus. Dazu muß man sich mit ihr und ihren Werten identifizieren und sie lieben. Kinder, die in einer lieblosen Familie aufwachsen, laufen eher Gefahr, auch in ihrer eigenen Gesellschaft zu sich abweichend Verhaltenden zu werden. Frühkindliche soziale Entbehrungen führen zu einem Sozialisationsdefizit, das sich unter anderem in Bindungslosigkeit und einem Mangel an Vertrauen äußert und für die kriminelle Laufbahn anfällig macht. So waren nur fünf Prozent der Insassen der von Kaiser (1978) untersuchten deutschen Haftanstalten mit einer festen Bezugsperson aufgewachsen, und 50 Prozent der Straffälligen hatten bis zu ihrem 15. Lebensjahr einen mehr als fünfmaligen Wechsel der Bezugsperson erlebt.

Nutzung aggressionsfördernder Dispositionen

Zu den angeborenen Dispositionen, die beim Kriegführen genutzt werden, gehört das *Wir-Gruppen-Verhalten* und die *Fremdenfurcht* (Xenophobie). Sie manifestiert sich schon sehr früh: Bereits im Alter von sechs bis acht Monaten beginnen Säuglinge zwischen ihnen bekannten und fremden Personen zu unterscheiden. Während sie bis dahin jedermann, der sich ihnen freundlich zuwendete, anlächelten, zeigen sie nunmehr gegenüber ihnen fremden Personen ein deutlich zwiespältiges Verhalten. Sie pendeln zwischen Reaktionen der Zuwendung und Ablehnung hin und her. Diese Reaktion zeigen Kinder in allen bisher von uns untersuchten Kulturen. Es handelt sich um eine *anthropologische Konstante*, um ein Merkmal also, das für Menschen aller Rassen typisch ist, ein feststehendes Artmerkmal gewissermaßen. Es ist aber keine feststehende Größe, denn das Merkmal zeigt individuelle Variabilität (vgl. den Beitrag Schleidt sowie Abb. 19).

Das Verhalten beruht nicht auf schlechten Erfahrungen mit Fremden, denn auch Kinder, denen nie Böses von Fremden widerfuhr, zeigen diese Fremdenscheu. Sie reagieren gewissermaßen nach der Hypothese: »Fremde sind potentiell gefährlich«, eine Annahme, die sich in der Stammesgeschichte bewährt hat. Offenbar reagieren wir ab einem bestimmten Alter aufgrund von Reifungsprozessen auf bestimmte Signale des Mitmenschen angeborenermaßen mit Angst, während andere Signale freundliche Zuwendung auslösen.

Die Wirksamkeit der aggressionsauslösenden Signale wird durch persönliche Bekanntheit abgeschwächt. Diese Verhaltensdisposition führt dazu, daß Menschen sich im quasi-familialen Verband der ihnen Vertrauten von anderen abgrenzen, die sie nicht näher kennen. Diese familiale Abgrenzung steht am Beginn des Wir-Gruppen-Verhaltens. Die ursprünglichen Kleingruppen des Menschen sind durch persönliche Bekanntheit und nähere Verwandtschaft miteinander verbunden. Im Laufe der Geschichte wuchsen die Kleinverbände zu größeren Verbänden heran; auch diese Solidargemeinschaften, die zuletzt auch Mitglieder beinhalten, die einander nicht kennen, sind sozusagen familial verbunden.

Dieses Verhalten wurde von der Selektion gefördert, denn »Überleben« bedeutet seit gut zweieinhalb Milliarden Jahren Überleben in eigenen Nachkommen oder in den Nachkommen naher Verwandter, und diese sind mit einer höheren Wahrscheinlichkeit Träger eigener oder verwandter Gene. Dort, wo genetisch nicht nahe verwandte Organismen kooperieren und damit das Eigeninteresse zugunsten anderer zurückstellen, geschieht dies auf Gegenseitigkeit, so daß die Kosten vom Nutzen wieder aufgewogen werden. Im Falle der *Symbiosen* können selbst die Artengrenze übergreifende Partnerschaften gebildet werden. Diese Kosten-Nutzen Abwägungen werden natürlich nicht vom Individuum kalkuliert, sie sind vielmehr ein Ergebnis der Selektion. Aber auch Individuen handeln in diesem Sinne.

Einseitiger *Altruismus* muß sich genetisch lohnen, und dazu ist es günstig, in eigene oder nah verwandte Nachkommen zu investieren. Um

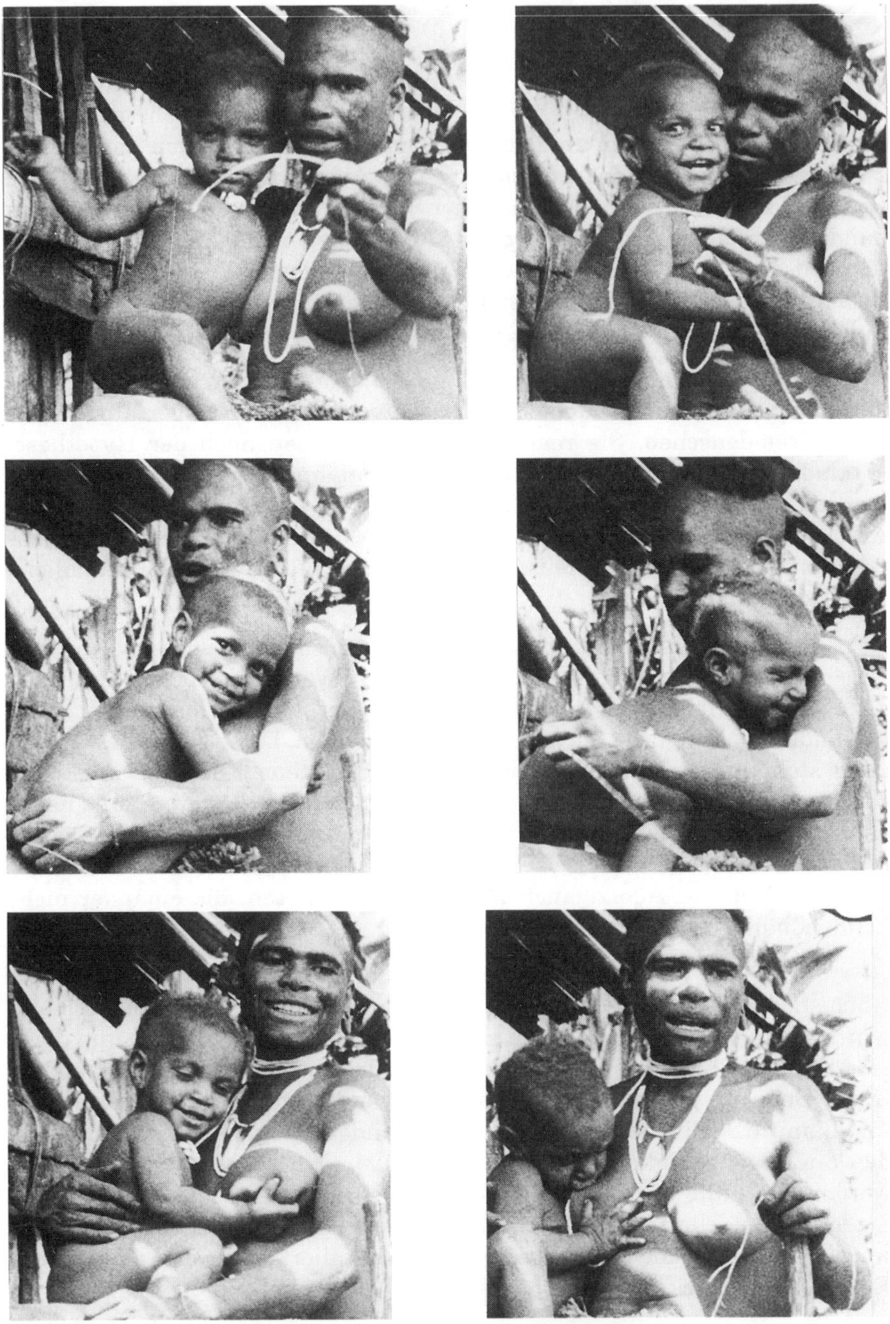

diese als Verwandte zu erkennen, entwickelten die Organismen Kennzeichen der verschiedensten Art. Ähnlichkeit und das gemeinsame Aufwachsen, das persönliche Bekanntheit zur Folge hat, sind für den Menschen Anzeiger von Verwandtschaft. So fürchten sich in den USA schwarze Kinder mehr vor weißen Fremden als vor Fremden der eigenen Rasse. Weiße Kinder haben entsprechend mehr Angst vor schwarzen Fremden (Feinman 1980).

Ähnlichkeit wird bei uns Menschen kulturell betont, wenn größere Gruppen miteinander zu einer Solidargemeinschaft verbunden sind. Das geschieht in Abgrenzung gegen andere durch Kleidung, Brauchtum, Bekenntnis zu Werten der Gemeinschaft und sprachliche Eigentümlichkeiten wie jene des Dialekts. Es ist höchst bemerkenswert, wie stark uns Eigentümlichkeiten der Satzmelodie und Aussprache, die wir in der Kindheit erwarben, zeitlebens anhaften und uns damit als Angehörige einer bestimmten »Wir-Gruppe« auszeichnen, weist dies doch auf angeborene, zum Zwecke der Markierung selektierte Lerndispositionen hin. Wir erwerben die Eigentümlichkeiten des Dialekts nur in unserer frühen Jugend, denn Sprachen können wir auch später noch lernen. Es scheint sich beim Dialekt um prägungsartige Lernvorgänge zu handeln, die Wir-Gruppen-Merkmale fixieren und die uns über diese einbinden. In ähnlicher Weise werden auch Bekenntnisse als verbindende Merkmale aufgeprägt, und es scheint, als ob wir Menschen um die Pubertät in einer Phase der Wertsuche nach solchen Bekenntnissen verlangen und damit auch anfällig für Indoktrination werden.

All dies dürfte in ursprünglich im Dienste des Familienzusammenhalt entwickelten Anpassungen seinen Ursprung haben. Wir beziehen in gewisser Weise über diese Mechanismen auch uns nicht persönlich bekannte Gruppenmitglieder in die familiale Solidargemeinschaft ein und verteidigen sie auch als zu uns gehörig. Auf diese Weise können Menschen selbst in Millionengesellschaften zu einer Solidargemeinschaft verbunden werden. Die europäischen Nationalstaaten erwuchsen aus dem oft gewaltsamen Zusammenschluß näher verwandter Bevölkerungsgruppen, die sich durch das Bewußtsein einer gemeinsamen Geschichte und durch eine gemeinsame Sprache von anderen abgrenzten.

Mitglieder eines solchen Staatengebildes zeigen abgestufte Loyalität: Eine biologisch begründete, primäre Loyalität der Familie und indivi-

Abb. 19 Die Ambivalenz von Zuwendung und Abkehr im Verhalten des Säuglings. Eine Eipo-Mutter (West-Neuguinea) macht ihren kleinen Sohn auf den Autor aufmerksam. Der Sohn lächelt, birgt sich an der Mutter, lächelt wieder mit Blickkontakt und geht dann an die Brust (Beruhigungssaugen).

dualisierten Kleingruppe gegenüber und die Loyalität dem größeren Stamm und Staatsverband gegenüber, die einer zusätzlichen Bekräftigung bedarf. Bürgerinnen und Bürger einer historisch gewachsenen Gemeinschaft identifizieren sich mit ihresgleichen aufgrund einer gemeinsamen Sprache, des gemeinsamen Brauchtums und auch wegen ihrer biologisch-anthropologischen Ähnlichkeit mühelos. Das Gruppenethos ist im Grunde ein erweitertes Familienethos (Eibl-Eibesfeldt 1990). Auch Naturvölker betonen in Mythen und Sagen die Abstammung von gemeinsamen Ahnen und schaffen sich wie wir Symbole der Identifikation. Kann man also sagen, daß uns Fremden*haß* angeboren ist und man nichts dagegen tun kann? Falsch – denn angeboren ist nur die Fremden*scheu*, die sich übergangslos aus der des Kleinkindes entwickelt –, zum Fremdenhaß muß man erzogen werden. Allerdings besteht eine deutliche Bereitschaft, in erster Linie Negatives von Fremden wahrzunehmen, und darauf können Demagogen leicht aufbauen. Aber auch dem Menschen angeborene Reaktionen wie die der Fremdenscheu lassen sich durch Erziehung unterdrücken. Bei gegenseitiger Respektierung und Anerkennung ist ein nachbarschaftlich-freundliches Miteinander durchaus möglich. Sind die Menschen nicht durch Angst und Sorge um ihre Existenz verunsichert, dann erweisen sie sich auch Vertretern anderer Kulturen gegenüber aufgeschlossen und interessiert. Dabei werden allerdings bestimmte Grenzen des Einanderfremdseins nur schwer überwunden, und die Situation kann sich verschärfen, wenn den beiden Völkern nicht genug Land oder andere Ressourcen zur Verfügung stehen. Man muß wohl zur Kenntnis nehmen und akzeptieren, daß Menschen auch ihre *Ethnizität* als Teil ihrer Identität wahrnehmen und notfalls verteidigen.

Das gleiche gilt für die *Territorialität*: Der Krieg als kulturelle Institution erfüllt Aufgaben des Ressourcenerwerbs und der Ressourcenverteidigung. Das geschieht in der Regel über die Eroberung und Verteidigung von Territorien, in denen sich Feldfrüchte, Jagdwild, kultivierbares Land und andere Ressourcen befinden.

In den frühen siebziger Jahren wurde die Theorie Jean-Jacques Rousseaus (1712–1778) wiederbelebt, der zufolge der Mensch von Natur aus gut sei und erst durch die Kultur, insbesondere den Besitz, verdorben werde. Der altsteinzeitliche Jäger und Sammler hätte friedlich gelebt und keine Reviere verteidigt, Territorialität sei demnach erst eine späte kulturelle Entgleisung; der Krieg sei erst mit Ackerbau und Viehzucht in die Welt gekommen. Der altsteinzeitliche Mensch hätte sich demnach durch besondere Friedfertigkeit ausgezeichnet, und von Natur wären wir eine friedfertige Spezies, die erst durch Erziehung und andere Umwelteinflüsse aggressiv und kriegerisch verbildet werde. Diese Ansicht wurde bis in die jüngste

Gegenwart von einer Reihe von Autoren vertreten (vgl. Eibl-Eibesfeldt 1975; 1986), die meinten, auch heute lebende Jäger- und Sammlergesellschaften wie die Inuit (Eskimos), Pygmäen oder die Buschleute der Kalahari würden keine Territorien abgrenzen, sondern in offenen Gesellschaften mit wechselnder Zusammensetzung leben.

Die These von der friedlichen Urnatur des Menschen hält allerdings einer kritischen Prüfung nicht stand. Mohr (1971) untersuchte 158 Knochenverletzungen aus der Alt-, Mittel- und Jungsteinzeit. Von diesen waren 62 Prozent geheilt. 47 Prozent der Verletzungen betrafen Schädelbrüche, die meisten ließen sich auf Steinaxteinwirkungen zurückführen. Auch viele Pfeilspitzenverletzungen, zum Teil mit eingeheilten Pfeilspitzen, wurden diagnostiziert. Zweifellos führten also unsere steinzeitlichen Vorfahren untereinander Krieg, den sie auch in ihren Felsmalereien darstellten (Abb. 20).

Abb. 20 Altsteinzeitliche Kampfszene aus einer Höhle bei Morella la Vella, Castile Spanien. Die oft vertretene Behauptung, der Mensch sei erst mit dem Ackerbau besitzend und unverträglich geworden, erweist sich somit als falsch.

Und wie ist es um die angebliche Friedfertigkeit der heute noch lebenden Jäger- und Sammlervölker bestellt? Auch die erweist sich bei näherem Hinsehen als freundlicher Mythos. Buschleute waren früher durchaus kriegerisch: Felsmalereien Südafrikas aus voreuropäischer Zeit belegen kriegerische Auseinandersetzungen zwischen Buschmanngruppen.

Es gibt ferner eine Fülle von Publikationen, die Territorialität bei Buschleuten, Pygmäen und Inuit belegen (Eibl-Eibesfeldt 1975). Divale (1972) untersuchte die kriegerische Aktivität in 99 Lokalgruppen von Jägern und Sammlern aus 37 Kulturen. 68 dieser Gruppen, die sich auf 31 verschiedene Kulturen verteilen, praktizierten zum Zeitpunkt der Erhebung noch Krieg. 20 Lokalgruppen aus fünf Kulturen hatten das Kriegführen 50 bis 25 Jahre vor der Untersuchung eingestellt, die restlichen schon früher. Keine hatte nachweislich nie Kriege geführt. Service (1962) stellt ausdrücklich fest, daß alle Jäger- und Sammlervölker Territorien besitzen. Dennoch hält sich hartnäckig die These vom friedlichen Jäger und Sammler, weil sie gewissen idealisierenden Vorstellungen entspricht.

Hätte man sich im übrigen etwas aufmerksamer in der älteren Literatur umgesehen, dann hätte man dort genügend Angaben zur Territorialität der Buschleute gefunden. »Jeder Bewaffnete, dem sie begegnen, gilt von vornherein als Feind«, schreibt Lebzelter (1934) über die !Kung-Buschleute. Er fährt fort: »Fremde Stammesgebiete darf der Buschmann nur unbewaffnet betreten. Selbst am Rande der Farmzone ist das gegenseitige Mißtrauen so groß, daß ein Buschmann, der als Bote auf eine Farm geschickt wird, in deren Bereich eine andere Sippe sitzt, den Fahrweg, der als eine Art neutrale Zone gilt, nicht zu verlassen wagt. Nähern sich zwei fremde, bewaffnete Buschleute, so legen sie zunächst auf Sichtweite die Waffen ab.« Nach Vedder (1937) besitzt jede Buschmannssippe ein von den Vätern ererbtes Sippengebiet: »Diese Gebiete haben ganz bestimmte Grenzen. Der Buschmann nun, der in einem fremden Sippengebiet der Jagd obliegt oder Feldkost sucht, kann sicher sein, daß ihn eines Tages ein vergifteter Pfeil treffen wird.«

Wenn die Jäger- und Sammlervölker oft als Beispiele für die angeblich offene, nicht territoriale »Urgesellschaft« herhalten mußten, so ist wohl deutlich geworden, daß dies augenscheinlich nicht stimmt. Wir müssen die Territorialität zunächst einmal als *anthropologische Konstante* akzeptieren, die jedoch kulturell mannigfaltige Ausprägungen findet.

Aussichten für den Frieden

Die Vorstellung, daß ausgerechnet der Mensch, durch dessen Geschichte die Kriege eine Spur von Blut und Asche ziehen, von Natur aus besonders friedlich sei, ist im Grunde absurd. Seit Ende des Zweiten Weltkriegs wurden in unserer Welt etwa 130 Kriege geführt, in denen rund 22 Millionen Menschen starben. Gegenwärtig brennt es im ehemaligen Jugoslawien, direkt vor unserer Haustür. Insgesamt kamen im 20. Jahrhundert 99 Millionen Menschen in den Kriegen ums Leben. Die Bereitschaft, Feinde zu bekriegen, sei es im Angriff oder in der Verteidigung, ist durch eine Reihe stammesgeschichtlicher Anpassungen gegeben: Territorialität, Bereitschaft zur Wir-Gruppenbildung und -verteidigung, Indoktrinierbarkeit und eine Reihe von Verhaltensmustern und Wahrnehmungsweisen, die wir bereits besprachen, gehören dazu. Dies zeigt das folgende Beispiel:

> Bei einer kriegerischen Auseinandersetzung zwischen zwei Enga-Sippen steigerten diese sich eine Angriffsstimmung hinein. Das wird unter anderem durch hirnchemische Vorgänge bewirkt, die Bewußtseinszustände der Berauschtheit und Euphorie hervorrufen. Dabei spielen Energetika (Katecholamine) und Hirnopioide eine Rolle. Diese bewirken dann eine gewisse Unempfindlichkeit im Kampfgeschehen und auch, daß der Schmerz, weil er erst später auftritt, nicht unmittelbar mit dem Kampfgeschehen assoziiert wird und daher in dieser Hinsicht weniger stark abdressierend (im Sinne des Behaviorismus) wirkt. Im Zustand der Kampfberauschtheit verlieren die Enga mitunter ihre Hemmungen und töten Frauen und Kinder, was sie nach Abklingen der Kampfwut nicht wahrhaben wollen.

Alle diese Prädispositionen werden nun kulturell genützt. Das Wir-Gruppen-Gefühl wird durch Propaganda gefestigt und der Feind als Nicht-Mensch und Gefahr dargestellt.

Die Entwicklung schnell und auf Distanz tötender Waffen erleichtert das Töten, da keine Signale wahrgenommen werden, die Mitleid auslösen könnten. Als während des Vietnam-Krieges die Bilder vom Elend der vom Kriege betroffenen Bevölkerung in den Vereinigten Staaten bekannt wurden, erhob sich ein Widerstand gegen diesen Krieg, der schließlich den Rückzug der Amerikaner aus dem Land bewirkte. Die Folge war, daß man im Golfkrieg die Weltöffentlichkeit erfolgreich täuschte, indem man nur sehr selektiv Nachrichten aus dem Kriegsgebiet zuließ und diesen als sauberen,

Menschenleben schonenden Krieg gegen einen gefährlichen Friedensbrecher vorstellte.

Der Krieg erfüllt gewisse Funktionen. Er dient der Ressourcensicherung und der Verteidigung der Gruppenidentität. Er steckt zwar nicht in den Genen, hat aber insofern mit ihnen zu tun, als der Sieger die seinen weitergibt, während der Besiegte an Eignung erhebliche Einbußen erleidet. Er verliert oft sein Land und damit seine Lebensbasis oder wird in weniger günstige Gebiete abgedrängt. Oder er kann versklavt werden. Oft werden besiegte Völker auch ausgerottet. Der Krieg hat sich in diesem Sinne als kulturell entwickelte Durchsetzungsstrategie über viele Jahrtausende bewährt. Mit der zunehmend zerstörerischeren Waffentechnik wurde er jedoch immer mehr zu einer Hochrisikostrategie. Über Konventionen bemüht man sich nicht erst in diesem Jahrhundert, ihn zu entschärfen. Das beobachten wir auch bei Naturvölkern.

> Bei den Tsembaga Neuguineas beginnt ein Krieg meist mit einem »kleinen Kampf«. Dann machen die Kämpfer eine Pause und vermitteln. Erst wenn die Vermittlungen nichts fruchten, kommt es zum echten Kampf, auch Axtkampf genannt, der durch besondere Rituale eingeleitet wird. Auch die Kämpfe beginnen mit Zurückhaltung, und hat eine Gruppe einen Feind getötet, dann gewährt man Waffenruhe für die Bestattung und nützt die Zeit auch für die Pflege der Gärten. Der Friede beginnt mit einem Waffenstillstand. Wie ein roter Faden zieht sich durch den Krieg der Tsembaga das Bemühen darum, die Eskalation der Gewalt zu verhindern und wieder zu einem Frieden zu kommen. Dieser Wunsch nach dem Frieden ist auch in anderen Kulturen weit verbreitet.

Wenn der Krieg zu allen Zeiten bestimmte Funktionen erfüllte, so heißt dies jedoch nicht, daß er das einzige oder etwa gar das beste Mittel zur Erfüllung dieser Funktionen darstellen würde. Er hat zwar sicherlich über weite Strecken der Geschichte den Menschen geformt, unser heutiger Bewußtseinsstand läßt es aber nicht mehr zu, Krieg als Mittel der Auseinandersetzung zu glorifizieren. Wir wollen ihn überwinden und können das auch, da er ein Produkt der kulturellen Evolution ist. Überdies entspricht der Wille zum Frieden unserer biologischen Motivationsstruktur. Menschen in aller Welt zeigen eine starke Bereitschaft, sich auch mit ihnen fremden, ja sogar mit gegnerischen Personen anzufreunden.

Bekannt ist ja die Tatsache, daß gegnerische Kombattanten, die einander im Stellungskrieg gegenüberliegen, nach einiger Zeit Konventionen friedlicher Koexistenz entwickeln. Das beginnt etwa damit, daß man zu bestimmten Tageszeiten nicht aufeinander schießt und sich daher freier bewegen kann, oder daß man bestimmte Orte, wie etwa die Toilette, zu einer Art neutralen Zone erklärt. Über solche kleinen Konventionen kommen die Menschen einander näher: Es kommt zum Austausch von Zigaretten, und bald hört man überhaupt auf, aufeinander zu schießen. Wurden erst einmal solche Beziehungen persönlicher Art hergestellt, dann kommen die uns angeborenen Tötungshemmungen voll zur Wirkung. Die höheren Militärs sprechen in solchen Fällen von einer »Demoralisation« der Truppe, wechseln die Truppen aus, und dann wird wieder für einige Zeit aufeinander geschossen. Für die kriegführenden Parteien ist es daher auch wichtig, Kommunikationsbarrieren zu errichten. Man soll den Gegner nicht näher kennenlernen, eine großangelegte Propagandaaktion arbeitet an der Verteufelung des Gegners, die stets vorhandene Aggressionsbereitschaft wird auf ihn ausgerichtet, und man spricht von Verteidigung der Gruppe und der Familie. Werden von den kriegführenden Parteien Grausamkeiten an Frauen und Kindern des jeweiligen Gegners begangen, dann stachelt dies die Rachlust an. Die Auseinandersetzung eskaliert, wie gegenwärtig im ehemaligen Jugoslawien. Dort werden, wie es scheint, Grausamkeiten und Demütigungen des Gegners durch Vergewaltigungen der Frauen sogar als Strategien eingesetzt, um unversöhnlich zu stimmen. Diese »Notwendigkeit« ergibt sich vermutlich aus der Tatsache, daß die heutigen Gegener ja bis vor kurzem noch friedlich nebeneinander lebten.

Wir erleben das Töten eines Menschen nicht konfliktfrei als Heldentat. Bereits bei Naturvölkern beobachten wir, daß erfolgreiche Krieger Rituale der Reinigung absolvieren müssen, um wieder voll in die eigene Gruppe aufgenommen zu werden. Sie tragen den Charakter von Sühneritualen. Sie weisen darauf hin, daß uns auch mit unseren Feinden Gefühle der Sympathie verbinden. Ein Punkt, den ich besonders hervorheben möchte, da Christian Vogel (1989) die Behauptung aufgestellt hat, der Mensch hätte keine Tötungshemmungen, die würden ihm erst anerzogen. Er übersieht, daß man die Emotionen der Sympathie und Mitempfindung ebensowenig anerziehen kann wie Freude, Schmerz oder Trauer oder die Sinnesempfindungen der Farbe und des Geschmacks. Wir können nur die Objekte unserer Trauer wie auch Wut und Liebe individuell und kulturell definieren. Die Grundemotionen dagegen sind uns angeboren. Hat ein Individuum sie nicht, dann handelt es sich um einen Ausfall: In der Tat gibt es Gefühllose, ebenso wie es Farbenblinde gibt.

Aber bestehen bei unserem Temperament auch nur die geringsten Chancen, den Krieg zu überwinden? Wenn wir uns weiterhin lediglich mit verbalen Übungen begnügen, die unseren Friedenswillen versichern und den Krieg als böse verurteilen, dann werden wir damit sicherlich nichts Wirksames erreichen. Gehen wir gar so weit, den Krieg als pathologische Entartung abzutun, dann verschleiern wir bei allem Idealismus in unverantwortlicher Weise das Problem. Wir müssen zur Kenntnis nehmen, daß der Krieg Funktionen erfüllt, denn nur das läßt uns darüber nachdenken, wie wir diesen Funktionen auf unblutige Weise gerecht werden können. Das ist die eigentliche Voraussetzung zum Frieden.

Gehorsam ist für viele ein ethischer Wert, der sich – offenbar aufgrund uns angeborener Dispositionen – als stärker erweisen kann als die Nächstenliebe. Die in Friedenszeiten anerkannten humanitären Normen, wie Nächstenliebe oder Ächtung des Krieges und der Gewalt, müßten folglich detailliert gesetzlich auf internationaler Basis verankert werden, um einem potentiellen Befehlsverweigerer in einer Konfliktsituation rechtlich den Rücken zu stärken. Er muß sich dabei auf eine höhere Autorität des Gesetzgebers berufen und stützen können. Ohne diese wäre der durchschnittliche »Bürger in Uniform« oft nicht der ihm unmittelbar vorgesetzten Autorität gewachsen.

Konkret eröffnen sich Chancen für einen Weltfrieden mit friedlicher Koexistenz zunächst nur dann, wenn es den Völkern unserer Erde gelingt, ihre Bevölkerungszahl auf eine Weise zu kontrollieren, daß die Völker mit den ihnen jeweils zur Verfügung stehenden Ressourcen an Land, Rohstoffen und Begabungen so auskommen, daß sie ihre Bevölkerung am Leben erhalten können. Gelingt dies nicht, wird es wegen Übervölkerung Notstandsgebiete geben, aus denen die Bevölkerung herausdrängt. Da aber kein freies Land mehr zur Neubesiedlung auf unserem Planeten zur Verfügung steht, wird dies automatisch zu Konflikten zwischen der in einem Gebiet eingesessenen Bevölkerung und den in sie eindrängenden Immigranten führen. Das können wir in Frankreich, England und neuerdings selbst im klassischen Einwanderungsland USA beobachten. Es ist daher wichtig, daß in internationalen Vereinbarungen deutlich darauf hingewiesen wird, daß eine ungezügelte Vermehrung in der gegenwärtigen Weltlage unverantwortlich ist. Eine friedliche Koexistenz verschiedener Völker ist durchaus möglich, wenn territorial verwurzelte Bevölkerungen einander achten und keinerlei Dominanzansprüche über den anderen erheben. Die Schweiz lehrt, daß dies gut geht, und Europa ist auf dem besten Weg – wenn auch unter argen Wehen –, sich zu einer solchen Gemeinschaft der Völker zu entwikkeln.

Literatur

Chance , M.R.A. (1967): Attention Structures as the Basis of Primate Rank Orders. In: Man 2, S. 209–255.
Divale, W.T. (1972): System Population Control in the Middle and Upper Paleolithic: Inferences Based on Contemporary Hunter-Gatherers. In: World Archeology 4, S. 222–243.
Eibl-Eibesfeldt, I. (1970): Liebe und Haß. Zur Naturgeschichte elementarer Verhaltensweisen. 16. Aufl. 1993. München.
Eibl-Eibesfeldt, I. (1975): Krieg und Frieden aus der Sicht der Verhaltensforschung. München.
Eibl-Eibesfeldt, I. (1987): Grundriß der vergleichenden Verhaltensforschung. 7. Aufl. München.
Eibl-Eibesfeldt, I. (1986): Die Biologie des menschlichen Verhaltens. Grundriß der Humanethologie. 2. Aufl. München.
Eibl-Eibesfeldt, I. (1990): Gewaltbereitschaft aus ethologischer Sicht. In: Rolinski, K., ders. (Hrsg.): Gewalt in unserer Gesellschaft. Berlin.
Eibl-Eibesfeldt, I. (1994): Wider die Mißtrauensgesellschaft. München.
Feinman, S. (1980): Infant Response to Race, Size, Proximity, and Movement of Strangers. In: Infant Behavior and Development 3, S. 187–204.
Harris, M. (1991): Menschen. Wie wir wurden, was wir sind. Stuttgart.
Kaiser, G. (1978): Diskussionsbeitrag. In: Nitsch, K. (Hrsg.): Was wird aus unseren Kindern? Heidelberg, S. 34f.
Lebzelter, V. (1934): Eingeborenenkulturen von Süd- und Südwestafrika. Leipzig.
Lorenz, K. (1963): Das sogenannte Böse. Wien.
Mazur, A., Lamb, T.A. (1980): Testosterone, Status and Mood in Human Males. In: Hormones and Behavior 14, S. 236–246.
Mead, M. (1939): From the South Seas. New York.
Mohr, A. (1971): Häufigkeit und Lokalisation von Frakturen und Verletzungen am Skelett vor- und frühgeschichtlicher Menschengruppen. Ethnographisch-Archäologische Zeitschrift 12, S. 139–142.
Plack, A. (1968): Die Gesellschaft und das Böse. 2. Aufl. München.
Sagi, Hoffmann (1978): Empathic Distress in the Newborn. In: Development Psychology 12, S. 175f.
Service, E.R. (1962): Primitive School Organization and Evolutionary Perspective. New York.
Vedder, H. (1937): Die Buschmänner Südwestafrikas und ihre Weltanschauung. In: South African Journal of Science, 24, 416–436.
Vogel, C. (1989): Vom Töten zum Mord. München.

Krankheit, Altern, Tod

Wulf Schiefenhövel

Man kann die Hypothese aufstellen, daß die Menschen Krankheiten in stärkerem Maße ausgesetzt sind als die meisten wildlebenden Tiere. Doch sie setzen sich auch am einfallsreichsten gegen diese Bedrohung zur Wehr. Ein Blick in die Schränke einer mittelalterlichen Apotheke, ein Gang durch ein neuzeitliches Krankenhaus belegen, welcher Erfindungsreichtum darauf verwandt wurde, der Krankheiten Herr zu werden. Große Operationen wie Herzverpflanzung, Wiederherstellung von schwer Verkehrsverletzten usw. sind nicht nur handwerkliche, sondern auch organisatorische und logistische Meisterleistungen.

Doch aller unbestreitbarer medizinischer Fortschritt kann nicht darüber hinwegtrösten, daß wir nach wie vor mit Krankheiten geboren werden oder Krankheiten im Laufe unseres Lebens erwerben und außerdem Opfer von Unfällen und Naturkatastrophen werden. Daneben lauern vielfältige Gefahren für unser seelisch-geistiges Wohlergehen. Eigentlich ist es ein Wunder, daß unser Selbst, die so verletzliche biologisch-psychisch-soziale Einheit Mensch, im Normalfall doch so gut funktioniert. Bei Tieren bewundern wir ihre Anpassungen an die jeweilige Umwelt, die sie befähigen, auch unter den schwierigsten Bedingungen zu überleben, Geschlechtspartner zu finden und sich erfolgreich um die Aufzucht ihrer Jungen zu kümmern. Derartige staunenswerte biologische, psychische und mentale Anpassungsleistungen gibt es natürlich auch bei uns Menschen. Bei uns kommen jedoch Dimensionen hinzu, die uns als *Homo sapiens* auszeichnen. Dazu gehören die vom Menschen gemachten Systeme der Gesundheitsfürsorge, also die Behandlung und Vorbeugung von Krankheit und das Erleichtern von Schmerz und körperlich-seelischem Leid. Denn auch in dieser Hinsicht unterscheiden wir uns eindeutig von den Tieren, auch wenn man bei einigen Säugetieren zumindest Anfänge des Helfens und Unterstützens eines leidenden Artgenossen, vermutlich stets eines eng verwandten Tieres, feststellen kann.

Was ist Gesundheit? – Eine schwierige Definition

Auf den ersten Blick scheint der Sachverhalt ganz einfach zu sein: Gesund ist, wer keine durch den Arzt feststellbare Krankheit hat. Doch in Wirklichkeit ist es, wie meistens, komplizierter. Nehmen wir z. B. die Wirbelsäule, ein Organ, das als bewegliches Konstruktionsgerüst unseres Körpers nicht nur vielfältige Aufgaben hat, sondern im Inneren der »übereinandergestapelten« Wirbel auch jenen Strang aus Nervengewebe enthält, der für unser Funktionieren und Überleben so wichtig ist: das Rückenmark. Fast alle Menschen jenseits der Lebensmitte, viele aber auch schon früher, haben Probleme mit ihrer Wirbelsäule: Kreuzschmerzen, Rückenschmerzen, »Hexenschuß«; oder sie haben gar zwischen Wirbelkörpern eingeklemmte Nerven, weil die Bandscheiben verändert und durch den gefürchteten »Bandscheibenvorfall« zu eng aufeinandergerutscht sind. All das verursacht schmerzhafte Einschränkungen der Bewegungsfreiheit und eine Beeinträchtigung der Lebensfreude.

Auffällig ist nun, daß zahlreiche Patienten, die starke subjektive Beschwerden haben, im Röntgenbild keine oder nur sehr geringe Veränderungen im knöchernen Konstruktionsgerüst ihres Körpers aufweisen. Bei anderen dagegen, die kaum Probleme mit ihrem Rücken kennen, findet sich gar nicht selten eine Reihe von durchaus krankhaften röntgenologischen Befunden. Dieses Beispiel zeigt stellvertretend für viele andere, daß Krankheit und Gesundheit nicht ohne weiteres mit dem diagnostischen Inventar der Ärzte, mit ihren verschiedenen Methoden, sich Einblicke in das Körperinnere zu verschaffen, festgestellt werden können. Bei jenen Patienten, die, ohne Wirbelsäulenveränderungen zu haben, unter Rückenschmerzen leiden, sind offenbar ganz andere Mechanismen im Spiel, die sich eben nicht so leicht diagnostizieren lassen. Ein geübter Masseur oder eine erfahrene Krankengymnastin würde bei ihnen vielleicht eine Verspannung der Muskulatur feststellen, und das wäre dann eine mögliche Erklärung für ihre schlechte subjektive *Befindlichkeit*, die vom »objektiven« ärztlichen *Befund* deutlich abweichen kann. Doch auch das muß nicht unbedingt der Fall sein. Schmerzen können auch anderswoher in den Rücken *ausstrahlen* und müssen mit der Wirbelsäule oder der Rücken-, Becken- oder Schultermuskulatur gar nichts unmittelbar zu tun haben.

Unter Berücksichtigung dieser und ähnlicher Gegebenheiten ist es sinnvoll, Gesundheit und Krankheit *auch* daran zu messen, was der betroffene Mensch selbst empfindet. Von der Weltgesundheitsorganisation

(WHO) und in der internationalen Literatur werden dementsprechend die Begriffe »illness« (subjektiv empfundene Krankheit oder *Befindlichkeit*) und »disease« (medizinisch festgestellter krankhafter *Befund*) unterschieden.

Ein Beispiel für den Unterschied zwischen Befindlichkeit und Befund, wie er sich im Leben der sogenannten »Naturvölker« darstellt, soll den Begriff der Gesundheit weiter klären helfen:

> In den unzugänglichen Bergen Neuguineas leben die Eipo. Zu Beginn der Forschungsarbeiten eines größeren interdisziplinär zusammengesetzten Teams von deutschen Wissenschaftlerinnen und Wissenschaftlern im Jahre 1974 lebten sie sehr abgeschieden von der Außenwelt und repräsentierten, auch medizinisch gesehen, archaische Lebensumstände. Der Arzt Horst Jüptner (1983, S. 7) untersuchte freiwillige Probanden, die sich selbst nicht als krank empfanden, und stellte unter anderem folgendes fest: Die 41 Stuhlproben von ihnen, die er unter dem Mikroskop untersuchen konnte, enthielten praktisch alle Wurmeier. In den allermeisten Fällen handelte es sich um eine Infestation (so nennt man Krankheiten durch den Befall mit Protozoen – einzelligen Tieren –, Würmern oder Arthropoden – Gliederfüßern) mit mehreren Wurmarten: Spulwürmern, Hakenwürmern und Bandwürmern. In etlichen Fällen war der Befund sogar ganz massiv, das heißt, beim Blick durch das Mikroskop waren gleich mehrere Wurmeier zu entdekken. Trotzdem waren diese Patienten, zumindest nach ihrer eigenen Definition, nicht krank. Bei uns würde eine solche Stuhlprobe sofort eine entsprechende Therapie mit einer wirksamen Wurmkur nach sich ziehen.

An diesem Beispiel läßt sich nicht nur erkennen, daß Krankheit und Gesundheit nicht immer klar abgrenzbar sind, sondern hier wird auch der Einfluß der Kultur sichtbar, die einen Rahmen schafft für die Interpretation von Gesundheit und Krankheit. Wenn ein Arzt in unseren Landen einen solchen Wurmbefall entdeckt und im Gespräch mit dem Patienten die Stirn in sorgenvolle Falten legt, weiß dieser, daß mit ihm etwas »nicht in Ordnung« ist. Zudem haben wir eine zumeist sehr ausgeprägte Abscheu, einen Ekel oder regelrechte Angst davor, irgendwelche Parasiten auf oder in unserem Körper zu beherbergen. Wir sind ja schließlich reinlich und wissen, was Hygiene ist: Vor dem Essen waschen wir uns die Hände und putzen uns danach die Zähne. Diese Einstellungen und Praktiken sind aber weltweit gesehen ganz und gar nicht verbreitet und üblich. Angesichts unserer Ernährungsgewohnheiten ist für uns das Zähneputzen natürlich ausgesprochen sinnvoll; Angehörige traditionaler Kulturen, die keine oder wenig aufbereitete Nahrung (z. B. Mehlprodukte, Zucker usw.) essen, haben jedoch häufig bis ins mittlere Lebensalter kariesfreie Zähne (G. Schiefenhövel 1978).

Wenn ein Einheimischer in Neuguinea in seinem Stuhl Würmer entdeckt, so ist ihm das – wie unsereinem – nicht angenehm, doch er weiß, daß das ein weitgehend normales Vorkommnis ist. Er wird vielleicht versuchen, eine der traditionellen pflanzlichen Arzneien zu sich zu nehmen, von denen die Überlieferung weiß, daß sie den Wurmbefall mindern oder beseitigen können. In vielen Fällen gibt es aber keine wirksame Arznei. Dann muß sich der Betreffende mit seinem Zustand abfinden.

In Europa gehen Ärzte und Laien davon aus, daß der Blutdruck im Alter ansteigt. Als grobe Regel sagt man im allgemeinen, daß 100 plus Lebensalter eine noch akzeptable Zahl für den oberen (systolischen) Blutdruckwert darstellt. Bei einem fünfundsechzigjährigen Mann wäre also der systolische Blutdruck 165 Millimeter Quecksilbersäule, so wird nämlich der Blutdruck international gemessen. Wenn wir uns Kulturen anschauen, in denen die Menschen einen anderen Lebensrhythmus haben, sich anders ernähren und körperlich viel mehr arbeiten als wir selbst, auch bestimmten äußeren Einflüssen nicht ausgesetzt sind, so stellen wir fest, daß bei diesen Menschen der Blutdruck praktisch das ganze Erwachsenenleben lang auf gleicher Höhe bleibt. Der schwedische Arzt Staffan Lindeberg (Lindeberg, Lundh 1993) hat auf Kitava, einer abgelegenen Trobriand-Insel im Osten Neuguineas, Gesunde untersucht und dabei den auch von anderen Ärzten und Physiologen erhobenen Befund bestätigt, daß der Blutdruck im Alter nicht ansteigen muß. Horst Jüptner hat übrigens bei den Eipo einen identischen Befund beschrieben.

Diese Beispiele machen uns ein Problem klar: Unsere derzeitige Medizin, die in der exakten Naturwissenschaft begründet ist und viele außerordentlich genaue Messungen erlaubt, auf diese Weise auch besser als jemals zuvor Einblicke in die Vorgänge unseres Körpers gestattet, orientiert sich praktisch ausschließlich an Befunden, die im Verlauf der letzten etwa 100 Jahre in Europa und Nordamerika erhoben worden sind. So hat man beispielsweise die »Normalwerte« für den Blutdruck nach jener Bevölkerung definiert, die man vor sich hatte und andere Bevölkerungen gar nicht berücksichtigt. Das geschah zum Teil aus Gründen der Praktikabilität, zum Teil aber auch aus einer Einstellung heraus, die man in allen Kulturen antrifft und als *Ethnozentrismus* bezeichnet: Die Angehörigen der meisten, wenn nicht aller Kulturen empfinden sich selbst als ein bißchen normaler, ein wenig besser als ihre Nachbarn, die dementsprechend oft mit allerlei herabsetzenden Namen belegt werden. Für die meisten Bereiche gilt – vermutlich aufgrund einer psychobiologischen Steuerung – das Eigene mehr als das Fremde, wenn auch letzteres als anziehend und faszinierend erlebt wird. Aus diesen beiden Gründen, Praktikabilität und Ethnozentrismus, die die meisten Physiologen erst gar nicht nach Testpersonen in anderen Regionen Ausschau halten ließen, stammen die »Normalwerte« aus jenen Ländern, die solche großangelegten Untersuchungen an Gesunden erstmals durchführten, also aus den Industriestaaten.

In den letzten Jahrzehnten haben sich nun westliche Wissenschaftler in viel stärkerem Maße außerhalb Europas umgesehen und die dortigen Verhältnisse genauer dokumentiert und analysiert. Infolgedessen wird immer klarer, daß wir ein ausgeprochen »eurozentrisches« Bild vom menschlichen Organismus haben. Das trifft unter anderem auch auf die Versorgung mit Eiweiß zu. In unseren Lehrbüchern ist festgehalten, daß »ein Gramm pro Kilogramm Körpergewicht pro Tag« die Mindestzufuhr an Eiweiß sei; werde dieser Wert aber unterschritten, so habe dies Konsequenzen für die Gesundheit des betreffenden Menschen. Die Untersuchungen in außereuropäischen Kulturkreisen zeigen aber, daß dort diese Werte oftmals auch nicht annähernd erreicht werden, daß die betreffenden Personen aber trotzdem ausgesprochen gesund, leistungsfähig, muskulös und bezüglich Ausdauerleistungen uns Europäern weit überlegen sind (vgl. Abb. 21).

Medizinische Kenntnisse und naturwissenschaftlich-physiologisches Wissen sind eben immer nur ein Punkt in dem sich verändernden Fluß der Wissensgeschichte. Vermutlich nähern wir uns infolge der ständig verfeinerten Analysemethoden und diagnostischen Verfahren einer objektiven Sicht der in uns ablaufenden Lebensvorgänge. Doch schiefe Perspektiven und unrichtige Interpretationen wird es vermutlich immer geben.

Warum werden wir krank?

Wie eben gezeigt, ist die Frage, was Gesundheit ist, nur auf den ersten Blick einfach zu beantworten. Ebenso steht es mit der Antwort auf die Frage, warum wir krank werden. Auch sie ist nur scheinbar leicht zu finden. Nähern wir uns ihr auf der Ebene der alltäglichen Erfahrung. Wenn wir krank werden, das ist deutlich, läuft irgend etwas schief: Wir haben etwas »Verkehrtes gegessen«; uns mangelt oder fehlt ein wichtiger Ernährungsbestandteil; ein Giftstoff oder ein anderer schädlicher Stoff ist in unseren Körper gelangt; wir haben ein Organ oder unseren ganzen Körper bis

Abb. 21 Die gut ausgebildete Muskulatur dieses Eipo-Mannes zeigt, daß er trotz einer nach europäischen Maßstäben unzureichenden Zufuhr von Nahrungsmitteln dennoch gesund und kräftig ist.

zur oder sogar über die Grenze der Leistungsfähigkeit beansprucht; eine Armee von winzigen, aber gefährlichen Feinden hat uns angegriffen: Viren, Bakterien, Pilze oder Protozoen (einzellige Tiere). Jedoch ist die Wirklichkeit komplizierter. Ein tropenmedizinisches *Gedankenexperiment* kann helfen, die Zusammenhänge zu klären. Die *Malaria tropica* eignet sich sehr gut zur Erklärung der Prozesse, die zum Ausbruch einer Krankheit führen bzw. zu deren Ausbleiben. In diesem Gedankenexperiment machen sich vier Personen auf den Weg zu einer abgelegenen Forschungsstation im Innern Tansanias (Ostafrika). Alle werden von Anopheles-Mücken gestochen, was bei ihnen dazu führt, daß eine für die Entwicklung der *Malaria tropica* ausreichende Menge von Plasmodien der Spezies *falciparum* übertragen wird.

- Bei der *ersten Person* entwickeln sich außer einem kurzzeitigen Juckreiz an der Stichstelle keinerlei Symptome. Sie stammt nämlich aus einer Gegend mit endemischer Malaria. Dort machen praktisch alle Kinder Infektionen mit Plasmodien durch (vgl. Abb. 22), wenn sie abgestillt sind und infolgedessen nicht mehr jene gegen die Malaria wirksamen Schutzstoffe bekommen, die in der Muttermilch enthalten sind. Solange sie gestillt wurden, profitierten sie davon, daß das Immunsystem ihrer Mütter infolge eigener früherer Malariaerkrankungen spezifische Abwehrstoffe gegen die Krankheit entwickelt hatte, die über die Brustmilch an die Säuglinge abgegeben wurden. Sofern die Kleinkinder die ersten Malariaattacken überleben, schützt sich auch ihr Körper durch die Reaktionen des Immunsystems. Zwar entwickeln sie keinen vollständigen Schutz, wie das nach Infektionen mit einigen Viren der Fall ist, doch die nun ausgebildete »Präimmunität« ist meist so wirksam, daß die Personen nur selten an der Malaria sterben, wenn sie die Kindheit hinter sich haben. Unser erster Expeditionsteilnehmer gehört zu diesem Personenkreis. Er ist in natürlicher Weise gegen die Malaria gefeit.
- Der *zweite Expeditionsteilnehmer* ist bisher mit Malariaerregern nicht in Berührung gekommen. Nun gelangen zum ersten Mal Plasmodien in seinen Blutkreislauf. Doch obwohl sein Immunsystem im Verlauf seines eigenen Lebens keinen Schutz hat aufbauen können, ist sein Risiko, lebensgefährlich zu erkranken, gering. Denn seine roten Blutkörperchen (Erythrozyten) weisen eine Besonderheit auf: Sie sind nicht kreisrund, sondern haben eine gebogene, sichelförmige Gestalt. Zwar haben sie im Vergleich mit runden Erythrozyten Nachteile, weil sie nämlich den Sauerstoff nicht so effizient transportieren können. Doch haben sie dafür in jenen Zonen der Erde, in denen die Malaria vorkommt, einen entscheidenden Vorteil: Sie werden weniger stark von den aus Leber, Milz und Knochenmark freiwerdenden Malariaerregern angegriffen. Diese sogenannte *Sichelzellanämie* der schwarzen Urbevölkerung Afrikas ist ein sehr gutes Beispiel für die Anpassungsvorgänge im Verlauf der Evolution des Menschen. Trotz ihres leichten

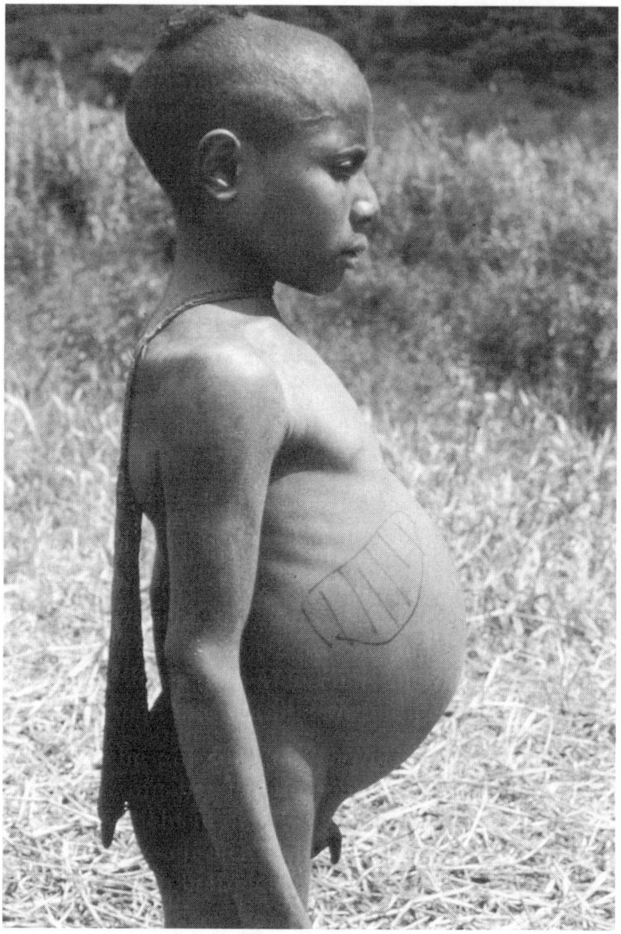

Abb. 22 Wenn Menschen, die oberhalb der Malariagrenze (etwa 1600 Meter über dem Meeresspiegel) leben, in malariaverseuchtes Gebiet kommen, erkranken sie oftmals schwer; die meisten von ihnen sterben sogar, da sie keinerlei Immunabwehr gegen diese Krankheit haben. Die Krankheitssymptome äußern sich unter anderem in einer sehr stark vergrößerten Leber und Milz (Hepatosplenomegalie). Die vergrößerte Leber ist bei diesem Jungen mit Farbstift auf den Bauch gezeichnet.

Nachteils beim Sauerstofftransport konnten sich die sichelförmigen Erythrozyten überall dort durchsetzen, wo die Menschen von der Malaria bedroht sind, weil sie bei einer Attacke dieser dort sehr häufigen und lebensbedrohlichen Krankheit besser geschützt sind.

- Der *dritte Teilnehmer*, ein Europäer, hatte bereits vor der Ausreise nach Afrika pro Woche ein Medikament mit dem Wirkstoff Chloroquindiphosphat eingenommen, das die Malariaerreger an ihrer millionenfachen Vermehrung behindert. Über den Stich der Anophelesmücke empfängt er zwar dieselbe Menge an Erregern wie die drei anderen Teilnehmer, erkrankt aber nur geringfügig: Er verspürt einen halben Tag lang Schmerzen in den Gelenken und im Kopf und fühlt sich nicht ganz wohl. Danach aber ist er wieder voll einsatzfähig. Das Medikament, das einen recht konstanten Spiegel an Wirkstoffen in seinem Blut erzeugt, hält die Erreger soweit in Schach, daß sie sich nicht stark genug ausbreiten können, um eine Attacke mit dem typischen schnellen Fieberanstieg und dem schweren Krankheitsbild zu bewirken. Trotzdem hat dieser Mensch Erreger in seinem Kreislauf, die bei bestimmten Unterformen der Malaria (vor allem bei der *Malaria quartana*) noch nach Jahren und Jahrzehnten heranreifen, sich stark vermehren und damit Malariaanfälle auslösen können. Ein anderes, den Wirkstoff Primaquin enthaltendes Medikament kann übrigens diese im Gewebe der Leber »lauernden« Erreger abtöten und damit die Chance gering halten, daß die Malaria wieder auftritt.
- Der *vierte Teilnehmer* – er will längere Zeit im Land bleiben – kommt ebenfalls aus Europa. Jedoch hat er keine Malaria-Prophylaxe vorgenommen, weil er davon gehört hat, daß bei langandauernder Einnahme des Chloroquindiphosphats schädliche Nebenwirkungen (z. B. an den Augennerven) auftreten können. Deshalb hat er sich entschlossen, das Risiko einer Malariaerkrankung auf sich zu nehmen. Bei ihm führt die nämliche Anzahl der in seinen Blutkreislauf gebrachten Erreger (nach deren Wachstums- und Vermehrungsphase) denn auch prompt zu einem schweren Fieberanfall mit starkem Schüttelfrost und ausgepräger Beeinträchtigung des Allgemeinzustands. Aber auch in diesem Fall ist noch nicht alle Hoffnung verloren. Wenn er sich sofort einer geeigneten Therapie unterzieht, am besten mit einem der neu entwickelten Wirkstoffe (wie Halofantrin), wird er seine Malariaattacke in ein, zwei Tagen überwunden haben. Voraussetzung dafür ist allerdings, daß das angewandte Mittel nicht schon, wie dies bereits in

vielen Teilen der Welt der Fall ist, ganz oder teilweise wirkungslos geworden ist, weil nämlich die Malariaerreger inzwischen dagegen resistent sind, sich also erfolgreich an die giftig wirkenden Stoffe angepaßt haben.

Wie dieses Gedankenexperiment zeigt, werden also nicht alle Menschen, die demselben Erreger ausgesetzt sind, krank. In Wirklichkeit ist der Sachverhalt noch viel verwickelter, weil nämlich individuelle Eigenschaften der jeweiligen Menschen dazukommen: Das Immunsystem des einen ist ausgesprochen leistungsfähig, das des anderen hingegen sehr schwach; der eine schädigt seine Lungen durch Rauchen oder seine Leber durch Alkohol, der andere lebt gesundheitsbewußt; der eine hat von seinen Vorfahren »Langlebigkeitsgene« geerbt, der andere ist in dieser Hinsicht weniger glücklich ausgestattet, weil seine beiden Eltern beispielsweise an Krebs gestorben sind, wodurch sein Risiko, eine Krebsgeschwulst zu entwickeln, höher ist als bei Menschen, bei denen eine solche genetische Veranlagung (Disposition) nicht vorliegt.

Darüber hinaus gibt es eine ganze Reihe weiterer wichtiger Einflußfaktoren, die jeweils mitbestimmen, ob wir gesund bleiben oder nicht. Dazu gehören Schadstoffe wie Asbest, Pflanzenschutzmittel, radioaktive Strahlung und andere Belastungen, die nicht selten mit der Ausübung bestimmter Berufe verbunden sind. Krankheit entsteht also aus einer Vielzahl von in jedem Einzelfall unterschiedlich kombinierten Faktoren. Dies geschieht insbesondere dann, wenn die Schutzmechanismen des Körpers, vor allem das Immunsystem, ihre Funktionen nicht in ausreichendem Maße ausüben.

Therapeutische Vielfalt: Beiträge der Ethnomedizin

In diesem Kapitel sollen die im buchstäblichen Sinne unzähligen Versuche der Menschen zur Sprache kommen, mit ihren Krankheiten fertigzuwerden. Da hier selbstverständlich nicht einmal ein winziger Bruchteil der früher und heute weltweit angewandten Behandlungsmethoden und -konzepte aufgeführt werden kann, werden hier nur zwei Entwicklungslinien dargestellt, die uns von der archaischen, vorwissenschaftlichen Medizin in die heutige Zeit mit ihren modernen medizinischen Methoden führen. Auf diese Weise wird gleichzeitig eine Disziplin vorgestellt, die erst seit wenigen Jahrzehnten an den Universitäten Fuß gefaßt hat: die *Ethnome-*

dizin. Darunter versteht man vor allem das Studium traditionaler medizinischer Systeme, sei es in weit entfernten außereuropäischen Ländern, sei es in Europa selbst; im letzteren Fall spricht man auch von *Volksmedizin* (Grabner 1967).

Die Indios Südamerikas stellen aus Pflanzenstoffen der beiden Arten *Chondodendron* und *Strychnos* ein äußerst wirksames Pfeilgift her, das, einmal in den Blutkreislauf von Beutetieren gebracht, diese sehr schnell zu lähmen oder zu töten vermag. In einigen Sprachen der indianischen Ureinwohner heißt dieses auf komplizierte Weise gewonnene Pfeilgift *woorari*. Davon wurde das im Westen gebräuchliche Wort *Curare* abgeleitet. Es ist als Medikament mittlerweile aus der modernen Narkosemedizin nicht mehr wegzudenken. Die von den Indios sehr sorgfältig ausgewählten und in einem komplizierten Prozeß behandelten Pflanzenteile enthalten nämlich pharmakologisch hochwirksame Stoffe (Alkaloide), die in der Weise auf das Nervensystem von Tier und Mensch wirken, daß sie die Weitergabe der chemo-elektrischen Befehle vom Gehirn an die Muskulatur unterbinden, was zu einer sehr raschen Muskellähmung führt. Diesen Effekt macht man sich in der modernen Narkosemedizin (Anästhesiologie) zunutze. Man möchte nämlich erreichen, daß der mittels anderer Medikamente »eingeschläferte« (bewußtlos und schmerzunempfindlich gemachte) Patient eine entspannte Muskulatur hat, damit z.B. bei dem Schnitt des Operateurs durch die Muskelschicht der Bauchdecke der Darm und die anderen Organe ruhig und schlaff an ihrem Platz liegen und so den chirurgischen Eingriff erleichtern.

Unsere moderne naturwissenschaftliche Medizin nutzt die von den Indianern vermutlich schon vor langer Zeit gemachte Entdeckung zwar zu einem anderen Zweck und noch raffinierter aufbereitet und in ihrer Wirkung noch kontrollierter. Doch ohne die Naturkenntnis der südamerikanischen Ureinwohner wären wir Angehörige der Industriegesellschaften möglicherweise nie in den Besitz dieses mittlerweile unverzichtbaren Medikaments gekommen.

Als *zweites Beispiel* für die therapeutische Vielfalt seien hier Formen therapeutischen Handelns behandelt, die sich in vielen Kulturen finden. Außerhalb des Einflußbereichs unserer modernen, ehemals abendländischen, mittlerweile weltweit eingesetzten Medizin finden sich zwei weit verbreitete Krankheitstheorien und entsprechende Formen der religiösen Behandlung:

– Es gibt die Vorstellung, daß die Krankheit – oft in Form einer außermenschlichen Kraft, z.B. eines Toten- oder Naturgeists –

außen auf dem Körper des Patienten sitzt und von dort aus die Beschwerden verursacht. Logische Konsequenz dieser Vorstellung ist der Versuch, die krankheitsverursachende Kraft vom Körper des Kranken zu entfernen. Dazu dienen die verschiedensten Formen des Abstreif- bzw. Transduktionszaubers. – In den meisten Kulturen gilt die Durchführung einer solchen Behandlung als Aufgabe für Spezialisten. Dementsprechend führen heilkundige Frauen oder Männer eine mit religiösen Elementen durchsetzte Therapie durch, bei der sie mittels streichender oder abwischender Bewegungen das krankheitsverursachende Etwas zu entfernen oder in ein anderes Medium zu überführen versuchen. Eine solche Verwandlung bezeichnet man als *Transduktion*, weil nämlich die Krankheit vom Körper des Betroffenen in ein anderes Medium, oft Blätter, Steine oder andere stoffliche Materialien, überführt (*transduziert*) wird.

– Die andere Vorstellung besagt, daß ein »Etwas« *in den Körper* des Kranken regelrecht eingedrungen ist und dort die Beschwerden und Funktionsstörungen verursacht. Dieses Konzept bezeichnet man dementsprechend als *Intrusionstheorie*. Um die Krankheit aus dem Patienten herauszubekommen, werden nun häufig zwei unterschiedliche Methoden angewandt: Der *Austreib- oder Expellationszauber*, bei dem man mittels Beschwörungen, starken Gerüchen, lautem Lärm usw. den als Geist vorgestellten Verursacher der Krankheit auszutreiben versucht. Diese Form des Zaubers wird bis heute z. B. in der katholischen Kirche als sogenannter *Exorzismus* praktiziert: Wenn ein Priester festgestellt hat, daß ein »Teufel«, »Dämon« oder »böser Geist« in den Kranken (oder »Besessenen«) gefahren sei, versucht der Exorzist diese Übeltäter aus dem Kranken sozusagen herauszu*scheuchen*. Eine ähnliche Vorstellung liegt dem sogenannten *Auszieh- oder Extraktionszauber* zugrunde. Dabei versucht man den Geist, Teufel oder wie das Krankheitsprinzip genannt werden mag, nicht aus dem Körper des Kranken herauszuscheuchen, sondern ihn bzw. es aktiv aus ihm herauszu*ziehen*.

Formen der Extraktionsbehandlung sind praktisch immer Sache heilkundiger Spezialisten und erfordern ein hohes Maß an Kreativität, Begabung, Geschicklichkeit und Übung.

Es ließe sich eine Vielzahl von Beispielen für diese Art des therapeutischen Vorgehens anführen, doch fehlt dazu der Raum. Hier soll nur noch auf eine Behandlungsmethode eingegangen werden, die in den letzten beiden Jahrzehnten für sehr viel Wirbel gesorgt hat und bei der immer noch zahlreiche Patienten Zuflucht suchen: Ein kleiner Prozentsatz der Kranken unseres Landes (wie groß er ist, läßt sich mangels zuverlässiger Zahlen nicht abschätzen) wendet sich an die sogenannten philippinischen Geistheiler, »Schamanen« oder sonstige Heiler aus anderen Kulturen. Meist geschieht das nach einer langen Leidensgeschichte, in der die verschiedensten Stationen unseres medizinischen Systems erfolglos durchlaufen werden: Hausarzt, Facharzt, eventuell Heilpraktiker, städtische Klinik und Universitätsklinik. Ein Teil dieser Patienten fliegt nach Manila und läßt sich entweder gleich in einem der größeren Hotels der Metropole oder in Bagio behandeln, einem wegen der dort ansässigen »Geistheiler« berühmten Ort.

Verschiedene europäische Forscher waren bei Behandlungen von solchen »Geistheilern« zugegen, wobei sich ihre Schilderungen des Gesehenen interessanterweise diametral widersprechen. Was den Beginn der Behandlung betrifft, stimmen die beiden Seiten noch überein. Der Patient oder die Patientin wird so gelagert, daß die zu behandelnde Körperregion, sehr häufig der Bauch, sich in möglichst entspannter Lage befindet. Dann beginnt der Spezialist das betreffende Gewebe zu massieren. Dabei benutzt er Wattebäusche, die in eine Schüssel mit Wasser getaucht und anschließend auf die Haut des Patienten aufgebracht werden. Überraschenderweise färbt sich nach einiger Zeit das Wasser rot, bis der Eindruck entsteht, daß das Blut des Patienten in Strömen fließt. Die Hände des »Operateurs« scheinen nun tief im Inneren des Körpers zu stecken, denn man sieht nurmehr die Knöchel (Abb. 23). In dieser Phase der Zeremonie benutzen etliche »Geistheiler« Pinzetten oder chirurgische Klemmen und praktizieren z. B. ein Stückchen Gewebe hervor, das sie als Teil des kranken Organs bezeichnen und dem Patienten zeigen, der während all dieser Handlungen bei vollem Bewußtsein ist. Dann werden die Hände mit einem Ruck aus dem Bauch hervorgezogen. Der Bauch ist geschlossen, es zeigen sich nach Abwischen des »Blutes« keinerlei Schnittspuren, Wunden oder Narben an der betreffenden Hautstelle. – Erwähnt werden muß noch, daß diese auf den europäischen Kunden zugeschnittene Form des *Extraktionszaubers* Vorläufer in der traditionalen Medizin der Philippinen hat und ganz in christliche Zeremonien eingebettet ist.

Manche Autoren (vgl. Landolt 1986) vermuten eine »Transmaterialisation«, das heißt eine physikalisch zustande kommende, aber (derzeit) nicht erklärbare Transformation der Krankheit in eine stofflich faßbare Form. Für den naturwissenschaftlich ausgebildeten Mediziner beruht diese Form des Eingriffs jedoch auf einem Taschenspielertrick. Der deutsche Laborarzt Kaiser (1986) hat bei etlichen der Patienten etwas von der roten

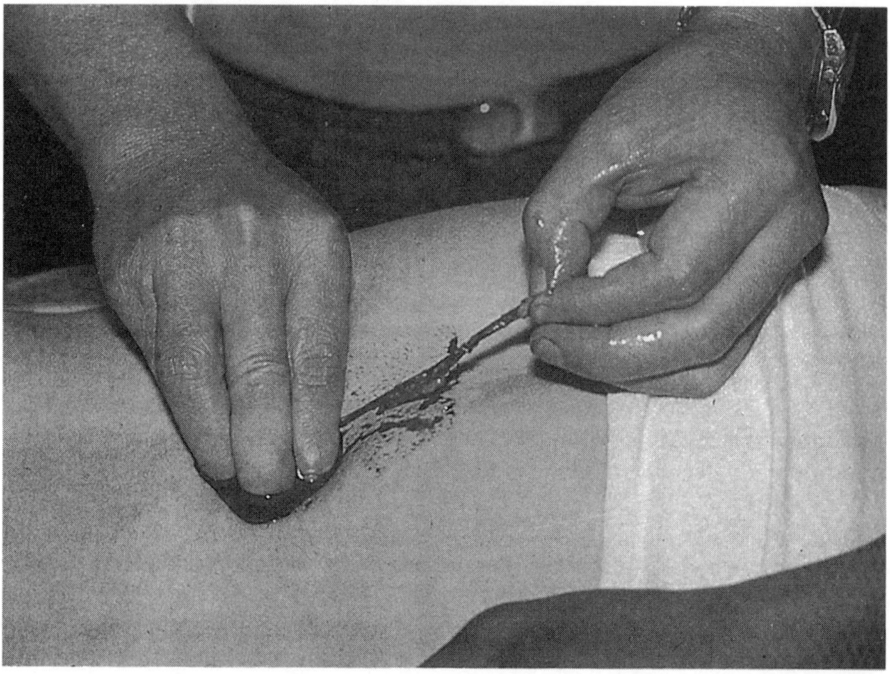

Abb. 23 Die Hände des »Geistheilers« Placido Palitayan von der philippinischen Insel Luzon während einer »Operation«, bei der angeblich die rechte Hand tief im Bauchraum steckt und krankes Gewebe entfernt wird. Auf dem Foto ist zu erkennen, daß es sich um einen geschickten Trick handelt.

Flüssigkeit aufgefangen, die im Laufe der »Operation« vom Körper des Patienten heruntertropfte und sie mit dem wirklichen Blut der betreffenden Person verglichen. In keinem Fall war es dasselbe Blut, in vielen Fällen handelte es sich sogar um Tierblut. Ganz offenbar besteht also die Methode der Rotfärbung des Wassers darin, getrocknetes Blut aus menschlichen oder tierischen Leichen zu verwenden, das mit Wasser aufgeschwemmt wird. Natürlich wird die Bauchhöhle nicht eröffnet; der Eindruck entsteht durch geschicktes Abknicken der Finger in dem meist recht weichen Gewebe der europäischen Patienten. Eine genaue Kontrolle der Vorgänge ist zudem deshalb schwierig, weil sich in der betreffenden Kuhle ja die mittlerweile rote Flüssigkeit befindet. Es geschehen also Handlungen, die wir als Trick bezeichnen würden. Daher ist es gewiß nicht unvernünftig, auch daran zu zweifeln, ob so etwas wie »Transmaterialisation« bewirkt wird, da diese ja auch unter anderen Bedingungen nachweisbar sein müßte.

Europäische Ärzte und Journalisten haben diese Behandlungsform, der sich immerhin eine recht große Anzahl europäischer und nordamerikanischer Patienten unterzieht und die als »Operation« und mithin als eine der wirksamsten Formen ärztlichen Eingreifens firmiert, scharf gegeißelt und als Betrug gebrandmarkt. Aus der Sicht der naturwissenschaftlichen Medizin, für die keine empirisch *nicht* nachweisbaren Verfahren existieren, ist das in der Tat verständlich. Doch mit dieser Kritik würde man manchem Aspekt der sogenannten »geistigen Operation« nicht gerecht. Die (in den meisten Fällen großzügig zahlenden) Patienten sind ja immerhin Menschen, die zunächst im Rahmen unserer eigenen Heilungsangebote und Gesundheitsinstitutionen nach Linderung oder Beseitigung ihrer Beschwerden gesucht haben und erst im Lauf der Zeit an der naturwissenschaftlichen Medizin verzweifelten. Ob ein von einer schweren Krebskrankheit gezeichneter oder auf andere Weise leidender Mensch eine Pilgerreise nach Lourdes oder einen anderen derartigen Ort unternimmt, wo er von metaphysischen Kräften Hilfe erwartet, oder eine Reise nach Bagio auf den Philippinen antritt, um sich in die Hand eines »Geistheilers« zu begeben, ist sicherlich unerheblich.

In all den geschilderten Fällen erhofften sich die Patienten von Kräften Hilfe, die außerhalb des Zugriffsbereichs der naturwissenschaftlichen Medizin liegen. Angesichts der mittlerweile bekannten Zusammenhänge zwischen Psyche und Körper ist es nicht auszuschließen, daß derartige Behandlungserlebnisse zu einer vorübergehenden oder andauernden Besserung der Beschwerden, in sehr seltenen Fällen sogar zu vollständiger Heilung führen können. Schließlich kennt jeder Arzt sogenannte Spontanheilungen auch ohne »Zauber«-Therapie.

In den äußerst komplexen Wechselwirkungen zwischen den verschiedenen Systembereichen unseres Organismus bestehen unzweifelhaft Verbindungen psychosomatischer bzw. somatopsychischer Art. Das heißt, bisweilen ist es möglich, über psychische Einflüsse körperlich-physiologische Vorgänge anzustoßen. Offenbar sind Einwirkungen auf unser Immunsystem und auf andere gesundheitserhaltende oder -wiederherstellende Systeme unseres Körpers nicht nur durch die verschiedenen Medikamente und andere klassische Behandlungsmethoden möglich, sondern auch durch eindrückliche Erlebnisse, die bisweilen den Charakter einer religiösen Erfahrung tragen. Daß sich ein Patient, der nach einer Gallenblasenoperation weiterhin chronische Gallengangsbeschwerden hat, nach der geistigen

»Operation« in Bagio besser fühlt, ist kein Beweis dafür, daß der Heiler krankes Gewebe tatsächlich entfernt oder »transmaterialisiert« hat. Vielmehr wird die Besserung darauf zurückzuführen sein, daß der unspezifische Heilversuch zu einer immunologischen oder sonstigen Umstimmung im Körper des Kranken geführt hat. Dabei spielen vermutlich die eindrückliche Atmosphäre des Wundersamen und die Erwartung eine Rolle, daß religiöse Kräfte wirksam werden können. Sollte sich diese Hypothese bestätigen lassen, würde damit auch ein Erklärungsmodell vorliegen, das verständlich macht, warum so völlig unterschiedliche Behandlungsformen bei identischen Krankheitsbildern – zumindest teilweise – Erfolge erzielen. Es scheint sich um einen Mechanismus zu handeln, der offenbar auf *unspezifische* Weise *angestoßen* werden kann, aber dann auf *spezifische* Weise in einem oder mehreren der Krankheitsabwehr-Systeme unseres Körpers *wirkt*.

Der Beitrag der Ethnomedizin zu einer wohlverstandenen Versorgung und Behandlung der Kranken in der Welt dürfte allerdings weniger von den zuletzt beschriebenen spektakulären Formen der Zauberbehandlung zu erwarten sein, sondern eher von den äußerst präzisen Kenntnissen, die viele Menschen in den Ländern der Dritten Welt über die Natur und die als Heilmittel verwendbaren Pflanzen haben. Besonders bedeutsam aber ist, daß der Kranke in diesen Kulturen eine starke soziale Einbettung erfährt, daß also seine Familie und sein gesellschaftliches Umfeld in den Heilungsprozeß einbezogen sind. In unseren modernen Kliniken hingegen, in denen Patienten häufig vereinsamen und der administrativen, pflegerischen und ärztlichen Routine unterworfen sind, lassen sich in dieser Hinsicht sicherlich weitere Verbesserungen verwirklichen, die natürlich nicht einfach Kopien der Verhältnisse in der Dritten Welt sein dürfen, sondern wohldurchdachte, unserer Medizinkultur angemessene Konzepte sein müssen.

Warum altern wir, warum sterben wir?

In vielen, wenn nicht allen Kulturen gibt es märchenhafte Vorstellungen von ewiger Jugend: Jungbrunnen, Zauberkräuter oder andere Hilfsmittel könnten, wenn sie nur richtig gewußt und benutzt würden, den so schmerzlichen und beängstigenden Prozeß des Alterns aufhalten. Auch die Vorstellung vom Paradies, jener unter anderem im Christentum verankerten Vorstellung, daß für die Auserwählten nach dem Tode ein seliger Zustand bereitet sei, in dem es weder Krankheit noch Leid noch Alter gibt, entstammt ja vermutlich demselben Urwunsch, ständig und unverändert im Jetzt leben zu können.

Viele Menschen nutzen bewährte und weniger bewährte Methoden der modernen Medizin, um ihren Körper hier und da, in der einen oder anderen Funktion etwas jugendlicher zu machen: Frischzellentherapien, Hormonbehandlungen oder schönheitschirurgische Eingriffe in die eher sichtbaren Partien des alternden Körpers. Warum können wir eigentlich nicht ewig im Augenblick verweilen? Warum hört die Reifung nicht da auf, wo, wie man sagt, das Leben am schönsten ist: in der Jugend oder um die Mitte unserer gezählten Jahre?

Altern und Tod müssen aber sein. So wie sich das Leben auf unserem Planeten entwickelt hat, ist es unvermeidlich an den Tod gebunden. Man stelle sich vor, wie viel größer das Gedränge auf den bewohnbaren Flächen wäre, wenn niemand stürbe. Es beträfe ja nicht nur uns Menschen, sondern auch die Tiere und Pflanzen, kurzum alles Lebendige. Aber hätte nicht die Natur die Reproduktionsrate, das Maß der Vervielfältigung, heruntersetzen können? Ein Teil der Individuen geht ja nicht durch Alterungsprozesse zugrunde, sondern durch den Angriff von Feinden, durch Mikroben oder andere Lebewesen. Hätte sich nicht auch so ein Gleichgewicht einstellen könne, bei dem nur die zufälligen Verluste ersetzt werden, so daß es nicht zur Überfüllung der Erde kommt?

Doch das Platzproblem ist nur sekundär. Der eigentliche Grund, warum wir altern und sterben müssen, liegt darin, daß die Evolution von einer inneren Dynamik erfüllt ist, daß sie stets *neue* Lebewesen hervorbringt, die sie auf ihre Überlebensfähigkeit austestet; sie kann gar nicht stehenbleiben. Der kleinen Veränderungen (den hin und wieder vorkommenden *Mutationen*) in einer neuen Generation und deren Unterwerfung unter das Selektionsprinzip verdanken wir ja die Vielfalt der Organismen – und damit auch die so unwahrscheinliche und unfaßbare Existenz unserer eigenen Art. Sie wird sich, wenn wir nur dem »Netzwerk Leben« auf der Erde und damit unseren Nachkommen eine Chance geben, ebenfalls weiterentwickeln. Wohin genau, weiß niemand zu sagen. Wahrscheinlich ist aber eine weitere Zunahme des Gehirns, möglicherweise ein weiterer Verlust der Körperbehaarung und die weitere Abnahme des Geschlechtsdimorphismus, also der körperlichen Unterschiede zwischen Männern und Frauen hinsichtlich der Körpergröße, Muskelmasse usw. Derzeit beträgt der Unterschied etwa 13 Prozent; bei unseren australopithecinen Vorfahren war er um ein Vielfaches größer.

In der Evolution kommt es darauf an, die Gene der Elterngeneration in die Generation der Kinder zu bringen. Das geschieht nahezu ausnahmslos durch geschlechtliche Vermehrung. Eine Theorie der *Seneszenz* (von lat. *senex* = bejahrt, alt, greis), der Alterungsprozesse bei Mensch und Tier, besagt denn auch folgerichtig: Individuen müssen im Durchschnitt nur so lange leben, daß die Wahrscheinlichkeit für das Zeugen, Gebären und erfolgreiche Aufziehen eigener Kinder ausreichend groß ist. Beim Menschen ist die Phase der Abhängigkeit der Kinder und Jugendlichen von den Eltern ungewöhnlich lang. Aus evolutionsbiologischer Sicht ist das erklärlich, denn Kinder haben – in Abhängigkeit vor allem von den Ernährungsbedingungen – erst zwischen 15 und 20 Jahren erstmals eigene Kinder, die sicherstellen, daß der Weitertransport der Großelterngene gesichert ist. Demnach sollte ein Menschenleben bis ungefähr um die Vierzig dauern. Danach wäre dieser »Einweg-Körper mit Verfallsdatum« (Rusting 1993) nicht mehr erforderlich. Die Grenze liegt aber etwa um 80 Jahre und ist um das Doppelte höher, jedenfalls für den gesunden Teil der Bevölkerung. Diese Tatsache läßt sich damit erklären, daß der Organismus eine gewisse Reserve-Vitalität haben muß, um die verschiedenen Angriffe auf seine Gesundheit zu überstehen. Solche Überlegungen stehen auch im Einklang mit dem Faktum, daß Frauen bis weit jenseits ihrer eigenen Reproduktionsfähigkeit leben. Die Evolution hat also auch noch die Rolle der Großmutter belohnt.

Wenn nun Altern und Tod entweder fest einprogrammierte Vorgänge der Organismen oder unvermeidbare Nebenprodukte der Stoffwechselvorgänge und damit ebenfalls Element der Evolution sind, wie werden sie dann bewirkt? – Eine der Theorien vom Altern besagt, daß es nicht nur biologische Mechanismen gibt, um das Leben zu zeugen, zu gebären und zu schützen, sondern auch Mechanismen, um es wieder untergehen zu lassen. Nach neueren Erkenntnissen, die diese Annahme stützen, besteht der Prozeß des Alterns vor allem darin, daß die ständig in unserem Körper ablaufenden *Reparaturvorgänge*, die Korrekturen kleiner Fehler beim Aufbau von Zellen, beim Bekämpfen von feindlichen Eindringlingen usw., im Laufe der Zeit weniger gut funktionieren. Die Präzision dieser komplizierten Vorgänge, bei denen alles mögliche schiefgehen kann, wird von sogenannten Reparaturgenen überwacht, die Fehler bei der Übersetzung der Erbinformation aus den Genen in die Zellen korrigieren. Und diese Reparaturprogramme unterliegen, so die Hypothese, selbst einer Seneszenz, so daß immer mehr fehlerhafte Genprodukte gebildet werden. Das entspricht dem, was wir selbst beobachten: Je älter wir werden, desto mehr fehlerhafte Zellen werden gebildet, die ihre normale Funktion nicht mehr oder nicht mehr in der für die Jugend kennzeichnenden nahezu perfekten Weise erfüllen können: Es bilden sich Altersflecken, die Muskeln bilden sich zurück (atrophieren), das Knochenskelett wird brüchiger, Libido, Potenz und Spermienproduktion lassen auch beim Mann nach, der ja keine eigentlichen »Wechseljahre« hat. Die Anhäufung dieser kleinen Fehler führt dann zu dem, was wir das »Altern« nennen. Die Mediziner sprechen davon, daß praktisch jeder Krebs bekommt, wenn er nur alt genug wird. Auch hinter dieser Erkenntnis steckt das eben beschriebene Prinzip. Der Neuaufbau von Zellen in unserem Körper, der sich in den meisten Organen ständig vollzieht, erfordert eine ungeheuere Präzision bei der Herstellung von Tochterzellen. Im Herzen dürfen nicht plötzlich Darmzellen entstehen, auf der Stirn nicht die Schleimhautzellen der Zunge. Derartige Fehler kommen nur bei seltenen genetisch bedingten Fehlanlagen vor. Im alternden Zellverband der Leber, der Lunge oder des Darms jedoch vollziehen sich die bisher so perfekt funktionierenden Teilungs- und Ergänzungsvorgänge nicht mehr mit der früheren Präzision. Zusammengenommen, so besagt diese Seneszenztheorie, machen die Einbußen an Funktion (die wie gesagt durch Einbuße an der Effizienz genetischer Reparaturprogramme entstehen) den Prozeß des Alterns aus.

Es gibt aber noch eine andere derzeit diskutierte Theorie zu Ablauf und Ursache des Alterns, die hier ebenfalls erwähnt werden soll: Es gibt Hinweise darauf, daß die Anzahl der maximal möglichen *Teilungsvorgänge* in den Zellen begrenzt ist. Bei Fibroblasten (das sind die für das Bindegewebe typischen Zellen) hat man ermittelt, daß sie nur etwa 50 solcher Vorgänge leisten können, und zwar, das war das Überraschende, auch unter Laborbedingungen, also ohne dem »Streß« der Belastungen im Körper ausgesetzt zu sein. Vorher hatte man angenommen, daß die Alterungsprozesse vor allem innerhalb des Organismus vorangetrieben würden. Diese Vorstellung, daß es eine Obergrenze der Anzahl von Teilungen gibt, die eine Zelle durchlaufen kann, ähnelt jener Hypothese, die besagt, daß es eine Obergrenze für die während eines Lebens möglichen *Stoffwechselprozesse* insgesamt gebe. So leben Mäuse, die einen wesentlich höheren Grundumsatz als etwa die Menschen haben und bei denen folglich alle Stoffwechselprozesse sehr viel rascher ablaufen, nur etwa drei Jahre.

Eine weitere Überlegung geht davon aus, daß das Schicksal der Zellen bzw. ihrer Chromosomen, also der Struktur, die die Gene tragen, von einer Art Puffer abhängt, der sich an den beiden Enden des Chromosoms befindet und nicht mit der verletzlichen Genlast beladen ist. Diese genfreien Stücke nennt man *Telomere* (von griech. *telos* = das Ende und *meros* = der Teil, der Abschnitt). Bei einigen Zelltypen werden die Telomere im Verlauf der Zeit immer kürzer, können also die gentragenden Teile nicht mehr so gut schützen. Bei anderen Zelltypen wiederum, z. B. bei den Spermien, die ja ihre Teilungsfähigkeit beibehalten, bleiben die Telomere gleich lang oder werden mit dem Alter sogar länger.

Doch es altern und sterben auch solche Zellen, die sich gar nicht teilen, wie die Herzmuskelzellen und die Zellen des zentralen Nervensystems. Dafür müssen andere als die bisher beschriebenen Mechanismen verantwortlich sein. Eine Seneszenztheorie, die mehrere Befunde gleichzeitig zu erklären verrmag, ist die Theorie von der Wirkung der *freien Radikale*. Demnach bilden sich bei den ständig ablaufenden Stoffwechselvorgängen zunehmend mehr freie negativ geladene Sauerstoffmoleküle, die sich aggressiv auf alle möglichen Strukturen stürzen: auf die Zellmembranen, auf lebenswichtige Enzyme (die sozusagen die chemische Fabrik unseres Körpers steuern) und auf die Erbsubstanz selbst, die insbesondere in den Mitochondrien leicht angreifbar ist (in den Mitochondrien, den »Kraftwerken« der Zelle, findet deren Energieproduktion statt). Die durch die freien Radikale, also durch die Oxydation von Zellstrukturen verursachten Schäden nehmen nach dieser Theorie im Laufe der Zeit zu und können offenbar nicht mehr ausreichend in Schach gehalten werden. Sie versucht man übrigens durch Gaben von Vitamin E, C und Provitamin A (Beta-Carotin) zu bekämpfen. Außerdem kommen die weiteren, schon genannten lebensbegrenzenden Faktoren ins Spiel.

An diesem Punkt der Argumentation treffen sich also die verschiedenen Theorien: Es ist wahrscheinlich, daß das Altern nicht nur durch einen, sondern durch *mehrere Faktoren* verursacht wird. Ist dann aber nicht denkbar, so ist man versucht zu fragen, daß man mit Hilfe der modernen Medizin dieses allmähliche Nachlassen der Vitalität zu verhindern oder wenigsten hinauszuschieben vermag? Kann man nicht statt bisher im Durchschnitt knapp 80 dann 150 Jahre oder mehr alt werden? – Derartige Wünsche werden vermutlich noch für sehr lange Zeit, vielleicht für immer, unerfüllbar bleiben. Bei einer historischen Betrachtung humanbiologischer Tatbestände fällt auf, daß sich das erreichbare Höchstalter des Menschen überhaupt nicht geändert hat, jedenfalls nicht in jenen Zeiten, über die wir halbwegs verläßliche Aufzeichnungen besitzen. 100 Jahre oder etwas darüber haben wohl zu allen Zeiten einige Menschen gelebt – eben solche, deren Immunsystem sich bedrohlicher Krankheiten erwehren konnte und die aus Zufall oder wegen besonderer körperlicher Kraft oder Geschicklichkeit von Unfällen verschont blieben und bei denen die genetischen Programme den konstruktionsbedingten Altersprozeß erst am unweigerlichen Lebensende erlitten. Der einzige Unterschied zu früher ist, daß heute wesentlich mehr Menschen ein solches Alter erreichen, also in die Nähe der biologischen Grenze unserer Lebensdauer vordringen. Mit anderen Worten: Selbst unsere in vieler Hinsicht so erfolgreiche Medizin hat es nicht vermocht, diese Lebensgrenze hinauszuschieben; sie erhält nur einen größeren Prozentsatz von Menschen so lange am Leben, bis sie an diese Grenze kommen.

Das wird sich auch in Zukunft nicht oder nicht wesentlich ändern. Fachleute aus den Bereichen der Medizin, der Genetik und der Humanbiologie nehmen an, daß das unter optimalen Bedingungen erreichbare Lebensalter bei 120 Jahren liegt. So alt (oder fast so alt) werden ja nur ganz wenige Menschen, weniger in unseren Breiten als im Kaukasus oder anderen Regionen, die man als die Heimat der »Centenarier«, der Hundertjährigen, beschreibt. (Allerdings gibt es auch Forscher, die meinen, gesunde Greisinnen und Greise von 400 Jahren seien keine Utopie; vgl. Rusting 1993, S. 67.) Doch auch diese Obergrenze von 120 Jahren ist im Grunde schon eine recht optimistische Schätzung. Wenn wir Glück haben und von unseren Eltern Gene für Langlebigkeit mitbekommen, werden wir bei halbwegs guter Gesundheit 80; einige wenige können ihren Freunden, ohne etwas zu verschütten, die Sektgläser zur Feier ihres hundertsten Geburtstags füllen; und auch bei jenen Bergvölkern, wo die Menschen bei guter Gesundheit sehr lange leben, gibt es nur wenige Personen, die an die 120 Jahre reichen, wenn man zuverlässige Geburtsdaten zugrunde legt. Außerdem ist es auch nicht unvernünftig anzunehmen, daß wir den Gipfel der Langlebigkeit vielleicht schon hinter uns haben; neueste demographische Daten aus Dänemark deuten in diese Richtung. Denn zu den seit Urzeiten wirksamen Belastungen durch Mikroben, Umweltgifte, kosmische Strahlung usw. fügen wir ja laufend neue hinzu. Und es könnte gut sein, daß diese selbsterzeugten Probleme unsere Seneszenz schneller befördern als die Fortschritte der modernen Medizin sie hinauszuschieben vermögen.

Aus dem bisher Gesagten dürfte bereits deutlich geworden sein, wie vielfältig die biologische Grundausstattung von uns Menschen an unsere physische und soziale Umwelt angepaßt ist, und wie sehr diese Grundausstattung – in Verschränkung mit individuellen Willensentscheidungen und im Rahmen der von der Kultur vorgezeichneten Möglichkeiten – unser Leben mitbestimmt.

Ein Problem dieser Anpassungen kann hier nicht besprochen, sondern nur angedeutet werden. Entstanden sind diese Anpassungen bereits in der für die Entstehung unserer Art maßgebenden Vorzeit, also vor 100 000 bis 200 000 Jahren, oder, wenn man Eigenschaften in Betracht zieht, die wir mit unseren Primaten- und australopithecinen Vorfahren gemeinsam haben, bereits vor vielen Millionen Jahren. Für das 20. Jahrhundert mit seinen vielfältigen und oft genug revolutionären menschengemachten Veränderungen der ursprünglichen Lebensbedingungen hatte die Evolution die

Zweibeiner sicherlich nicht vorgesehen – es sei denn, man fordert einen planerischen Willen hinter den Vorgängen der Stammesgeschichte, was hier aber nicht geschehen soll.

Trotz der Tatsache, daß bio-psychologische Anpassungen rückwärtsgerichtet sind, also für vergangene Zeiten, nicht aber unbedingt für die Jetztzeit günstige Lösungen mit sich bringen müssen, geht die moderne Evolutionsbiologie davon aus, daß das stammesgeschichtliche Erbe notwendigerweise da besonders durchschlagskräftig ist, wo es um die Weitergabe des Lebens an die nächste Generation geht, also um den Komplex Geschlechtsrollen, Werbeverhalten, Sexualität, Liebe, Geburt und frühe Kindheit.

Für das Ende des Lebens hat das unerbittliche Wirken von Mutation und Selektion keine so sinnreichen Anpassungen hervorgebracht wie für den Lebensbeginn. Denn für das Sterben günstige körperliche, emotionale oder kognitive Eigenschaften hätten sich bestenfalls dann auf spätere Generationen übertragen, wenn sie auch schon in früheren Phasen des Lebens wirksam wären, also zu Zeiten, in denen sie auch noch der Fortpflanzung hätten dienen können. Ein Sterbender pflanzt sich jedoch nicht mehr fort. Daher ruht auf Eigenschaften, mit denen der herannahende Tod psychisch gut bewältigt wird, kein Selektionsdruck mehr. Mit anderen Worten: *Die Art und Weise des Sterbens ist selektionsneutral.* Das ist vermutlich auch ein Grund dafür, daß viele Menschen so sehr unter dem Sterben leiden. Da uns demnach die Biologie und die evolutionäre Psychologie beim Sterben im Stich lassen, müssen wir Menschen zur Bewältigung der Sterbensangst Zuflucht nehmen bei den sinnstiftenden Angeboten der jeweiligen kulturellen Traditionen, von denen die Tröstungen der Religion ein Teil sind, und müssen eigene Strategien für den Umgang mit dieser schwersten Bedrohung des Ich entwickeln.

Totenklage und Trauer – psychobiologische Reaktionen auf den Verlust eines geliebten Menschen

Abschließend sollen noch die Reaktionen der Hinterbliebenen dargestellt werden, da sich dabei einige erstaunliche Phänomene zeigen. In den Religionen, die für ihre Gläubigen einen Erlösungsgedanken bereithalten, im Christentum, im Islam und in gewisser Hinsicht auch in den fernöstlichen Religionen, ist ja eigentlich für den Toten bestens gesorgt – zumindest dann, wenn er sich im Leben keine allzu schwerwiegenden Verfehlungen hat zuschulden kommen lassen und die vorgeschriebenen Regeln und Gebote halbwegs eingehalten hat. Besonders ausgeprägt ist diese Zuversicht im Christentum, das ja auch zu manchen Zeiten der Kulturgeschichte das Lob der Existenz im Himmel sang und die Erde als ein »Jammertal« bezeichnete. Aus dieser Sicht ist allerdings überhaupt nicht verständlich, warum die Angehörigen eines guten Christen bei seinem Tode um ihn weinen. Für die Seele des Hingeschiedenen ist doch bestens gesorgt, und falls es noch gewisse Zweifel über die Untadeligkeit seines Lebenswandels geben sollte, kann z. B. ein gläubiger Katholik ja auch durch Gebete, das Abhalten von Totenmessen usw. noch ein übriges tun, um das Schicksal der Seelen von verstorbenen Verwandten angenehmer zu gestalten.

Trotzdem empfinden die Menschen aller Kulturen beim Tod einer geliebten Person tiefen Schmerz. Sie weinen und verfallen in Depressionen. Aus der Zuversicht des Glaubens kann diese Reaktion nicht kommen, denn wenn sie im Vordergrund stünde, müßten die Angehörigen und Trauergäste eigentlich völlig beruhigt und gelöst darauf vertrauen, daß die Seele des Toten ihren Weg in die ewige Seligkeit wohl finden werde.

Ganz offenbar haben unsere Tränen, hat unsere Verzweiflung nichts mit dem künftigen Schicksal des Toten zu tun, sondern mit uns selbst. Wir trauern aus *egoistischen* Motiven, weil *wir* einen Verlust erlitten haben. Das ist nun keineswegs ein Tatbestand, dessen wir uns schämen müßten. Denn daß wir aus tiefster Betroffenheit weinen oder in anderer Weise schweren Schmerz verspüren, verrät uns etwas über unsere menschliche Natur: Die enge Bindung zu einer geliebten Person ist für uns so elementar wichtig, daß wir auf ihren Verlust mit der tiefen Trauer reagieren. Sie ist Kennzeichen der *universalen menschlichen Reaktion* auf den Tod eines nahestehenden Menschen. Die psychophysiologische Antwort unseres Körpers auf das unwiederbringliche Zerschneiden des Bandes ist jener vergleichbar, die von uns Besitz ergreift, wenn wir schwersten körperlichen Schmerz erleiden.

Im folgenden widmen wir uns den Reaktionen auf den Tod von Angehörigen, wie sie in Neuguinea beobachtet werden. Viele Bereiche des Lebens dort sind ganz anders als bei uns. Doch gerade wegen der so ausgeprägten Andersartigkeit der Bräuche erkennen wir hinter der Exotik des dortigen Lebens wie in einem Spiegel uns selbst.

Bei den Eipo im Bergland von West-Neuguinea war ich Zeuge, wie ein junger Mann namens Ebna auf eine für mich als naturwissenschaftlich ausgebildeten Arzt unerklärliche Weise starb, weil er keine erkennbaren, zum Tode führenden Krankheitssymptome hatte (psychogener Tod). Im folgenden ist die Reaktion seiner Angehörigen, Freunde und Dorfmitbewohner protokolliert:

Ebna, etwa 23 Jahre alt, starb am 2. Juni 1975 gegen 15 Uhr. Bereits in der Nacht davor hatten sich viele Männer in der Familienhütte von Dengban, einem Freund des unverheirateten Ebna, eingefunden, wo der Kranke nahe der Feuerstelle in der üblichen Weise auf dem Rindenfußboden lag. Es waren mehrere der bekanntesten Heilkundigen des südlichen Eipomek-Tales anwesend, die sich nacheinander sehr intensiv um Ebna kümmerten und die verschiedenen Formen sakraler Krankenbehandlung vollzogen. Ebna selbst äußerte seine Überzeugung, daß er sterben müsse, weil er in der Hand eines Tiergeistes aus dem Regenwald sei. Unterhalb des rechten Rippenbogens hatte er heftige Schmerzen – ärztlicherseits war auch an dieser Stelle kein krankhafter Befund nachzuweisen –, die er selbst durch Auflegen eines stark erhitzten Steines bekämpft hatte, offenbar in einem selbstzerstörerischen Akt. Nach Ebnas Tod begannen etliche Frauen, unter anderem seine Tante Lengnikner und die Frauen Kalikto und Temner, die Totenklage, die bereits vormittags eingesetzt hatte, zu verstärken (Abb. 24).

Aus der Klage Lengnikners um ihren verstorbenen Neffen sei hier folgender Ausschnitt zitiert:

> »Mein bester Ebna, du Baum aus der flußabgelegenen Region, ach mein Herzensguter, mein Allerliebster, ach säßest du, ach schliefest du doch nur wieder mit deinen Initiationskameraden zusammen im Männerhaus! Nie wieder wirst du es tun! Von wo die Morgendämmerung kommt, dort hast du deinen Sitz genommen [nämlich auf der Spitze des Bestattungsbaumes], dort draußen außerhalb des Dorfes, du, der du so lange schlanke Beine hattest, ach mein Lieber. Ganz allein bist du gegangen, immer wirst du von nun an auf dem Bestattungsbaum sitzen, ach mein Bester. Wir haben doch so gut miteinander in einem Haus gelebt, haben uns nicht verächtlich die kalte Schulter gezeigt. Und doch sitzt du dort ganz allein, weh! Bist du zu den Brüdern deiner Mutter gegangen, um dort zu schlafen? Ach herrje! Deine Mutterbrüder werden nicht zu dir kommen, um deine Nase zu berühren. [Ebnas Verwandte der mütterlichen Seite können nicht an der Bestattung teilnehmen, da ihr Heimatort zu weit entfernt liegt.] Ach mein Herzensguter, verweilst du noch in der Ferne, um deiner Mutterbrüder Erde umzugraben? Weh! Erst kürzlich hattest du doch unser Haus gebaut, und dennoch bist du von uns gegangen.«

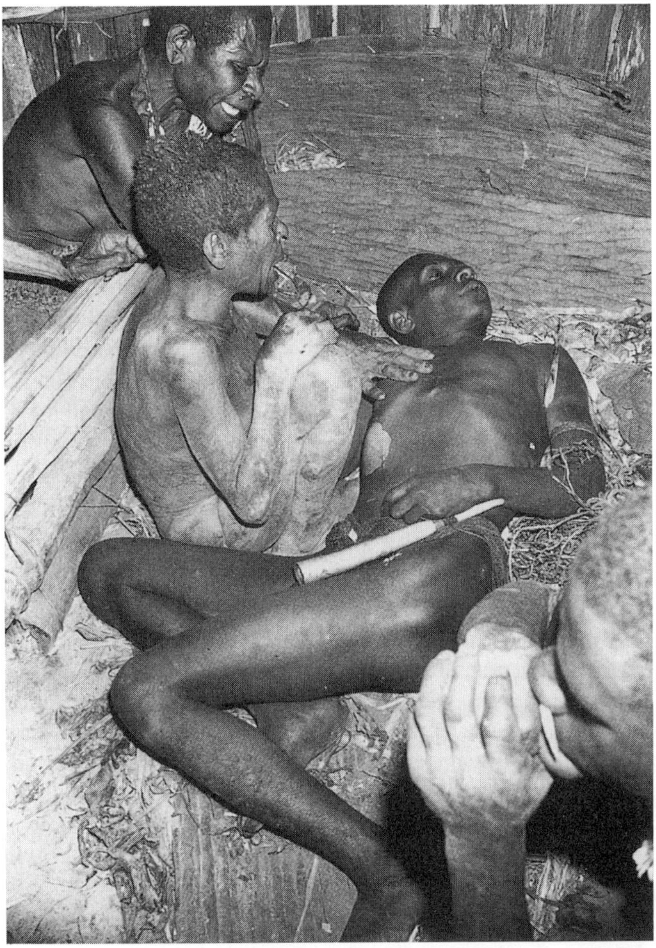

Abb. 24 Die Leiche Ebnas ist in seinem Familienhaus aufgebahrt. Lengnikner, Ebnas Tante, und Kalikto, eine Frau aus einem nahegelegenen Weiler, halten zärtlichen Körperkontakt zum Toten und beweinen ihn.

Man erkennt die tiefe Betroffenheit der Tante, die nach dem Tod seiner Eltern bei ihm die Mutterrolle übernommen hatte. Die Reaktionen der anderen Angehörigen und Freunde Ebnas sind ganz ähnlich. In den Klageliedern, die tradierten Grundmustern folgen, aber individuell ausgestaltet sind, kommt als Leitmotiv immer wieder zum Ausdruck, daß das

Band zu Ebna zerrissen ist, daß man nie wieder mit ihm zusammensein kann.

Das Beispiel ließe sich durch weitere Belege vermehren; wie bereits erwähnt, handelt es sich bei der Trauerreaktion um eine jener psychobiologischen und daher sehr einheitlichen Antworten unseres Fühlens und Denkens. Verantwortlich für diese Gleichartigkeit ist, daß alle Menschen auf eine solche seelische Erschütterung mit denselben physiologischen und psychologischen Reaktionen antworten. Nicht nur der Inhalt der Klagelieder aus den verschiedenen Kulturen ist sehr ähnlich, ähnlich ist auch die musikalische Struktur, die melodische Gestalt der Klagelieder. Die Totenklagen vieler Völker haben einen absteigenden, den sinkenden Lebensmut repräsentierenden Melodieverlauf und einen vom betonten Atemholen des heftig Weinenden geprägten Duktus. Das unmittelbare Erlebnis des Verlustes einer geliebten Person ist so mächtig, daß seine kulturelle Äußerungsform nicht frei gewählt werden kann – selbst dann nicht, wenn es sich um bezahlte »Klageweiber« handelt. Richtige Trauer muß eben wirklichem Weinen folgen. Ganz offenbar, so können wir festhalten, ist der Urgrund der Trauer um Verstorbene bei allen Menschen gleich: Er besteht in dem Verlust einer sozialen Bindung. Daraus können wir erkennen, wie elementar wichtig Kontakte und Partnerschaft zu anderen Menschen für *Homo sapiens* sind.

Den am nächsten vom Verlust Betroffenen gilt die besondere Aufmerksamkeit der Trauergemeinschaft. Das Mitleid der anderen kann ihren Schmerz lindern, denn geteiltes Leid ist halbes Leid; es legitimiert zudem ihre Trauer. Wenn sie, die dem Toten ferner stehen, ähnliche Gefühle empfinden, liegt darin Bestärkung, gleichsam gesellschaftliche Berechtigung für die eigene Klage. So wird die Trauer von einzelnen durch die Anteilnahme der anderen ein emotionales Gesamtereignis, das, mit mancherlei weiteren gruppenbindenden Elementen verknüpft, wie kaum ein anderes Geschehen kleinere Gemeinschaften zusammenfügt. Der Gruppe wird durch den Trauerritus Identität und damit neue Lebenskraft gegeben in einem Augenblick, da sie durch den Tod eines Mitglieds geschwächt wurde. Die Totenklage lehnt sich eng an das psychobiologische Trauerempfinden an und wird darüber hinaus natürlich entsprechend der jeweiligen kulturellen Tradition ausgestaltet.

Kann man jemanden vor den Folgen der Trauer, vor der Traurigkeit, der Depression schützen, indem man ihn noch weiter in die Trauer hineinstößt? Diese Frage stellt sich im Anschluß an die Skizze der Trauerriten bei den Eipo. Und nicht nur dort, auch in anderen Gesellschaften wird der Trauerschmerz durch Bestärken des depressiven Grundgefühls des

Trauernden, durch Freigabe der Tränen abgefangen. Man weint mit ihm, steckt sich gegenseitig an mit der sozial leicht übertragbaren Emotion der Trauer und erwartet geradezu, daß die Betroffenen ihren Tränen freien Lauf lassen, sich in die Rolle der Trauernden hineinfinden und sogar regelrecht hineinsteigern.

Auf uns wirkt das zunächst fremd und paradox. Denn hierzulande versuchen die Menschen eher, sich am Grabe »zusammenzureißen«, und andere versuchen, die Trauernden zu trösten: Vor einiger Zeit wurde in Wien eine Tagung abgehalten, bei der es ebenfalls um das Thema Tod und Trauerriten ging. Ein Angestellter der Stadt Wien, von Beruf Trauerredner, sprach dort über seine Erfahrungen und sagte in das Mikrophon: »Wir sind stolz darauf, wenn nach unserer Rede am Grabe die Angehörigen nicht weinen.« Wie in anderer Hinsicht auch, haben wir Europäer in der derzeitigen Phase unserer Kulturgeschichte ein merkwürdig künstliches und distanziertes Verhältnis zu den elementaren Lebensvorgängen Geburt, Krankheit, Sterben und Tod. Ich meine, daß es viel besser wäre, dem Trauernden durch Mittrauern und Mitgefühl die Möglichkeit zu geben, seine Gefühle soweit wie möglich auszuleben und der natürlichen Regung des Verzweifeltseins, des Schmerzempfindens nachzugeben.

Wenn das geschehen ist – in den traditionalen Kulturen, können die Zeiträume verschieden lang sein, die Phase der sehr intensiv erlebten Trauer dauert aber meist nicht länger als einige Tage –, fängt die Gemeinschaft den des Weiterlebens Überdrüssigen und den von chronischer Depression, möglichen Unfällen und Krankheiten Bedrohten durch verstärkte Zuwendung auf. In diesen beiden Elementen, dem Mit-Weinen und dem einfühlsamen Herausführen aus der Trauer, steckt ein großes Stück Weisheit traditionaler Kulturen. Es gibt zwar noch keine statistischen Untersuchungen über die Folgen des Verlustes einer geliebten Person in solchen Gesellschaften, doch es ist anzunehmen, daß die längerfristig das Leben bedrohenden Effekte geringer sind als in unseren westlichen Gesellschaften, die Tod und Trauer tabuieren.

Literatur

Grabner, E. (1967; Hrsg.): Volksmedizin. Darmstadt.

Jüptner, H. (1983): Tropenmedizinische Untersuchung der Eipo im zentralen Bergland von Irian Jaya (West-Neuguinea), Indonesien. Berlin.

Kaiser, N. (1986): Some Laboratory Findings on Psychic Surgery. In: Schiefenhövel et al. 1986, S. 339–342.

Landolt, W. (1986): Die philippinischen Geistheiler auf Luzon als Exponenten eines geistig-magischen Systems in bezug zu anderen Heilformen der Philippinen. In: Schiefenhövel et al. 1986, S. 311–324.
Lindeberg, S., Lundh, B. (1993): Apparent Absence of Stroke and Ischemic Heart Disease in a Traditional Melanesian Population – a Clinical Study in Kitava. In: Journal of Internal Medicine.
Rusting, R. (1993): Warum altern wir? In: Spektrum der Wissenschaft. Februar, S. 60–67.
Schiefenhövel, G. (1978): Forschungsprojekt Zahnmedizin. Führungsblatt der Sonderausstellung »Steinzeit heute«. Staatliche Museen Preußischer Kulturbesitz, Berlin.
Schiefenhövel, W., Schuler, J., Pöschl, R. (1986; Hrsg.): Traditionelle Heilkundige – Ärztliche Persönlichkeiten im Vergleich der Kulturen und medizinischen Systeme. Braunschweig, Wiesbaden.

Zu den Autoren und Herausgebern

Irenäus Eibl-Eibesfeldt (1928), Studium der Naturgeschichte und Physik, 1949 Promotion in Zoologie, 1963 Habilitation, 1949 bis 1959 Mitarbeiter am Institut für vergleichende Verhaltensforschung in Altenberg, 1951 bis 1969 Mitarbeiter am Max-Planck-Institut für Verhaltensphysiologie in Seewiesen, 1970 Professor für Zoologie an der Universität München, seit 1975 Leiter der selbständigen Forschungsstelle für Humanethologie in der Max-Planck-Gesellschaft in Andechs.

Karl Grammer (1950), Studium der Zoologie, Physik und Anthropologie, 1982 Promotion in Zoologie, 1991 Habilitation in Humanbiologie/Humanethologie, 1983 bis 1991 Wissenschaftlicher Assistent an der Forschungsstelle für Humanethologie in der Max-Planck-Gesellschaft in Andechs, seit 1992 Leiter des Ludwig-Boltzmann-Instituts für Stadtethologie in Wien.

Gabriele Herzog-Schröder (1958), Studium der Ethnologie und Psycholinguistik, Magister artium 1989, zur Zeit freie Mitarbeiterin an der Forschungsstelle für Humanethologie in der Max-Planck-Gesellschaft in Andechs.

Uwe Opolka (1950), Studium der Philosophie, Germanistik, Politik- und Musikwissenschaft, Staatsexamen, freiberufliche publizistische Tätigkeit, Fachhochschuldozent und Wissenschaftlicher Mitarbeiter am Deutschen Institut für Fernstudienforschung (DIFF) an der Universität Tübingen.

Wulf Schiefenhövel (1943), Studium der Medizin, 1970 Promotion zum Dr. med., 1984 Habilitation in den Fächern Ethnomedizin und Medizinische Psychologie, Wissenschaftlicher Mitarbeiter an der Forschungsstelle für Humanethologie in der Max-Planck-Gesellschaft in Andechs, außerplanmäßiger Professor an der Universität München, Lehrbeauftragter für Humanethologie an der Universität Innsbruck, seit 1965 Felduntersuchungen in Neuguinea und Indonesien.

Margret Schleidt (1928), Studium der Biologie und Chemie, Promotion 1955 in Biologie-Ethologie, Wissenschaftliche Mitarbeiterin an der Forschungsstelle für Humanethologie in der Max-Planck-Gesellschaft in Andechs, Lehrbeauftragte an den Universitäten Innsbruck und München.

Volker Sommer (1954), Studium der Biologie, Chemie und Theologie, 1985 Promotion zum Dr. rer. nat., 1990 Habilitation für Anthropologie und Primatologie, seit 1991 Heisenberg-Stipendiat der Deutschen Forschungsgemeinschaft, langjährige Feldstudien zur Öko-Ethologie von Primaten in Südasien.

Christian Vogel (1933), Studium der Zoologie, Botanik und Geologie, Promotion 1960 in Zoologie, 1964 Habilitation für das Fach Anthropologie. Seit 1972 Direktor des Instituts für Anthropologie der Georg-August-Universität Göttingen. Mitglied der Deutschen Akademie der Naturforscher »Leopoldina« (1978) und der Akademie der Wissenschaften zu Göttingen (1981), seit 1967 ausgedehnte anthropologische und primatologische Feldstudien in Indien und Nepal.

Gerhard Vollmer (1943), Studium der Mathematik, Physik und Chemie sowie der Philosophie und der Allgemeinen Sprachwissenschaft, Promotion 1971 in Physik, Wissenschaftlicher Assistent für Theoretische Physik in Freiburg, Promotion 1974 in Philosophie, ab 1975 Akademischer Rat für Philosophie in Hannover, ab 1981 Professor für Philosophie in Gießen, seit 1991 in Braunschweig.

Gerhard Vowinckel (1946), Studium der Soziologie, Volkswirtschaftslehre, Psychologie und Biologie, Promotion zum Dr. rer. pol. 1978, Habilitation für Soziologie 1983, Mitarbeiter am Hans Bredow Institut für Rundfunk und Fernsehen, gegenwärtig Oberassistent am Fachbereich Wirtschafts- und Organisationswissenschaften der Universität der Bundeswehr Hamburg, seit 1983 Privatdozent an der Universität Hamburg.

Abbildungsnachweise

Tab. 1 und 2: V. Sommer., Abb. 1: Foto Alex Webb, Magnum, Focus, nach: Sommer, V. (1989): Die Affen. Unsere wilde Verwandtschaft. Gruner & Jahr/GEO, Hamburg, S. 138., Abb. 2: Foto Thomas L. Kelly, aus GEO-Wissen 1 (1989), S. 141., Abb. 3: Foto M. Glasse, aus Kottak, C.R. (1982): Anthropology. The Exploration of Human Diversity. Random House, New York, S. 292., Abb. 4: G. Vowinckel., Abb. 5–7: Fotos I. Eibl-Eibesfeldt., Abb. 8 und 11–13: Fotos W. Schiefenhövel; Abb. 9 nach: Hjortsjö, C.H. (1970): Man's Face and Mimic Language. Studentliteratur, Lund, S. 56; Abb. 10 und 14: Fotos I. Eibl-Eibesfeldt., Abb. 15 und 16: Fotos Karl Grammer., Abb. 17–19: Fotos und Filme I. Eibl-Eibesfeldt., Abb. 20: nach Hernandez-Pacheco aus: Kühn, A. (1929): Auf den Spuren der Eiszeitmenschen. List, München, S. 105., Abb. 21 und 22: Fotos W. Schiefenhövel., Abb. 23 aus: Landolt, W. (1986): Die philippinischen Geistheiler auf Luzon als Exponenten eines geistig-magischen Systems in bezug zu anderen Heilformen der Philippinen. In: Schiefenhövel, W., Schuler, J., Pöschl, R. (Hrsg.): Traditionelle Heilkundige – Ärztliche Persönlichkeiten im Vergleich der Kulturen und medizinischen Systeme. Vieweg, Braunschweig, Wiesbaden, S. 311–324, dort S. 324., Abb. 24 aus: Eibl-Eibesfeldt, I., Schiefenhövel, W., Heeschen, V. (1989): Kommunikation bei den Eipo. Eine humanethologische Bestandsaufnahme. Reimer, Berlin, S. 198.

Personen- und Sachregister